きりしたん受容史

教えと信仰と実践の諸相

東馬場郁生　著

教文館

ばうちずもの授けやうとびやうだやみ
屋ゑてん志やまするむるけうけのず
そきびやうだやのあんひさんをすき給いまき
ぞうちぎえまさげくはためよそでれめま
合ひさぎるすれかぎあま雁にてもあれ人の
はこままたする位とあすすよらびなき
功力と云ひ志たうる師とあるよゑみゃうき
でうだの南忠まれをにべこえすのほさめ様ま
いさきう志ばすなま里やくしてゐする里にも
うらと笠ざの诸の出あまゐきものせず
市きを人の市ミ神を救しぎんゐるよ清
ゑせずす里とことつの石をさぞめるを

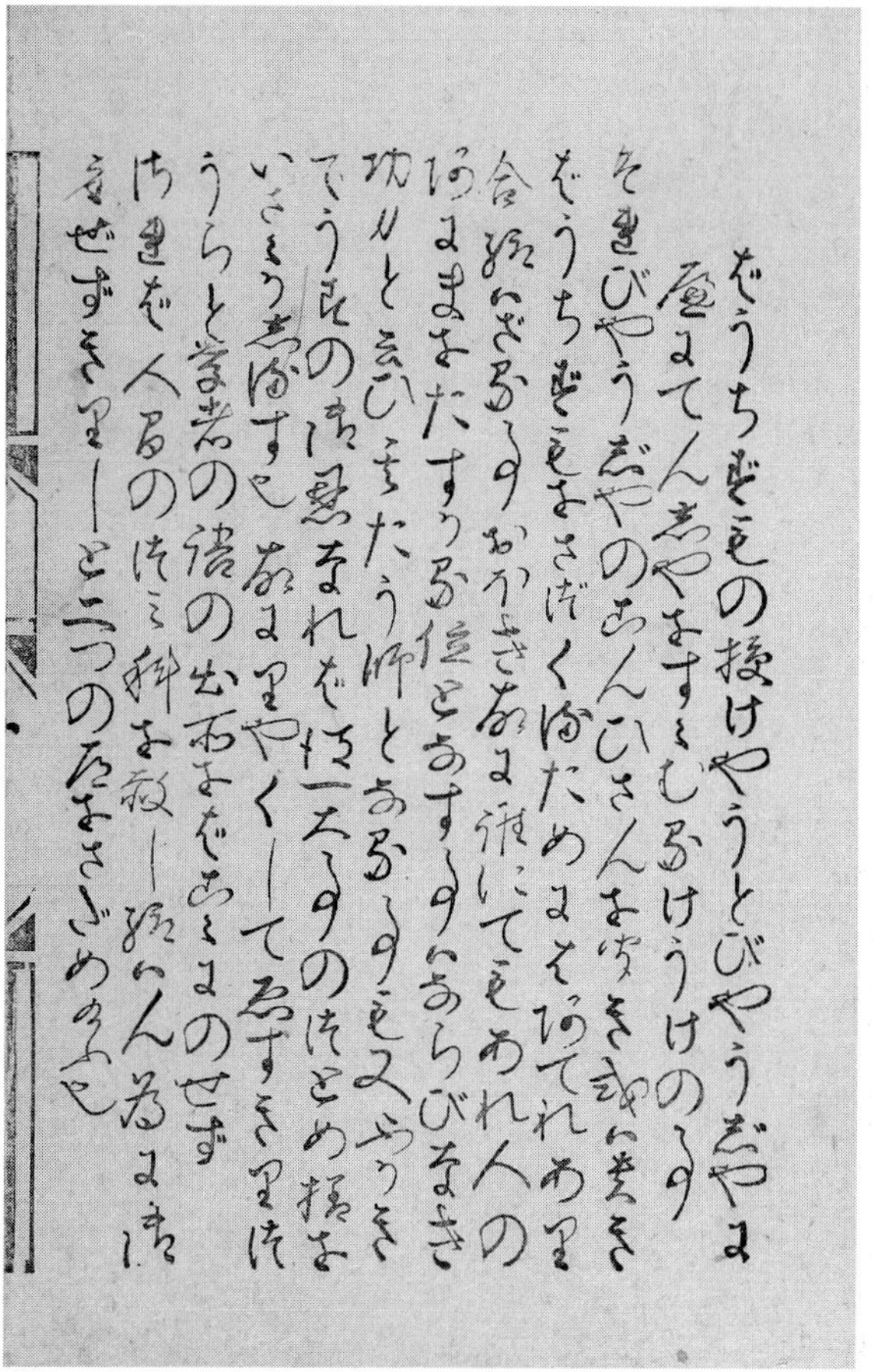

『ばうちずもの授けやう』
（重要文化財、天理大学附属天理図書館蔵、191-イ21）

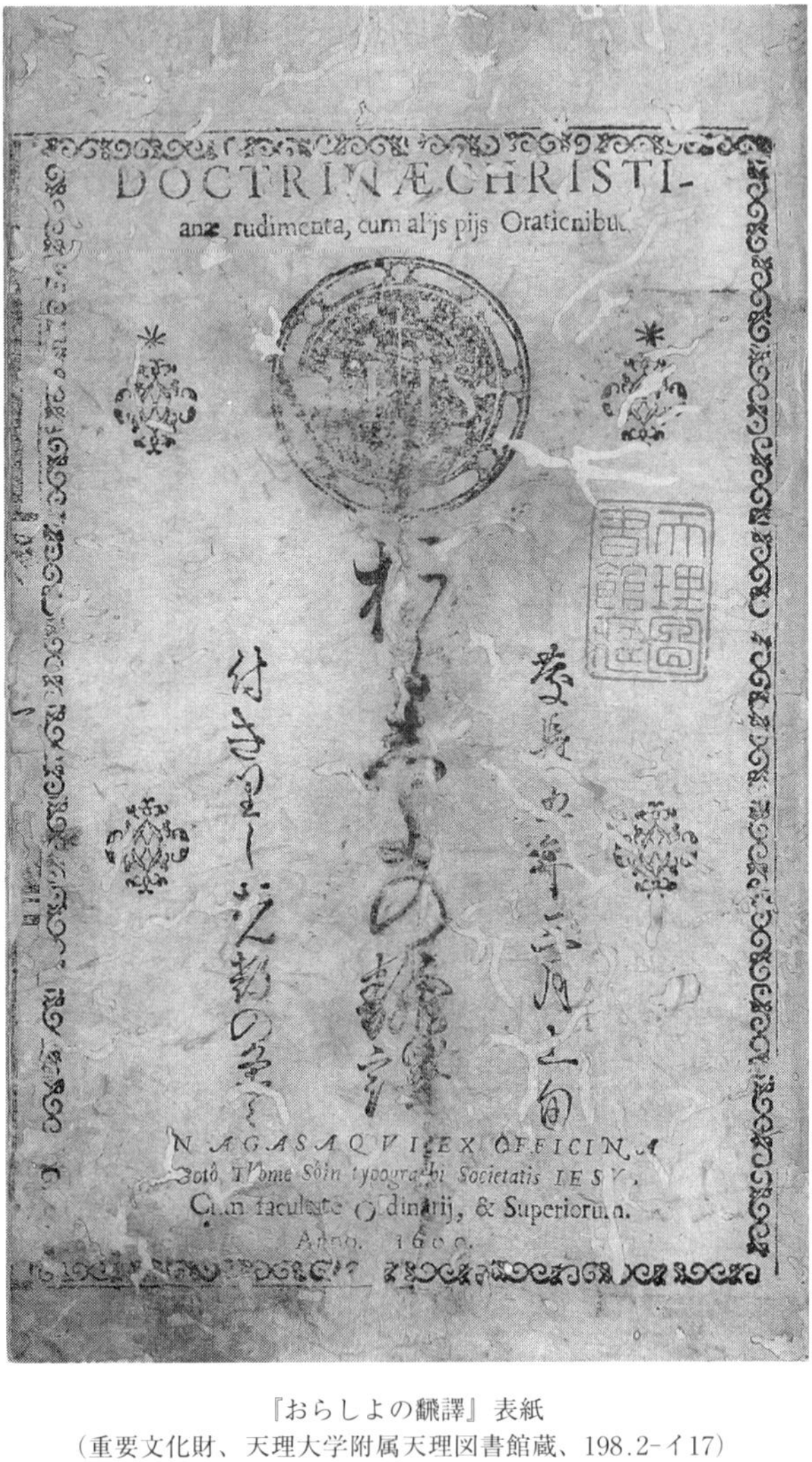

『おらしよの飜譯』表紙
（重要文化財、天理大学附属天理図書館蔵、198.2-イ17）

目次

はじめに……7
一　きりしたん研究――新たな歴史観と歴史記述……7
これまでのきりしたん史　7
新しいきりしたん史――「受容史」としてのきりしたん史とその記述方法　10
「きりしたん」表記について　16
二　本書の試みと構成……18
第一章　宣教師との出会い
――きりしたんの始まり（一五四九～一五八〇年）……25
一　宣教師との出会い……25
最初のきりしたん教理　27
翻訳者アンジロー　30
二　初期日本伝道の特徴……37
ヨーロッパ人宣教師と日本人伝道士　42
日本人伝道士の役割　45

第二章　きりしたんの象徴と宣教師のイメージ……50
一　きりしたんの用いた象徴……50
二　きりしたんの象徴の解釈……57
象徴の体系としての宗教　57
古い象徴と新しい象徴の共存　60
三　宣教師のイメージ……68
第三章　宣教師による適応への努力
——きりしたんの発展に向けて（一五八〇〜一六一四年）……73
一　新たな布教方針……73
二　適応主義……77
日本イエズス会の適応方針　78
第四章　きりしたん書を読む……87
一　印刷機の輸入ときりしたん版の印刷……87
二　現存するきりしたん版……89

三　きりしたん版を読む……93
『ばうちずもの授けやう』　93
『おらしよの飜譯』　101

第五章　きりしたんの教えの体系……114
一　きりしたん教理書『どちりいな・きりしたん』……114
二　『どちりいな・きりしたん』の特徴……120
説明の拡大　120
その他の特徴　130
三　『どちりいな・きりしたん』の構成と内容……132

第六章　日本の宗教文化における「きりしたんの教え」の意義……145
一　救済の場としての「後生」の強調……146
きりしたん書における「後生の扶かり」の強調　146
背景　151
「現世安穏、後生善所」　154

二　きりしたんの神々……157
三　人間とその救済……168

第七章　きりしたんの儀礼……176
一　「ばうちずも」……179
二　「ぺにてんしや」……184
三　生活の中の儀礼……190
四　きりしたんの葬儀……194
きりしたん以前――日本の葬送儀礼　195
きりしたんの葬儀　198

第八章　棄教・潜伏・殉教
――禁制ときりしたん信徒（一六一四年〜）……206
一　禁制の背景と展開……206
伴天連追放令　207
「伴天連追放之文」　213

二　禁制下のきりしたん信仰と実践……220
殉教のすすめ　227
棄教・潜伏・殉教　232

おわりに……241
一　きりしたんであることの意味……242
宣教師の立場から　245
二　受容史によるきりしたん通史への展望……247

註……251
参考文献……288
あとがき……299
人名索引……*1*
事項索引……*2*

装幀　熊谷博人

はじめに

一　きりしたん研究——新たな歴史観と歴史記述

これまでのきりしたん史

国内外の従来のきりしたん研究を概観すれば、大きく二つの分野に分かれている。一つは偉大な宣教師に焦点を当てた偉人伝的研究で、キリスト教の教会史家によるものに顕著である。圧倒的分量のきりしたん史が、イエズス会をはじめとする修道会の日本伝道の責任者や、有力な宣教師の布教活動や政治活動を描いてきた。とりわけ多くの作品がフランシスコ・ザビエル（Francisco Xavier, 1506–1552）とアレッサンドロ・ヴァリニャーノ（Alessandro Valignano, 1539–1606）をテーマに書かれてきた。古典的作品例を挙げれば、ザビエルの場合、ゲオルク・シュールハンマー（Georg Schurhammer, 1882–1971）は、膨大な量の一次資料を駆使して、四巻三千ページに及ぶザビエル伝「フランシスコ・ザビエルの生涯とその時代」を著し、ザビエルの行動と思想を綿密かつ包括的に記述した。ヴァリニャーノの場合、フランツ・シュッテ（Franz Schütte, 1836–1911）による「ヴァリニャーノの日本宣教方針」が代表的である。(1) 彼ら偉大な宣教師の研究では、翻刻や翻訳の出版物も数多く、国内での研究も河野純徳訳『聖フランシスコ・ザビエル全書簡』や、松田毅一他訳『日本巡察記』など枚挙にいとまがない。(2)

宣教師の他に、有力な日本人信仰者も詳細に描かれてきた。自領内のきりしたん化を推進した「きりしたん大名」の中では、大村純忠、有馬晴信、大友宗麟、高山右近については、とくに宣教師による豊富な資料に支えられた分厚い記述がある。また、ゴアで洗礼を受け、ザビエルら最初の宣教団を日本に導いたアンジロー（ヤジロー）、最初期の日本人イルマンで多数の改宗を可能にしたといわれるロレンソ（一五二六－一五九二）、さらには、『妙貞問答』の著者であり、棄教後は『破提宇子』を著した不干斎ハビアン（一五六五－一六二一）についても歴史家は多く語っている。『妙貞問答』は最近、英語の全訳が刊行され、国際的な研究に拍車がかかっている。(3)

きりしたん研究におけるもう一つの視点は、日本伝道に携わった修道会の政治的、経済的な活動を中心としたものである。これは日欧交渉史の中に位置づけられるもので、とくに教会史家以外の歴史家に顕著な立場といえよう。高瀬弘一郎による『キリシタン時代の研究』や清水紘一『織豊政権とキリシタン──日欧交渉の起源と展開』にその傾向が最も現れている。この場合の歴史家の主な関心は、ヨーロッパ人宣教師と信長、秀吉、家康など日本の統一権力、あるいは大村、大友、高山ら地方のきりしたん大名などとの接触と交渉にある。宣教師と中央、地方の権力者によるきりしたん政策が主要なテーマとなっている。徳川期のきりしたん禁制の研究はこの領域に含めることができるだろう。(4) 経済的側面では、イエズス会の投資した南蛮貿易やマカオと日本との絹貿易などが主要なテーマである。国外の研究では、チャールズ・ボクサー（Charles Boxer, 1904-2000）による、きりしたん研究の古典的名著で「日本のきりしたんの世紀」（Christian Century in Japan）の名称を定着させた*The Christian Century in Japan: 1549-1650*がよく知られている。この著作は、第一の宣教師の宗教的活動と、第二の政治経済的活動の両方を含む包括的な内容であるが、全体的には第二の政治経済活動に重心があったと考えてよいだろう。(5)

従来のようなきりしたん史が著される背景には、それ特有の歴史観もしくは歴史記述の方法がある。歴史記述は伝統的に「文書」を資料とし、その内容は政治が中心となり、「偉人」の思想と行動が描かれる。きりしたん研究も、長年このパラダイムの影響下にある。きりしたん史とは、キリスト教カトリック教会の日本的展開すなわち伝道史であるとの前提のもと、宣教師ら送り手の視点と関心から資料が選択され記述されてきた。宗教史的テーマとしてはキリスト教教会史の一部として位置付けられ、政治・経済史的テーマとしては日欧交渉史の第一段階として描かれてきた。

今、きりしたん研究を発展させるためには、新しい歴史観――研究方法の進展と研究領域の拡大――が必要であろう。従来の研究の視座は、「上からの歴史」、すなわちヨーロッパ人宣教師や、社会的、政治的、あるいは思想的に高い地位にいた日本人信徒である。「偉大なる宣教師の歴史」は、彼らの宣教活動の向こう側にいた人々、つまり彼らによって洗礼を受け、教えを習った日本の人々についてはあまり語っていない。きりしたん信徒の宗教的経験は、きりしたん大名ら一部の「偉人」を除いて、歴史家の視野の外に置かれるか、二次的なものとして扱われるに過ぎなかった。しかし、「きりしたん」とは近世初期日本に生きた人々であり彼らが実践した信仰である以上、その歴史は、伝道者が伝えようとした信仰だけではなく、彼ら日本人信徒が実際に受け取り実践した信仰も考察の対象としなければならないだろう。本研究では、きりしたん時代における信仰の受容者に着目し、彼らの信仰と実践を再構築したい。そうして、彼らの目線からきりしたん伝道の意義を考えたい。

このような視点から再構築される歴史、創造される歴史記述を「きりしたん受容史」と呼ぼう。ここで語られる「きりしたん史」とは、伝道者の活動を中心とした〝送り手のきりしたん史〟ではなく、彼らから信仰を受けとった人々を中心とした、〝受け手のきりしたん史〟に他ならない。きりしたんという信仰の受容者に焦点を結び、彼らの宗教的世界を描くことが本書の主な関心である。「きりしたん受容史」では「きりしたん」という言葉のとらえ方が大切である。「きりしたん」とは、神道、仏教、道教などの要素が混淆した当時の日本宗教と、ヨーロッパから伝えられたキリスト教との交差点において成立し、日本語で説かれた信仰体系であるとみなす。よってその信仰の受容史とは、日本語によるきりしたんの教えを学び実践した人々の信仰世界の歴史である。本書では、この意味で「受容史」を使う。きりしたんを日本宗教史の一部として位置づけ、近世初期の日本宗教文化の中でその信仰の意味を理解する。日本人信徒の思想や行動の様子を眺め、解釈し、記述する。

新しいきりしたん史——「受容史」としてのきりしたん史とその記述方法

なぜきりしたん史の研究に「受容史」という新しい歴史観が必要なのか。日本人信徒のよく知られるエピソードを紹介して、さらなる説明としよう。ルイス・フロイス（Luis Frois, 1532-1597）による*Historia de Iapam*（『日本史』）は、翻刻刊行本で五巻、[6]和文翻訳書で十二巻[7]に及ぶ大著であるが、その中には多くの宣教師による報告書が含まれている。その一つに、ザビエルが鹿児島に残した信者をイエズス会士ルイス・デ・アルメイダ（Luis de Almeida, 1525-1583）が一五六一年から翌年にかけて訪問したときの報告がある。アルメイダは、ザビエル以降、十年ぶりに鹿児島を訪れた宣教師であった。彼の報告には初期きりしたんの信仰の様子が描かれている。

この老人（メゲル）と（城主の）奥方は、メストレ・フランシスコ師が離去して以降に生じた幾多のことを私に語ってくれました。彼らはそれらの出来事を奇跡的なことと思い、それらは（メストレ・フランシスコ）師が自分たちの許に残して行かれた幾つかの祈禱文の功徳によるもの（と見なしていました）。奥方は私にそれを見せてくれましたが、彼女はそれを袋の中に入れてつねに身につけて持ち歩いていて、袋から取り出したのでした。それは（フランシスコ）師自筆のもので、連禱が付されていました。ずいぶん長く、私が読み終えました後、彼女はこう言いました。「私がこれを大勢の病人たちの頸に懸けますと、それでその人たちの病気が治りました。ことに私の夫は異教徒で、もう生命がおぼつかなかったのですが、それを夫の頸に懸けましたところ、たちまち元気になりました」と。(8)

アルメイダは、「これらのこと、またそれに類した他の出来事が、十三年このかた、誰も彼らに説教したり教えを授けることもありませんでしたのに、彼らを信仰に留め(る結果となり)ました」と述べている。(9) アルメイダにとって、日本人信者が何年も宣教師と連絡が途絶えていたにもかかわらず信仰を維持していたことは、大変感銘深いできごとであったろう。このような発見は、いつの時代でもどこの土地であっても伝道者には歓喜の種に違いない。しかし、今日、彼の報告を読むと、これまで歴史家が描いてきたザビエルの英雄的伝道と、日本人の現世利益的な信仰との間の格差に驚く人も多いのではないだろうか。

日本人信仰者のこのような信仰形態は、教会史家によるものであれ、世俗の歴史家によるものであれ、きりしたん史の記述の中では全く無視されるか、低次元の信仰として否定的に語られてきた。その背景には規範的な教会伝道学があった。それはカトリック教会の教義的な立場にもとづいた理解であり、理念的・神学的に形成された「信仰者/改宗者」モデルを基準としている。規範的アプローチは、宣教師の立場に重なるものである。この視座は、神学的価値観を内包するがゆえに、受容者については二通りの記述が生まれる。つまり、受洗したあらゆる人はキリスト教徒として等しい信仰の質を有していたという普遍的描写と、ローマからの光に照らして美しく輝くものだけを「純粋な」信仰者として評価し、以下、輝き具合に応じて、縦並びに信仰の程度を評価するものである。後者の場合、純度をはかる物差しは神学的に定義されたキリスト者の理想型であろう。いずれの場合も、規範的モデルに合わない日本人きりしたん信徒の信仰形態は、通常のきりしたん史では無視されるか否定的に語られる。世俗の歴史家でさえ、おそらく無意識のうちに、「純粋な」、「より真剣な」、「より優れた」などの表現を使い、日本人信仰者の資質を語ることで、暗黙のうちに神学的な価値判断を受け入れている。

たしかに、キリスト教は当時の日本では新しい宗教であり、受洗した日本人は「改宗者」に違いなく、彼らを理解するうえで「改宗者」や「キリスト者」の神学的意味は重要である。しかしそれだけでは、きりしたん資料に現れる、豊かな多様性に彩られた信仰の実例を十分説明することはできないだろう。神学的立場からの「前提」を離れ、きりしたん信仰の多様性に向き合ったなら、「あまり純粋ではない」「劣っている」「偽りの」などといわれてきた信仰と実践でさえ、多様な「きりしたんの信仰表現」の一つとして扱い、その意味を理解しようとする視座も必要になるのではないだろうか。

そこで、「きりしたん受容史」においては、日本人信徒に対するもう一つの理解方法として比較宗教学（宗教現象学とも呼ばれる）の立場を提案したい。これは価値判断を伴わない記述的アプローチである。この立場においては、カトリック神学には言及しながらも、その規範的価値にとらわれず、すべてのきりしたんに関する記述は、その実践者の教会内の立場や社会的な立場が何であれ、等しく宗教的価値をもつとの前提のもと、彼らの思想や行動の意味を求め記述する。さらに、このアプローチは、神学的規範を相対化された位置に押し止める。きりしたん信仰のさまざまな表現（現れ、姿）をカトリック信仰のレベルの違いとしてではなく、近世初期におけるきりしたん信仰の類型の違いとして論じる。そして、すべては等しい価値をもつ宗教表現として、横並びに分類しその意味を探っていくのである。

例えば、「象徴」「儀礼」「超越者」などの概念や、それぞれの分析理論を用いて、きりしたん信仰の表現を大きく二つの類型に分けることができる。（1）キリスト教的救済の象徴使用と儀礼への参加に焦点を当てた表現（実践中心）と、（2）超越的存在（神）と人間性の理解に焦点を当てた表現（教理・思想中心）である。また、別の視点からは、弾圧下における信仰のあり方を現世救済型と他界救済型に分類することも可能であろう。さらに、きりしたん信仰を他の宗教伝統と比較したり、直接の文化・歴史の文脈の中で意味を検討することが可能となる。本書の第二章では、宣教師が日本に伝えたキリスト教的象徴の「きりしたん的意味」を解釈するが、その手順の理論的根拠として、宗教学でしばしば使用されるクリフォード・ギアツ（Clifford Geertz, 1926–2006）の解釈的象徴論を援用している。ギアツの「象徴は意味の乗り物である」および「宗教は象徴の体系である」との理論を援用することで、信徒による象徴使用の意味を宣教師の記録から解釈的に抽出することができる。

きりしたん史は日本史に現れた宗教的現象であるが、「宗教的」の意味については、比較宗教学で理論的に高められた「聖なるもの」の概念を援用したい。それは、きりしたんの様々な要素が当時の人々にとって「聖なるもの」になった過程や状況を知り理解するうえで役立つ。ただし、ここでの関心は宗教研究の古典的理論に見られるような非歴史的で本質的な意味での「聖なるもの」ではない。「聖なるもの」を歴史的で文化的な文脈の中で分析するには、ジョナサン・Z・スミス（Jonathan Z. Smith, 1938–2017）が述べた「状況的」という視点が適切であろう。この視点はスミス自身の次の言葉に的確に表されている。「儀礼の対象や行為が神聖になるのは、高度に印づけられた方法で〔人々の〕関心がそこに集中するからである。この点からすれば、本来的に聖であったり俗であったりするものはなにもない。これらは、内容についてのカテゴリーではなく、状況に関するものである。神聖さこそは、定置（emplacement）のカテゴリーなのである」(10)。スミスの視点をきりしたんの場合に当てはめると、きりしたんの諸要素の宗教的意味を探るには、それらが使用された空間、時間、文化の「状況」も考慮しなければならないことになる。

比較宗教学では、分析概念にもとづいて様々な個別の現象を比較するが、本書におけるその目的は、きりしたんの「歴史的」（具体的）意味を求める研究であり、当時の日本の広範な社会、政治、経済、宗教の体系の中で、既存のものとの比較を通して、きりしたんの信仰と実践を理解しようとする。中でも当時の日本の宗教的環境は最も注意深く検討されなければならない。比較を通して、きりしたんの様々な要素が当時の人々にとって「聖なるもの」になった状況、それらがいかに「聖なるもの」になったかを求めるのである。例えば、よく知られる、山口で一五五一年に大内義隆がザビエルに与えた大道寺のように、また、一五七〇年代に大村純忠が領内のきりしたん化を進めたときに多くの寺院の建物がきりしたん教会として利用されたように、初期のきりしたん教会の中にはそれまで仏教寺院があった土地や建物を利用していたところが少なくなかった。これらのきりしたん教会が設立された空間は、すでに「聖」なる場所としてその土地の日本人には確立されていたのである。[11] このような状況下で、人々がきりしたんという新しい宗教の神聖さを認識するのは容易だったに違いない。事実、宣教師による激しい仏教批判にもかかわらず、人々がきりしたんと仏教の教えを比較し、両者の間に類似点を見出していたのは明らかで、これらの類似点は、きりしたんが「聖なるもの」とみなされるような状況を多く作り出したのである。

以上のことから、比較研究が日本の宗教的文脈の中でのきりしたん伝統の意味を探る具体的な方法の一つになり得ることが明らかであろう。比較研究は、日本の文化土壌において、きりしたんのさまざまな宗教表現を解釈する道具として機能する。比較を用いて既存の宗教文化との類似と差異を明らかにすることで、十六世紀の日本人がいかにきりしたんを受け入れ、この新しい宗教への信仰を発展させていったかを理解することができるのである。

さらに、現代の比較研究では、比較作業の実際における研究者自身の関心が注目されていることも指摘しておきたい。先に引用したスミスは、比較する研究者自身の役割を強調し、比較がもたらす言説は決して比較対象だけの二者的ではなく、三者的であるという。なぜなら、比較には常に暗黙の「……に関して」が存在するからである。学術研究の場合、この第三者とは研究者の関心である。[12] 誰が、何のために、比較を行うのかが改めて問われている。

本書においては、きりしたん信仰の独自な意味を理解するために、きりしたん信仰を中心に一方ではカトリック信仰、他方では日本の宗教との比較分析を行う。とくに日本におけるきりしたん信仰の受容を理解するには、当時の日本の宗教伝統との間の比較が不可欠となる。この場合に重要なことは、今日研究者が行う比較分析は、近世初期にきりしたん信仰を受容した日本人のきりしたんに対する理解と重なり合う可能性をもつことである。当時の日本人は、当然それまでに既存の宗教伝統（例えば浄土真宗）との類似や差異を感じながら、きりしたんという新しい宗教を理解し受け入れた。[13]

したがって、スミスの表現を用いるならば、比較における第三のもの（当時の日本に暮らす人々、信徒）がまず歴史の流れ中にすでにおり、第一のもの（従来の日本の宗教）や第二のもの（きりしたん）を比較している。そして、その第三のものによる比較を、我々研究者が今、いわば「第三'（ダッシュ）」として歴史上の彼らに寄り添いながら見つめ、彼らの主体的理解に近付こうとするのである。我々がこの研究の中で、きりしたんの信仰を当時の日本の宗教と比較しつつ理解するとき、我々は同時に、歴史的、地域的な直接性と具体性の中で、ある信仰が歴史的「第三のもの」によってどのように理解されたかを知ることにもなる。

本書では、とくに第五章と第六章において比較分析を中心に検討を進めている。中でも第六章は、日本できりしたん信仰と共存していた他宗教との比較を通して、きりしたん信仰の意義を考察するもので、ここではとくに比較における「第三'（ダッシュ）」の立場を意識している。きりしたん信仰の比較の相手としては、当時、民衆に流布し影響力ある信仰であり、一般信徒向けの「教理」を印刷していた浄土真宗本願寺派を選んだ。その前の第五章では、きりしたん教理書『どちりいな・きりしたん』をその原本とされるポルトガル語ジョルジェ本と比較して、カトリックの一般信徒向け教理書に対する意義を描いているが、第五章での比較には、日本語で教理書を読んだり聞いたりした信徒は歴史上の第三のものとして関わってはいない。

第六章で本願寺派と比較する際の「……に関して」、すなわち比較の視点としては、救済の場としての後生、神（仏）（英語ではtranscendent beingsに相当）の理解、人間の救済観を取り上げている。「後生」については、きりしたん版での翻訳の過程で「後生」が追加されて、きりしたんの信仰では死後の世界が人間救済の場として強く意識されていたことに着目したことによる。その背景を探ると、当時の日本の諸宗派に横断的に使われ、人々の宗教意識に浸透していた「現世安穏、後生善所（処）」があり、現世と後生の両方での救済が説かれていたことが分かる。よって、救済の場としての後生、さらに「現世安穏、後生善所（処）」をキーワードに、宗派間の比較が可能となる。両者を比較すると、最終的な救済の場としては後生が強調されるが、現世が決してないがしろにされることなく、神の計らいの場としてその影響が及ぶ場として提示されていることが明らかとなる。そして神観については、救済をもたらす超越者（神仏）の一神教的特徴が排他的他宗教観に結びついたか否かを争点にしている。比較の結果は、今日でいう排他主義と包括主義の違いとして理解できるであろう。また、人間の救済については、罪人としての人間と超越的存在による人間救済の構造が、きりしたんの教えと本願寺派の説く教えとの間で類似している。以上のような本願寺派の信仰との類似と差異を描くことで、日本における、受容者の目線から見た、きりしたんの教えの特徴を明らかにしようとする。

「きりしたん」表記について

本書では、通常「キリシタン」とカタカナで表記されていることを、ひらがなで「きりしたん」と表記する。この理由としては、まず、きりしたん版における表記が「ばうちずも」「こんひさん」など他の多数の不翻訳語と同様に、「きりしたん」（初期のきりしたん版には「き里りしたん」も使用）と、主にひらがなであったことがある。人々がKirishitanを実際に語っていた頃、その言葉を文字化した表記はひらがなであったことを大切にしたい。次に、カタカナ表記は一般的に外国語を日本語で表記した印象が強く、当時の日本の宗教文化の中で人々が培ったきりしたん信仰を理解しようとする試みに照らすと、ひらがな表記の方が相応しく思える。きりしたん信徒にとっては、日本において彼らの理解できた日本語で与えられた信仰の世界がすべてであり、それがもともと異国から来たことは推測できたとしても、その異国性が新しい信仰を受容する理由ではなかったであろう。彼らには、Kirishitanの言葉はカタカナ書きが含意するような異国の言葉としてではなく、日本の言葉として響いたのである。

たしかに、当初は馴染みのない、初めて耳にする言葉であったに違いなく、人々の間に理解の困難はあったに違いない。しかし、「それは、もともと外国語であるから」との説明が意味をなすのは同時代や今日の知識人であって、この信仰でたすかりたいと思う人々にとっては、それらが「外国語」であったかどうかは関心の埒外であったろう。彼らは、日本語で語られるきりしたんの信仰世界を生きた。その彼らに寄り添い、世界観を同じ立場から眺めようとするとき、我々がカタカナ書きをしてしまった段階で、すでに彼らの世界観をゆがめ、我々の理解や解釈をそこに押し付けてしまう、逆にいえば、彼らの世界観を我々の理解や解釈の中に押し込んでしまわないだろうか。Kirishitanは異国、異文化のものではなく、日本の文化に馴化し、人々の世界観となっていた、それを示唆するためにも「きりしたん」を本書では使用する。

日本に最初の宣教師が上陸してから、きりしたん信仰者のほとんどが一般信徒であった。彼らは異国に生まれた宗教に何を求め、何を成就したのか。日本人信徒の信仰を理解する上で大切なことは、彼らが何を教わり、信じ、実践したかを知ることである。我々は、宣教師が日本に伝えようとしたキリスト教については知っている。

しかしそれが日本人の実際に生きた信仰をすべて語るとは限らない。むしろ、それにこだわるが故に多くのことを見逃してしまうかもしれない。宣教師による教えを忠実に実践し、やがて弾圧下に殉教するまで信仰を昇華させた者は数多い。しかし同時に、宣教師の説く一神教主義になじめず、習合的宗教観に「でうす」という神を取り込んだ信仰者も多くいた。信仰者は、宣教師にただ従うだけの受動的な存在ではなく、主体的に自分たちの宗教的関心を抱き、独自の宗教的世界を作り上げていたのではないだろうか。

本書では、日本人信徒の目線に可能な限り近づき、彼らの行動の記録をとり上げていきたい。教えについては、彼らに日本語で与えられた教理を、ヨーロッパ語原書の翻訳としてではなく、独自のきりしたん信仰書として読んでいきたい。「きりしたん」とは、まさにそのような、ヨーロッパから宣教師が伝えようとした「キリスト教」には決して還元されない、彼ら独自の信仰世界を指すのに相応しい言葉でもある。

二　本書の試みと構成

これまで述べてきた歴史記述の視点から、本書では改めて次のような問いを立て、きりしたん受容史の考察を進めたいと思う。

きりしたん信仰とは、十六世紀に日本人と中世カトリック信仰が出会った結果、今日までの日本宗教史に現れた宗教伝統である。きりしたん信徒とは日本の宗教風土に暮らす人々であった。そもそも当時の日本人にとって、キリスト教という新しい宗教の魅力は、キリスト教自体に「本来的に」のみ備わっていたのだろうか。それとも、キリスト教は当時の日本に暮らす人々に合わせ適応し、その結果の魅力だったのか。日本的状況に適応する過程で宣教師のメッセージに妥協はなかったのか。もしあったのならば、そのような変更は、日本の宗教文化

における きりしたん信仰の独自性（ユニークさ）について何を示唆するのか。一方、人々はどのように新しい信仰を理解したのか。とりわけ、それまで自分たちが馴染んでいた折衷的宗教観と対立するような一神教的教えを、どのように受け入れたのか。きりしたんの始まり以前から日本に存在した宗教的な世界観や価値観と共存したとき、きりしたんのメッセージは日本人の聴衆にどのように響いたのであろうか。そして、きりしたん禁制下に信仰か生命かの選択を迫られたとき、彼らはどのような選択を、なぜしたのか。

「きりしたん受容史」の研究では、記述の焦点を受容者におき、神学、比較宗教学のみならず、文化人類学や社会学などさまざまな視点から、多様な資料を分析して彼らの信仰生活の構造を明らかにし、その構造の変化を緩やかな流れとしてとらえることを目指す。[14] その際、従来のきりしたん研究の主要なテーマであった日本教会の動向、教理や儀礼の伝達、幕府による禁制などは、研究の視野から除外されるのではなく、きりしたん信仰の“背景”として、人々の信仰を理解し、説明する上で重要な情報を提供することになる。大切なのは、こうして語られる「きりしたん受容史」も、ひとつの歴史観にもとづく以上相対的であり、それゆえ、他の視点から記述されるきりしたん史、とくに宣教師の活動を中心にした伝統的歴史観と相互に補完的だということである。

本書においては、受容史の視座から、きりしたんの教えと信仰と実践の諸相について、きりしたん時代を大きく初期、発展期、禁制期に分けて描いていきたい。それぞれの期について、信仰の内実をその背景（伝道の状況や国内の社会状況など）と合わせて論じていこう。順序としては、各期において先に信仰の背景を、その後信仰の内実について述べる。信仰の内実としては、それぞれの期に特徴的と思われることを、右に述べたような比較宗教学的な概念・枠組みを用いつつ説明する。すなわち、教理伝達がまだ十分進まない初期では非言語的な「象徴の使用」、学校の整備や印刷技術の導入で教理伝達が普及した発展期では思想・認識的な「きりしたんの教え」――とくにその「世界観」のうちの神観、人間観とその両者の関係性からもたらされる人間の救済観――および

「教理理解を背景とした儀礼行動」、そして、禁制期では「棄教、潜伏、殉教」である。

一五四九年のイエズス会の日本伝道開始以降、約三十年間は、ヨーロッパ人宣教師と日本人との言語上の問題、日本人伝道士の教育機関の欠如、そして宣教師の絶対数の不足から、日本人信徒に対する教理伝達は限られていた。この初期の段階において、日本人に対する主なメッセージは、象徴や儀礼を媒介として伝えられたとみなすことができよう。日本人は、象徴や儀礼によって、「きりしたん」という新しい信仰の神秘的で神聖な力に惹き付けられた。人々は、洗礼やミサなどの儀礼に参加し、きりしたんの象徴を保持し用いることで「きりしたん」信徒たり得たといえる。

第一章「宣教師との出会い――きりしたんの始まり（一五四九～一五八〇年）」では、宣教師と日本人との出会いとその後の初期日本伝道を、ザビエル、アンジローらの来航から一五八〇年までを射程に描く。日本語で最初に語られた「きりしたんの教え」については、宣教師の日本語力の不足の他に翻訳の問題点がしばしば指摘される。この章では、翻訳の問題に関しても、初期の異文化間翻訳では不可避の言語的制約があったことを、翻訳者アンジローの置かれた状況に着目し明らかにする。それは、アンジローが日本語でキリスト教の教えを語り、またそれに先立ちポルトガル語で日本の宗教を語る際に、それぞれの目的言語がもつ言葉の中に新しい概念が収まりきらなかったことである。また、初期日本伝道においては、増加するきりしたん信徒への対応において、日本語がまだ不十分な宣教師に代わり日本語で教えを説いた日本人伝道士の役割について考える。これらは、きりしたんの教えが当時の日本に提示されたときの状況を描き、第二章で焦点を当てる象徴物の使用を中心とした信仰実践の在り方の背景を説明するものである。

第二章「きりしたんの象徴物と宣教師のイメージ」では、第一章で説明された、言語的な教理伝達が不十分だったきりしたん時代初期における人々の信仰について考察する。文化人類学の象徴論を援用しつつ、聖水や十字架などの信仰的象徴物の意味を検討したい。ヨーロッパからもたらされたキリスト教的事物がきりしたんによって使用された様子を、宣教師による記録から再構築し、日本の宗教文化を背景にその意味を解釈する。とくに、きりしたん信徒が主体的に作り上げる信仰体系の中に、キリスト教からもたらされた新しい要素と、従来の神道、仏教、道教的伝統を起源とする古い要素とが共存した姿を描く。これは、十全な教理伝達が困難であったきりしたん受容史初期に現れた信仰形態であるとともに、きりしたん受容の基層としてその後も現れ続けたものである。この章では、また、宣教師に対して日本人が抱いたイメージについても述べる。

次の約三十五年（一六一四年まで）は発展期にあたり、日本への適応が宣教方針として推進された。また、セミナリオ、修練院、学林といった教育施設が設置され、さらに「どちり（い）な・きりしたん」（一五九一年、一六〇〇年）をはじめとする教理書が印刷されて、信者への教理情報は飛躍的に増大した。その結果、この時期において「きりしたん」信徒であるためには、告解をしたりミサに参列したり信仰的象徴を使用するだけでなく、教えを心得ていることも必要になった。信徒は、「でうす」「ぜず-きりしと」などきりしたん信仰における「超越的存在」についてや、「おりじなる科」など人間性に関すること、さらには「けれど」（使徒信条）に教えられる神と人間との救済論的つながり、「十のまんだめんと」（十戒）に教えられる宗教倫理等々の知識が問われ、告解の機会などにそれが試されたのである。

第三章「宣教師による適応への努力——きりしたんの発展に向けて（一五八〇〜一六一四年）」では、きりしたん信仰の発展期を宣教師側の取り組みを中心に描く。伝道初期にみられた言語的制約や日本人伝道士の養成などの諸問題の解決を図るうえで求められたのは、日本の宗教文化や社会制度に対する適応の方針であった。キリスト教の日本的適応の結果が、当時の日本社会に対して立ち現れた「きりしたん」の姿、すなわち、当時の人々が直接見て聞いて受け入れたキリスト教の姿＝「きりしたん」の全景であった。この第三章は、後に続く第四、五、六、七章の議論の背景を提供する役割を担う。

第四章「きりしたん書を読む」では、伝道の発展期に生まれたきりしたん版について考察する。この時期、宣教師の日本語学習も進み、日本人伝道士の育成にも拍車がかかった。それらを大きく推進したのが、「きりしたん版」と総称される書物の印刷であり、これらの書物によって日本語による統一された教理伝達が可能になった。この章では、それらきりしたん版についての全体的な考察とともに、とくに、『ばうちずもの授けやう』と『おらしよの飜譯』に焦点をあて、それぞれの内容と意味を検討する。『ばうちずもの授けやう』は、きりしたん信仰による救いのために不可欠と教えられた「ばうちずも」（洗礼）と「ぺにてんしや」（ゆるしの秘跡）の両方を説明している。とくに臨終の場に宣教師が不在の場合でも、その人が確実に救われるように必要な手立てを信徒に教えたものだ。一方、『おらしよの飜譯』は三十七種類の「おらしよ」（祈り）を記載し、その多くが長く過酷な禁制時代を通り抜けて今日まで伝承されて、信徒の信仰生活を支えてきた。その存在そのものが、慶長五年の印刷以後、信仰を守り抜いた人々の心を伝えるものでもある。『ばうちずもの授けやう』がきりしたん信徒の死後の救済を保証したのに対し、『おらしよの飜譯』はこの世で彼らの信仰生活の実際を支えた、ともいえるだろう。これまで、きりしたん版の研究はおもに解題や翻刻による基礎研究によって進められており、内容に関する検討はかならずしも十分とはいえない。この章と次の第五章はきりしたん版の内容の検討を通して、当時日本語で提供されたきりしたんの教えの内実を理解しようとする。

第五章「きりしたんの教えの体系」では、日本語で提供され、受容されたきりしたんの教えについて、きりしたん教理書の決定版として出版され、説教の元本ともなった『どちりいな・きりしたん』をとりあげ考察する。この書がポルトガル本からの翻訳書であることはすでに解明されているが、ここでは、最初にポルトガル原本との比較において『どちりいな・きりしたん』の特徴を記し、次にその全体的内容をまとめる。『どちりいな・きりしたん』では、デウス、イエスによる贖罪、人間の罪、秘跡などについて説明の拡大が顕著である。また、不翻訳の本語（ポルトガル語、ラテン語）と仏教語が多く使用された。これら諸々の要素を含んだ全体が体系的な「きりしたんの教え」として日本語で人々に提示され受容されたのだった。それは、もはやヨーロッパの原著の翻訳としてだけでは決してとらえきれない、独自なテキストとみなすことができる。

第六章「日本の宗教文化における『きりしたんの教え』の意義」では、前章で確認したきりしたんの教えが、当時の日本に暮らす人々の耳にどのように響き得たのかを探求する。そのため、教えの要点の中から、救済の場としての「後生」の強調、神（あるいは神々）観、人間の救済の三つをテーマとして取り上げ、浄土真宗本願寺派の教えとの比較検討を行う。前章の第五章では、ヨーロッパの教理書との比較によって、キリスト教教理の中でのきりしたん教理の独自性の解明を試みたが、この章では、同時代の日本の宗教的教えとの比較によって日本におけるきりしたんの教えの独自性を明らかにする。二つの比較によって、きりしたんの教えの特徴をキリスト教教理と日本の宗教的教えという二つのコンテクストの中で検討し、その意義を複眼的に把握する。

第七章「きりしたんの儀礼」では、きりしたんの実践的側面について考える。まず、救済に不可欠であるときりしたん信徒に教えられた「ばうちずも」（洗礼）と「ぺにてんしや」（ゆるしの秘跡）に焦点を当て、きりしたん信徒にとっての二つの秘跡の意味を考える。その際、きりしたん教理書に説かれるこれら儀礼の説明のみならず、日本の多くの宗教儀礼に通底する浄化の観念に言及する。さらに、「おらしよ」（祈り）を含むきりしたんの生活の中の儀礼を検討し、またきりしたんの葬送儀礼について他の日本の葬儀と比較しつつ考究する。

一六一四年以降の禁制期には、徳川幕府の弾圧政策下において殉教の意義と美徳がきりしたん信徒に説かれるようになった。幕府による弾圧が厳しさを増すと、教会からは殉教の意義が強調されて殉教を促す書物も出現し、「きりしたん」であることは殉教という究極の形で表現するよう求められた。

第八章「棄教・潜伏・殉教——禁制ときりしたん信徒（一六一四年〜）」では、きりしたん時代の後期にあたるきりしたん禁制期の信仰について論じる。最初に、秀吉の「伴天連追放令」から秀吉、家康の黙許政策を経て、秀忠による「伴天連追放之文」へと続くきりしたん禁制への道のりを描く。それは、伝道者の追放から始まり、日本に暮らすあらゆる人々のきりしたん信仰そのものの禁止へと至る反きりしたん政策で、きりしたん時代後期の信仰を政治・社会的に強く条件づけた。反きりしたん政策がこの時期のきりしたん信仰を外側から条件づけたとすれば、内側から信仰をさらに規定したのは、教会による殉教の勧めであった。禁教下に人々は、棄教、潜伏、殉教のいずれかを選んだ。その中で、潜伏きりしたんに対する解釈は、為政者と教会によって「非棄教者＝きりしたん」か「棄教者＝転び者」の間で正反対に異なった。彼らは依然として「きりしたん」であったのか、それとも「転び者」であったのか。徳川期を通じて維持され、今日のかくれきりしたんの系譜へつながる潜伏きりしたんの意味を考えたい。

この章が描く禁制下のきりしたん信仰の中で、実際にこの世において形ある信仰として維持されたのは潜伏信仰のみで、この状態がその後徳川時代を通じて「潜伏きりしたん」として継続したことになる。それゆえ、この禁制期の最後の年代は特定していない。信徒の信仰形態からすれば、潜伏時代を通じ現在のかくれきりしたんの時代まで続く系譜となるであろうし、信徒を取り巻く政治状況からすれば一八七三年の切支丹禁制の高札撤去まで、あるいはカトリック教会との関連を考慮すれば、信徒が宣教師と再接触した一八六五年までとなるであろう。

以上の構成をもって、きりしたん受容史を記述する。

第一章　宣教師との出会い
――きりしたんの始まり（一五四九～一五八〇年）

一　宣教師との出会い

「ここ日出ずる国で、新しき来訪者はまったく新しいエキゾチックな世界に突然遭遇したのである」。[15] イエズス会士歴史家ゲオルク・シュールハンマーは、日本への最初のキリスト教宣教団の様子をこう語った。

きりしたんの伝統は、一五四九年八月十五日、イエズス会の日本宣教団が鹿児島に上陸したときに始まる。一行には、三名のヨーロッパ人イエズス会士、フランシスコ・ザビエル、コスメ・デ・トルレス（Cosme de Torres, 1510–1570）、ジョアン・フェルナンデス（Juan Fernández, 1526–1567）とインドのゴアで洗礼を受けた三名の日本人信徒が含まれていた。三名の日本人信徒とは、ザビエルとの出会いによって彼に日本宣教を決意させたアンジロー（ヤジロー、霊名パウロ・デ・サンタ・フェ）と、彼や宣教師の雑務を担当したジョアン、アントニオで、[16] 上陸地の鹿児島は、アンジローの出身地だった。

シュールハンマーは続ける。「そして彼らは、奇妙な音、奇妙な光景、そして奇妙な風習に出会った」。[17]

近世初期、カトリック教会の日本伝道を担った宣教師の大半は、ザビエルらイエズス会士であった。イエズス会はロヨラのイグナチオ（Ignacio de Loyola, 1491–1556）を指導者に一五三四年、六名の同志とともに結成され、一五四〇年に教皇パウルス三世から認可された、当時まだ新興のカトリック修道会である。自他の霊魂の救済を根本理念にし、その具現化として、「信仰を擁護し、宣布し、人々のキリスト教的な生活と教理知識の向上をはかること」を目指していた。イエズス会士は霊魂の救済を組織的な布教活動に体系化し、信仰の未開地を含む世界に積極的に宣教に乗り出した。彼らは、「十字架の旗印のもとに神の兵士として奉仕しようと望む者」でもあった。(18)

イエズス会宣教師の来航の前、一五四三年に最初のポルトガル人が鹿児島沖の種子島に到着して以降、ポルトガル商船は毎年のように九州の港を訪れていた。鹿児島の人々はすでにポルトガル商人と何年かにわたり交流があったことを考えると、ヨーロッパ人宣教師が感じたほどの「奇妙さ」を、一方の鹿児島の人々は彼らに対して感じなかったかもしれない。ザビエルとともにいた日本人アンジローは鹿児島の出身であった。宣教師に日本人が同行していたことで、この異国からの訪問者に対して人々は接しやすくなったかもしれない。しかし、彼らを除く十六世紀中ごろの日本に暮らす人々にとって、ヨーロッパから来航した宣教師たちは、エキゾチックな音を出し、奇妙な風貌をもつ人々であった。彼らこそが「まったく新しいエキゾチックな世界」から来たのであった。当初、人々は宣教師を天竺から来たと思ったという。自らの世界観の中で最も遠い地域である天竺——それは仏教発祥の地として知られた半ば現実的で半ば神話的な世界(19)——と結び付けて、宣教師のありようを受け止めようとした。当時の日本人がザビエルら宣教師について理解できたのは、彼らの世界観の中で想像できる限り遠い土地からきた人として意味づけることによってであった。

鹿児島に到着後、ザビエルらは領主の島津貴久（一五一四—一五七一）から布教許可を得て伝道を開始した。鹿児島と近隣地域で約百人の受洗者を得たが、その多くがアンジローの親戚や知人であったといわれる。来日前すでに日本の情報を得ていたザビエルは、当初から都にのぼり、天皇から日本全土での布教許可を得ることを計画していた。また比叡山などの「大学」を訪れることと教理書を印刷することも希望していた。

ザビエルら宣教師は、一五五〇年八月鹿児島から都へ向け出発。平戸（十月）、山口（十二月）を経由して、翌年一月中旬に入洛した。しかし、当時の天皇の権威失墜と荒廃した都の状況から、天皇の許可を得て全国で布教を展開することをあきらめ、十一日後には都を去った。そして、有力なる「山口の王」の庇護のもとで布教することを求めて同年四月に山口に戻り、大内義隆（一五〇七—一五五一）から領内での宣教の許しを得ることができた。具体的には、宣教の許可、洗礼を受ける許可、神父に危害を加えることの禁止などが領内に通達されたのである。さらに、無住の大道寺が与えられた。ザビエルの五か月にわたる山口滞在中には、日本人最初のイエズス会士ロレンソを含む、約五百名の日本人が受洗した。

一五五一年九月、ザビエルは、トルレスとフェスナンデスを山口に残し、大友義鎮の招きに応じて豊後に移動、その後インドへ一時帰還することを決意する。インド帰還の理由の一つに、ザビエルが中国への宣教を考えていたことが挙げられる。後で触れるように、アンジローの知性に感じて日本布教を決意したザビエルだったが、中国人が優れた才能をもち、知性に富んでいると感じるようになっていた。そして、中国から日本へと精神文化が流れていると理解した彼は、中国における改宗活動の効果がやがて日本にも波及するに違いないと考えたのだった。[20] ザビエルは、一五五一年十一月に豊後を出航し、二年余りの日本宣教活動を終えた。その後、一五五二年十二月三日、中国への上陸途中、広東、サンチャン島で熱病によって没した。

最初のきりしたん教理

ザビエルは、日本伝道のために一冊の教理書を用意した。それは「公教要理」と「信仰箇条の説明」から成り、前者は来航前にゴアで、後者は一五四九年の冬に鹿児島で、ザビエルとアンジローが日本語に翻訳したものである。[21] この教理書は現存しないが、周辺資料からその内容をおおまかに知ることができ、次のような項目が含まれていたことが分かる。神による天地創造、天使の堕落、アダムとイヴの創造と堕落、ノアの洪水、バベルの塔、偶像崇拝の始まり、ほか旧約の諸テーマ、神のキリストに対する託身とその復活、昇天までの生涯、最後の審判、十戒、男色の非難など。教理書の中でザビエルはとくに世界創造、霊魂の不滅、救済のための神言の受肉の必要性、キリストの受難と復活を詳しく描いた。[22]

これらのメッセージは当時の日本人にとって新しいものだった。しかしイエズス会士の説教をとりわけ際立たせたのは、日本の宗教伝統をすべての面において攻撃したその排他主義であった。ルイス・フロイス（Luis Frois, 1532–1597）の *Historia de Iapam*（『日本史』）から、ザビエルとフェルナンデスが一五五〇年に山口で行った説教について次のようにまとめられる。フェルナンデスが最初に世界と人間の創造についての章を読み、そして、聴衆に向かい声高に、日本人がいかに三つの点で重大な罪を犯しているか説いた。一つは、日本人が全能の大日（神）を忘れ、その代わりに木の物や石や他の物体に悪魔を崇拝していること。二つ目には、男色の罪を犯していること。これは深刻で憎むべき罪であり、天地の主によって世界に対し重大な罰がもたらされる。三つ目には、女性が堕胎と嬰児殺しを行い子供の養育義務を怠っていること。これは大変残虐で非人道的である。[23]

いうまでもなく、宣教師のメッセージを日本の聴衆が理解できるには、すべての話が日本語でなされねばならない。では、いったい誰がどのようにこの新しい教えを説いたのだろうか。日本語で用意された教理書は正確な翻訳だったのか。それは宣教師が伝えようとしたメッセージをその独自性を失うことなく伝えていたのだろうか。このような問いによって、きりしたんの信仰世界を探るために不可欠な背景が導かれるであろう。我々が日本で与えられたキリスト教教理の意味を考えるとき、メッセージの送り手が何を伝えようとしたかではなく、受け手に実際に何が伝えられたかを知ることが必要である。こうして受容者と目線の高さを同じにすることによってはじめて、一般的日本人にとっての新しい教えの意味が明らかになるだろう。

イエズス会がもたらしたメッセージの意義を考察するときは、それが日本人聴衆に理解できる形にされた状態、すなわち日本語の資料をもとに検討しなければならない。宣教師の伝えようとしたことではなく、それを実際に受けとった日本人の視点から読むことによって、情報のレベルが合い、キリスト教のメッセージと、日本に以前から存在していた他の宗教的教えとの比較が可能になる。そうすることで、当時の日本人に対してキリスト教のメッセージが持ち得た意義をより理解しやすくなるであろう。もし、宣教師らメッセージの送り手の視点のみに我々の視座を合わせ、彼らが伝えようとしたメッセージがそのまま聴衆に伝達されたとの推定のもとに議論をするならば、当時の人々が教えられた（とされる）ことと実際に行ったこととの違いを説明できなくなるのだ。

来日当初、宣教師には日本語の知識がほとんどなかった。ザビエルは、一五四九年十一月五日付の手紙で、日本語が理解できないため人々の間で沈黙せざるを得ないヨーロッパ人宣教師を「彫像の如き存在」と嘆きながら、「神のことを彼等に話すことができるように私たちに言葉を与えて下さいますように」と神に祈っている。[24] ザビエルにとって、宣教師が日本語を知らないことは日本伝道における最大の障害だった。最初に日本に来た三人のイエズス会士の中では、フェルナンデスが二十三歳で最も若く、日本語の上達も一番早かったようである。彼は、日本へ来る船の中ですでに日本語の学習を始めていたらしく、日本語はわずかに話せたらしい。ザビエルが、「私たちは言葉の習得に専念した結果、四十日間で十戒を説明することができるようになりました」[25] と報告したとき、おそらく彼はフェルナンデスについて語っていたのではないだろうか。来日当初、ザビエルが説教に立ったが、鹿児島を発つ頃には、一般の聴衆に対して話をするのはフェルナンデスの役目になった。そして、フェルナンデスが説教を行う間、ザビエルはその傍らに立ち、彼の「説教に好い成果があるようにと、また聴衆たちのためにも心の中で祈っていた」[26]。しかし、フェルナンデスにしても、実際に日本語がわかるようになるの

は上陸の一年後で、自由に使いこなせるにはさらに半年が必要だったという。(27)

宣教師には十分な日本語力がなかったため、彼らの説教は、ローマ字で書かれた日本語教理書からの朗読がその大部分を占めていた。さらにザビエルはこの教理書の写しを作らせて、暗唱用に鹿児島や市来、平戸、山口の信者に残した。このように、きりしたん開教期には、用意された日本語のテキストがほぼ全面的に日本におけるキリスト教メッセージの元になっていた。

そこで、この日本語版教理書の質と内容が問題になる。すでに述べたように、この教理書はザビエルがアンジローの協力を得て作成した翻訳書であった。ザビエルが意図したことは、正しく日本語に訳されていたのだろうか。正確な翻訳には、起点言語によるテキストの適切な理解と翻訳先の目的言語に精通していることが必要である。とりわけ重要なのは、目的言語に含まれる用語の意味を十分に把握していることである。なぜなら、翻訳語として採用した「現地の」用語には、当然もともと含まれる意味があり、その意味が翻訳語として採用された後も残る可能性があるからだ。

翻訳の質は、翻訳者によって大きく左右される。したがって、その翻訳者について知ることは日本語教理書について知る上で大切であり、最初のメッセージがいかに日本人に伝えられたかを理解するうえで有効であるに違いない。ザビエルは日本語を解さなかったので、彼のテキスト翻訳の日本人協力者であるアンジローに的を絞り少し検討してみよう。

翻訳者アンジロー

翻訳者は鹿児島出身のアンジローである。彼は一五四八年にインドのゴアで洗礼を受け、最初の日本人キリスト者となり、ザビエルとともに一五四九年鹿児島に上陸している。これまで歴史家はアンジローについて否定的に語る場合が少なくなかった。イエズス会の日本宣教に関する歴史書のほとんどがアンジローについて触れているが、その記述は「ザビエルの先導者、案内者」(28)であること以外では、おおむね、彼がキリスト教の神を「大日」に〝誤訳した〟点に焦点を当てている。後に触れるように、イエズス会士は、他の日本人から得た情報から、「大日」とは複数の意味をもつ語で、宗教的にはキリスト教の人格的超越者を意味するのではなく、キリスト教の「神」の正しい訳ではないと理解した。このことから歴史家は、アンジローは教養のない男で、その誤訳がイエズス会日本伝道に大きな障害をもたらしたと描いてきた。

アンジローについてのこのような語りに欠落しているのは、宗教的文書の翻訳に必ずかかわる、異なる宗教的文脈の分析である。アンジローが行った翻訳のプロセスを振り返れば、なぜそのような翻訳が生み出されたのか明らかになる。

最初の日本人キリスト者として、またキリスト教文書の最初の日本人翻訳者として、アンジローの生涯は大変興味深い。アンジローは薩摩の下級士族あるいは商人であったといわれている。彼にはもともと鹿児島に住んでいたときからポルトガル人商人の知り合いがいたようだ。アンジローがロヨラ宛に記したとされる書簡によれば、(29)彼が人を殺め僧院に身を隠していたとき、ポルトガル商船が鹿児島の港に停泊していた。アンジローは知り合いのアルヴァロ・ヴァス（Alvaro Vas）に事情を話したところ、ヴァスは近くに停泊し出航間近のナビオ船の船長ドン・フェルナンド（dom Fernando）に紹介状を書きアンジローの面倒を見るように頼んだ。しかし、アンジローは間違ってその紹介状を別の船の船長ジョルジェ・アルヴァレス（Iorge Alvarez）にもって行ってしまったが、(30)このアルヴァレスがザビエルの友人であった。アルヴァレス船長は、アンジローの面倒を見るとともに、そのときマラッカにいたザビエルに彼を託すことにした。こうして、アンジローは他二名の日本人とともにアルヴァレスの船に乗り、鹿児島を後にする。一五四六年のことである。

一五四七年十二月、アンジローは、ポルトガル商人を介してマラッカでザビエルと会った。アンジローは、そのときすでにポルトガル語で意志の疎通ができたようだ。彼はザビエルに大変良い印象を与えた。一五四八年一月二十日付書簡でザビエルは、「もしも日本人すべてがアンヘロのように、それほどに知識欲に溢れているならば、彼等はこれまで発見されているすべての土地の中で最も知識欲のある人々である、と私には思われます」と述べてアンジローの資質を高く評価し、日本への伝道の成果に期待をよせている。[31] アンジローは、その後一五四八年三月、三十六歳でゴアの聖パウロ学林に入学、同年五月にジョアン・デ・アルブケルケ（João de Albuquerque）司教から、パウロ・デ・サンタフェ（Paulo de Santa Fe）の名とともに受洗し、日本人最初のキリスト者となった。

学林で学ぶうちに、アンジローのポルトガル語力が向上したことは間違いない。ただし、宣教師による評価は一定ではなかった。例えばザビエルは、「パウロ〔アンジロー〕は八か月でポルトガル語を読み、書き、話すことを習得しました」と報告しているが、[32] おそらくザビエルは、アンジローが読み書き話すことすべてにおいてポルトガル語を修得したと述べているのではないであろう。なぜなら、ザビエルの書簡のわずか十七日前の日付で、学林での指導教官ニコロ・ランチロット（Nicolo Lancilotto）はアンジローについて、「まだ十分に〔ポルトガル語を〕話すことができませんが、たいそう思慮深いため遠回りしながらも私にすべてを理解させてくれました」と報告しているように、[33] その「話す力」は決して十分ではなかったようだ。一方、アンジローの「聴く力」は大いに向上し、キリスト教の知識も蓄積されていったと考えられる。トルレスは、アンジローは大変良い判断の感覚を持ち、デウスをよく理解し、また良き記憶力と才能を備えていると報告している。[34] ザビエルが、アンジローは日本についての情報提供者であり、また教理書の翻訳者になると考えたのも、彼のこれらの能力を評価したからであろう。

アンジローのポルトガル語とキリスト教の「理解力」は良かったのだが、彼が提供する日本の宗教事情は教育にもとづいておらず、一般人の知識を超えるものではなかった。彼は日本の宗教について語ることはできたが、かな文字が読めただけで、「経典にかかれた宗教」について伝えることはできなかったのである。日本の情報提供者としてまた翻訳者として、これは問題であった。ザビエルはアンジローが教育を受けていないことを知っていた。それゆえ彼が日本宗教について正しい情報を提供できないのではないかとの懸念は隠していない。ザビエルは一五四九年一月二十日のシモン・ロドリゲス（Simão Rodrigues）宛の書簡で、「パウロが私たちに伝えるところによると、タルタンやシナや日本の全土には天竺で説かれている教えがある、とのことです。彼はその土地の人びとが奉じている教えを書いた言語（〇漢字。）を、それが私たちの間におけるラテン語のようなものであるために、理解することができません。この理由から印刷された書物に記された教えについて完全な情報を私たちに与えることができません」と述べている。[35] しかし、結果として、アンジローの無教養がもたらした最大の問題は、彼が不正確な教理翻訳を必然的に生み出したことにあった。

アンジローは有能な男である――ザビエルは少なくともマラッカで最初に彼にあったときそう思った。アンジローは知性に優れているとザビエルは認めていた、だからこそ、すべての日本人が彼のようであるのならと日本伝道を思い立ったのだ。そしてアンジローは、良きキリスト者になってザビエルらヨーロッパ人宣教師の期待に応えようとしたであろう。彼のキリスト教教理の理解は、イエズス会士の目には印象的であったのだ。ただ、そのようなアンジローが翻訳を任されたのは不幸なことであった。たとえキリスト教教理に通じた良きキリスト者であっても、彼の日本語と日本宗教の知識はとくに優れたものではなかった。さらに、十六世紀の日本の宗教的書物を読むには漢字、漢語の素養は不可欠であったが、それは当時、知的エリートの専有物で、アンジローが身に付けていたものではなかった。ザビエルがアンジローにキリスト教教理書を日本語に翻訳するように依頼したとき、ザビエル自身がそれに気づいていたかどうかは別にしても、アンジローに必然的に求められたのは教養高い僧や学者の知性と教養であり、それはまさにザビエルに相応するような知的素養を備えた日本人であることだった。

後年（一五五五年）、バルタザル・ガーゴ（Balthazar Gago, 1520?-1583）が五十以上の誤訳を指摘したように、イエズス会は、ザビエルとアンジローが作成した最初の日本語教理書には多くの問題があると判断した。そして、誤解を生みやすい言葉の代わりに、ポルトガル語やラテン語の用語を用い不翻訳のままその発音を日本語文字で表記した。この「本語」主義が採用されたのは、一方で当時の日本人にとって新しい概念には新しい言葉が必要であり、また他方では、翻訳語として使用する日本語用語の本来の意味が、キリスト教の用語として意図された意味と明らかにかけ離れていたからである。「彼ら〔日本人〕の言葉でデウスのことを説けば誤解を生ずることがわかってきた」のだった。ガーゴが一例に挙げているのが十字架の訳語としての十文字である。彼によれば、日本人に「クルス」（十字架）を説明するために、日本語の「十文字」を使うと、「それはクルスの形をして数の十を意味するので、単純な者はクルスとその文字とが同一だと考えるようである」。したがって、教理書を読むときにはフレーズごとにあるいは単語ごとに説明が必要になり、ときには用語を変更しなければならなかった。(36)

実際の翻訳は、キリスト教の宗教的概念を表現するために多くの仏教語を採用していたようだ。アンジローがザビエルとともに行った翻訳で採用された用語には、大日、仏、浄土、地獄、魂などが含まれていた。(37)最初のきりしたん教理書に関してガーゴが問題ありとした五十以上の用語のすべてが、仏教的用語であったわけではない。しかし、キリスト教独自の宗教的概念を表すために用いられた日本語の言葉は仏教語であった。海老沢有道が指摘したように、キリスト教の救済論的宗教観や哲学的概念を表現するのに使える用語は、当時、仏教用語しかなかったであろう。[38]その意味で、キリスト教のメッセージの送り手も受け手も仏教語を媒介とせざるを得なかったのである。

イエズス会士は、日本宣教の初期から日本語訳の問題には気付いていた。問題の多くは、キリスト教の概念を仏教語で説明しようとしたことに起因していた。中でも深刻だったのが、よく知られているように、キリスト教の「神」を「大日」と訳したことである。この問題は、一五五一年にザビエルが山口で布教中に発覚した。ザビエルは、彼のキリスト教の説教が当地の真言宗の僧侶の間で思いがけず好意的に受け入れたことに疑問を抱き、僧侶たちに三位一体説やキリストによる救いについて尋ねてみた。僧侶らにそのような知識はあるはずがなく、それを知って、ザビエルは直ちに「大日」を使うのを止め、代わりにラテン語の「デウス」Deusを使うようにしたのであった。[39]

「大日」訳の問題の本質は、ザビエルとアンジローが「大日」という仏教語の本来の意味を理解していなかったことにある。アンジローはしばしばキリスト教の神を「大日」と訳した全責任を負わされ、無能な翻訳者と描かれることがあるが、[40]それはあまりに一面的なとらえ方だといえる。ここで忘れてはならないのは、キリスト教の神が日本語で「大日」と訳されるより前に、アンジローが「大日」をポルトガル語で説明していたことだ。これが、「大日」訳の背景を知る上で重要なポイントになる。そして同時にそれは、宗教に限らず、思想、哲学的内容を言語の違いを超えて説明するとき避けることのできない困難を表している。

イエズス会士がキリスト教の教えを日本語で説明する前に、アンジローは、ヨーロッパ人宣教師に提供する日本情報の一部として、日本の宗教についてポルトガル語で説明するよう求められていた。ちょうど後に宣教師が日本でキリスト教を説明するのに仏教語を使用せざるを得なかったのと同様に、アンジローは、日本宗教を説明するのにキリスト教用語を使用せざるを得なかったのである。さらに、彼の「宗教的」知識に関しては、全く教育を受けていない日本の宗教についてよりは、学林で正式な教育を受けたキリスト教の知識のほうが優れていたであろう。そうであれば、日本の宗教についてアンジローがイエズス会士に説明する過程において、皮肉にも彼のキリスト教の知識がイエズス会士の理解を誤った方向に導いたといえる。

ランチロットの報告によれば、アンジローは、「大日」を明らかにキリスト教の神観に引きつけて説明している。

すべてのものが唯一つの神に礼拝し、それを彼等の言葉でデニチ（○大日、すなわち大日如来。）と呼んでいます。彼が言うには、人びとは唯一つの身体に三つの頭を持ったデニチをしばしば描いています。彼等はそれをコジ（○荒神……カ。）と称しています。しかしこの男（○アンジロー。）はその三つの頭の意味は分からないが、デニチェ（○大日如来。）とコンジ（○荒神カ）とが全く同一であることは知っている、と言っています。それは、私達の間での神と三位一体のようなものです。(41)

仮にアンジローに「大日」についての正確な知識があったとしても、「遠回りしながら」語る彼の会話力では、それ独自の意味を詳しく伝えられなかったであろう。アンジローの説明の中で付与された「大日」のキリスト的イメージは、それまでもキリスト教と日本宗教の類似性を読み取り、「キリスト教の異端が中国と日本で宣教していた」と信じる傾向のあったランチロットによって、(42)さらに増幅された。その結果、ザビエルは、「大日」を「デウス」の訳語として採用したのだった。

岸野久が推測するように、ザビエルとしては、初期のキリスト教がすでに中国や日本に広がっている可能性があるとのランチロットの考えを、否定も肯定もできなかったであろう。(43)大日の本来の意味がアンジローが読むことのできなかった仏教の典籍にあった以上、そのときのザビエルには知ることはできなかったのだ。それにもかかわらず、ザビエルはこの仏教語をデウスの訳語として使うことを選択し、実際に使用した。そして、しばしば指摘されるように、結果として人々がザビエルに近づきやすくなった。また、「大日」の使用によって、それを元々使用する仏教者と、それを借用したザビエルら宣教師の違いも明確になった。これはザビエルには実は必要であったのであろう。というのも彼は日本の宗教事情を綿密に調べ、本当に日本に初期のキリスト教伝道が行われたのかどうか検証したいと思っていたからである。(44)

以上の情報を確認すると、日本人に対する最初のキリスト教メッセージは、イエズス会士が意図していたのとはかなり異なって日本人の耳には聞こえたのではないだろうか。もし、仏僧でさえ宣教師のメッセージを仏教と重ねて理解したのなら、果たして一般の日本人に両者の違いが判別できたであろうか。一五五一年、山口の領主大内義隆が無住の仏教寺院を宣教師に与え、翌年それを義長が追認した有名な裁許状ほど、この状況を明確に物語っているものはないであろう。そこでは、「従西域来朝之僧為仏法紹隆（西域ヨリ来朝之僧、仏法ヲ紹隆ノ為）」と明言されたのである。(45)

二　初期日本伝道の特徴

きりしたん信仰の背景として、開教期以後約三十年間のイエズス会日本伝道の動きを概観しておこう。ザビエルらによる日本開教以降四十年余りの間、日本の宣教活動はイエズス会によって独占されていた。他の修道会が日本伝道に参加するのは一五九三年、フランシスコ会宣教師の来日以降のことである。

イエズス会は、ザビエルの後一五七〇年まで日本布教長の任にあったトルレスの指導の下、日本の政治、社会、文化にあう宣教方法を目指し、適応主義をすすめた。九州を中心に伝道線を延ばし、一五六〇年までに九つの教会と約六千人の受洗者を得ている。ザビエルが来航時に目指した京都伝道は、一五五九年、ガスパル・ヴィレラ（Gaspar Vilela, 1525–1572）らにより開始された。一五七〇年には、日本人信徒は三万人を数え、合計約四十の教会が薩摩、山口、豊後、平戸、生月、島原、博多、京都、堺などに設立されていた。(46)

一五七〇年、トルレスの後任としてフランシスコ・カブラル（Francisco Cabral, 1528–1609）が布教長に就いたが、その後十年間の在任中に、イエズス会の適応主義には後退と進展の両方が起こった。後退は主に文化的側面で生じた。一五七九年から一五八二年にかけて初めて日本を訪れたイエズス会東インド巡察師アレッサンドロ・ヴァリニャーノによると、カブラルは日本人を「きわめて野蛮な風習を有してい（る）」とみなし、日本人に対して不信を抱くとともに、大いに悲観的な見解をもっていた。同じイエズス会のイルマン（修道士）であっても日本人がヨーロッパ人と同じ服装をするのを望まず、日常生活では食事や睡眠など何かにつけて区別し、日本の習慣を軽蔑して自ら学ぼうとはしなかった。さらには、日本語で説教することはヨーロッパ人には不可能であるとしてその学習に消極的であったばかりか、自分たちの会話を覚られないように日本人にポルトガル語を教授せず、また、「彼らがいかなる学問も学ぶ必要はなく、何人も司祭になるべきではないと考え」ラテン語を教えることもなかったという。(47)

カブラルのこのような態度は、当然のことながら、日本人信者や修道士とヨーロッパ人宣教師の間に軋轢を生み、イエズス会内の日本人とヨーロッパ人の精神的調和を欠くこととなった。ヨーロッパ人宣教師の非日本的な振る舞いに対する不満は、大村、大友、有馬らきりしたん大名からも表明された。宣教師が日本という文化土壌に根付かない結果、日本における彼らの社会的立場は曖昧で、宣教師は一般の日本人の尊敬を得られず、信徒にとっても「他人」のままで、社会的交流ができない状態が生じていたのである。

カブラルの分離主義あるいは非適応主義は、今日の文化適応やインカルチュレーションの影響下になされる歴史記述では影となりがちな二つの点、すなわち当時の宣教師が共有した普遍主義とヨーロッパ至上主義を想起させるものである。今日の研究におけるカブラルの否定的評価の裏側には、日本への文化適応を推進し日本人を肯定的に見たヴァリニャーノに対する高評価がある。これは今日のカトリック教会の包括主義的な他宗教観を踏まえれば当然であろう。しかし、歴史記述の点からは、包括主義的視座に立つ歴史観も、当時の西洋普遍主義的世界観と同様に時代の限定を帯びた相対的なものである。カブラルの評価は基本的にヴァリニャーノによるもので、それは今日のヴァリニャーノに対する歴史家の評価の常に反対のものとなる。両者の評価は相対的な歴史観にもとづき、一方が評価されれば他方が否定されるという構造である。

一五七〇年代、イエズス会の適応主義は文化的側面で後退する一方で、政治的側面では進展をみせた。一五七〇年当時約三万人だったきりしたんの数はこの時期に急増し、一五七九年には約十三万人以上ともいわれている。[48] その最大の要因は、イエズス会が当時の政治、社会の構造を的確に把握し、領主の権力に依拠した改宗活動を行ったことにあった。いわば政治的適応の成果である。九州と畿内で領主の改宗とそれに続く領民の集団受洗、さらには領内の既存宗教の排斥を通して、「きりしたん化」が進んだ。

十六世紀の日本において、戦国大名は、「国家」の概念を領内における彼らの権威を正当化するための政治的イデオロギーとして使いながら、統一された独立の領地を打ち立てようと試みた。[49] 地方の大名にとって「国家」とは日本全体を意味するのではなく、大名自身の政治的統制の及ぶ連帯的領域のみを指した。政治的統制が自立し完全な統合性を有していたことは、戦国大名にとっての国家を意味するうえで鍵となる要件であった。大名による国家の自立の主張は、他国から分離した自国の概念を導き、そのような自国の自立とはその領国のみに適応される統一された基準によって具体的に表されていたのである。数多くの法によって計測方法、輸送、市場などが規制され、宗教もまた同様であった。大名の家臣のみならず、すべての領民が国家の構成員であり、それ故に国家の法を遵守する義務があったのである。領土的主権とそこに住む領民とが一つの国家を成していた。

戦国大名がこのような方法で独立した領国支配を試みたことは、きりしたん伝道にとって有利にも不利にもはたらいた。有利となったのは、宣教師の活動に敵対する領主がいても、他の領国では布教を許可される可能性があったことである。強力な統一政権がまだ成立していない戦国時代では、宣教師が日本全体から追放されることはなかった。しかし、自立性の高い地方大名の統治下では、状況が変わると領主から受けていた保護は容易に剥奪され、たちまち厳しい脅威にさらされる可能性があった。大名がきりしたん信仰を受け入れたことは、この新しい信仰がその領地の信仰になった、つまり原則として領内のすべての住民に適応されるべき「統一された宗教的基準」になったことを意味した。この場合、きりしたんの信仰は基本的に個人の信仰としてではなく、共同体の信仰として人々に与えられたと考えてよい。宣教師の立場からすれば、人々が領主の命令に従う形で彼らの伝えた信仰に入ることは信仰の質の問題をはらんでいたが、日本の宗教文化・風土からすれば、きりしたんはそのような当時の社会システムの一部になることによって人々の間に広まりやすくなったのである。

人々の宗教実践は、宗教を領内統一の手段として利用していた地方の戦国大名や領主により強く制限されていたので、領民がある宗教を実践できるかどうかは、領主がその宗教を好意的に受け入れるか否かによって大きく左右された。一五五〇年から翌年にかけて、ザビエルは都の朝廷と将軍家から日本での布教許可を得ようと試み、最終的に山口の領主大内義隆から布教許可を得た。しかしその後のイエズス会の地方大名に対するアプローチとその目的には変化が生じた。彼らは政治的、軍事的権力者に布教の許可と宣教師の保護を求めただけでなく、大名が領内の宗教を決定する仕組みに着目し、それに合わせた宣教方法を積極的にとるようになったのである。

カブラルは、一五七一年のローマのイエズス会総会長宛の書簡で、領主より割り当てられた土地で暮らす人々は、あまりに完全に領主に依存しているので領主の選んだ信仰を容易に受け入れる、と綴っている。カブラルは、領主の好みと許可が多くの領民の改宗を決定しており、領主こそが「最良の使徒」であるとさえ述べている。[50]

領主の受洗に続く集団改宗の例を九州の大村領にみることができる。一五六三年、大村純忠（一五三三―一五八七）は霊名バルトロメオをもって受洗した。純忠の主権が領内で確立した一五七四年以降、集団改宗が本格化し、翌年九月までに家臣千五百名を含む領民約二万人がきりしたんに改宗した。[51] 同時に、受洗を拒んだ領民の追放、十七社・三十五寺の寺社の破壊、[52] さらには僧侶の改宗と寺社からきりしたん教会への変換や新たな教会の設立によって、領内の「きりしたん化」がおし進められた。「異教徒は洗礼を受けるか、あるいはその土地を去るしかなかった」。[53] 寺院はきりしたん教会に変えられるか取り払われた。このとき、約五十にのぼる寺院の僧侶二百名余りが洗礼を受け改宗したという。[54] 受洗した僧侶の中には、「看坊」としてきりしたん教会の世話をする者もいた。[55]

集団改宗はそれ以外の地でも進められた。島原の大名であった有馬義貞（一五二一―一五七六、十二月）は、一五七六年四月に受洗、以後六か月の間に少なくとも一万五千人以上の領民が改宗したと想定される。[56] 豊後の大名、大友義鎮（宗麟）（一五三〇―一五八七）は一五七八年に霊名フランシスコとともに受洗した。彼は一五五一年から領内におけるイエズス会を庇護していたが、彼の受洗後、領内の改宗者は数年のうちに急速に増加し、一五八一年度のイエズス会日本年報では、一万人を超えたと報告されている。[57] 高山右近（一五五二―一六一五）は一五六四年にロレンソより受洗し、きりしたんとなる。一五七三年に摂津高槻の領主となって以降、領内の集団改宗をすすめ、一五八一年に巡察師ヴァリニャーノが高槻を訪れたとき、領民二万五千人のうち一万八千人がきりしたんであったという。[58]

戦国大名が受洗した理由には、一人の人間として純粋に宗教的な動機も当然含まれるであろう。それが、宣教師の望むようなキリスト教的神学に合致したものであれ、より現世利益的なものであれ。[59] しかし、カブラル自身が、彼らの改宗動機について、「一時的な、とくに誰が船〔商船〕がはいれる港を持っているか〔の問題〕」と認めているように、[60] 経済的利益への期待が背後にあったのは明らかだろう。大名の側には、洗礼を受けることが自領内へのポルトガル貿易船入港につながり、それによって停泊料や貿易による莫大な利益を得ることができるとの期待があった。さらには、ポルトガル商人からの軍事物資の購入や、イエズス会からの財政援助を望むことができたのである。歴史家は、きりしたん大名のこのような「不純な」改宗の動機をたびたび強調する。しかし、イエズス会が領主のこのような動機を知りながらも、領民を改宗させることのできる彼らの権力を利用したことも、同時に指摘されねばならない。大名領主の権力を利用することによって、宣教師はできるだけ多くの日本人を改宗することが可能になった。これは彼らの目的であり、一五八〇年から翌年にかけて開催された日本イエズス会第一回協議会において承認された宣教方法であった。[61]

ヨーロッパ人宣教師と日本人伝道士

一五七九年に来日した巡察師ヴァリニャーノの目には、日本人「改宗者」の質は失望に値し、問題であった。彼によれば、日本人改宗者の大半——とりわけ集団改宗が行われた西九州の改宗者——は、キリスト者になるうえで「超自然的な動機」を備えていなかった。彼らは自らの利益を考えているだけで、キリスト者に必要な「神への信仰と愛の気質」に欠けていた。洗礼に対する動機さえ同様であったので、ヴァリニャーノは彼らは洗礼を受けるべきではないと考えたほどである。実際、宗教的な「質」からすれば、改宗者は他の日本人と同じように見えた。「彼らは、他の日本の異教の徒と比較してより霊性に優れているわけでも、より信頼できるわけでもない。どちらも同じほど簡単に教理を捨てるし、どちらも同じような生活を送っている」と。[62]

しかし、ヴァリニャーノはこの状況を必ずしも悲観的に見ていたわけではない。彼は、このような状況が生まれた原因は（集団改宗という）改宗の方法ではなく、新しい信仰者を正しく霊的に成長させる宣教師の数の不足にあると考えた。「たとえ彼らの改宗の動機がこの世的なものであったとしても、彼らが十分な指導と世話を受けることができたら、今後さらに多くの人々が良き信徒となるであろう」と述べ、良い霊的指導によって期待に応え得る良い信徒になると信じたのである。さらにヴァリニャーノは、「経験によれば、彼らが指導と世話を受け、教会があって常駐の司祭がいる地域では、多くが大変優れたキリスト者になっている」と主張した。[63]

ヴァリニャーノの予測は将来の日本人宣教師の育成を前提としていたが、それにしても、当時日本にいた宣教師の数を考えるとその楽観的な見方は驚きである。その頃の国内の信徒数はすでに十三万人に上っていたが、彼らを導く宣教師の数は圧倒的に少なく、一五七九年当時の日本の伝道勢力（スタッフ）は、ヨーロッパ人宣教師四十八名（司祭二十三名、イルマン〔司祭ではないイエズス会修道士〕二十五名）、日本人イルマン七名の合計五十五名だった。[64]

その頃の状況について、ヴァリニャーノは、「これまで彼らを熱狂的に信仰へ駆り立てるような刺激は何もない。見栄えのする教会もなければ、常駐の司祭もいない。そして、〔きりしたんは〕時には八～十か月の間、ひとりの司祭も訪れる事なく過ごすことがある。また、訪れてきても、一日か二日の滞在だけだ。そして、しばしば司祭は彼らの言葉が理解できず、また彼らも司祭の言葉ができないままである」と伝えている。[65] このように、一五七〇年代にきりしたんの数が急増する中、イエズス会宣教師の数は絶対的に不足していた。一方では集団改宗によって膨大な数の新しい信徒を獲得できたが、他方では、新しい信徒に教えを十分に説き導く数の宣教師はいなかったのである。例えば、大村領で集団改宗が進んだ一五七四年頃、現地できりしたんの世話をしていたのは、日本語を理解しないガスパル・コエリョ（Gaspar Coelho, 1530-1590）と、「同宿」と呼ばれた日本人の俗人伝道士だけであった。四年後、アルフォンソ・デ・ルセナ（Alfonso de Lucena, 1551-1623）が駐在の司祭として大村を訪れたとき、領内のきりしたんは洗礼に必要な初歩的知識をもつだけで、告解や聖体拝領などはできなかったという。(66)

しかし、ヨーロッパからの多数の宣教師の補充が容易にかなうわけではない。唯一の解決策は、より多くの日本人を伝道士として使うことであった。(67) イエズス会伝道をささえる日本人スタッフは、イルマン、同宿、看坊、小者の四つのグループに分かれ、一五八三年度で合計約四百人を数えた。このうち、実際に伝道と説教を行ったのはイルマンと同宿で、彼らはイエズス会に属していた。看坊は地方の教会を管理し、常駐の司祭がいないところでは一般信者の世話にあたった。看坊はイエズス会には直接属していなかったが、会から生活費を得ていた。したがって、イルマン、同宿、看坊が広い意味で日本伝道をささえる「現地スタッフ」とみなすことができよう。

「きりしたん時代」を通じて、これら日本人スタッフはヨーロッパ人宣教師と日本人の間を仲介する重要な役割を果たした。とくにイエズス会の日本伝道初期においては、きりしたんという新しいメッセージの仲介者として彼らの存在は不可欠であった。伝道の受容者である日本人にとっては、当時、言葉の通じる日本人伝道士こそがメッセージの主な媒介であったのだ。そして同時に、ヨーロッパ人宣教師にすれば、彼ら伝道士の反応や宗教的態度、性格、知性、キリスト教の理解度が、日本人をより広く一般的に理解するうえでの指標となったのである。

日本人伝道士の役割

すでに一五八〇年までに、日本人伝道スタッフはイエズス会の日本宣教に不可欠の役割を果たしていた。とりわけ重要だったのは、彼らが果たした翻訳・通訳と説教の役割である。日本人伝道士の役目がいかに重要であったか、そして、書物を記せることがいかに大切であったか。有名な「日本諸事要録」（*Sumario de las Cosas de Japón*, 1583）の中で、ヴァリニャーノは次のように報告している。

彼らは日本語を書いたり話すことをすべて知っており、その土地の出身者として、これを深く学び練習することができる。これは外国人である我等の何びとにも到達できないことで、我等はいかに学んでも、言語に関しては彼等に比べると子供のようであり、書くことを知り、著述はおろか書物をよく理解することにさえ到達できない。これは日本においてはきわめて重要なことである。すなわち他の方法では、我等は好評や信用を獲得できぬし、キリスト教徒の幸福や統轄に必要な書籍を翻訳することも著述することもできない。今日まで我等はこれを経験してきたのであり、今までに著されたものは、すべて日本人イエズス会修道士の手になるのである。（中略）我等と日本人は、その習慣、生活態度をすべてはなはだしく異にし反対とするから、同じ日本人を仲介としなければ、仏僧達のように必要な心の融和や、親睦、権威を獲得できない。[68]

一五八〇年頃、きりしたん以外の日本人に説教ができたのは、日本人伝道士だけであった。カブラルは、「真の改宗の仕事は日本人説教師に負ってもらわねばならないだろう」と述べ、[69] ヴァリニャーノも、日本人こそが「異教徒に説教し、改宗させる人々である」と記している。[70] ヨーロッパ人宣教師が日本語で説教ができるようになるには、長い期間が必要だったようだ。例えば、一五六三年に来日以来、十六年余り日本語を学び、ヨーロッパ人宣教師の中で最も日本語が堪能であったフロイスでさえ、公の場できりしたん以外の日本人に説教をすることはできず、きりしたんに話すときでさえ「大変な努力」が必要だったという。(71) ヴァリニャーノは、ヨーロッパ人宣教師のつらい状況を描いている。たとえきりしたんに説教ができるようになった神父であっても、そこに日本人イルマンがいるときには沈黙せざるを得なかった。なぜなら「彼らが日本語でする説教は日本人イルマンの説教とは〔その日本語が〕あまりに異なるからである」。(72)

実際の日本人伝道士の大多数は同宿、すなわち平信徒の伝道士だった。一五八三年までにイルマン（イエズス会修道士）の数は二十名に増えたが、対する同宿の数は約百名を数えた。当時、これらの俗人伝道士は、キリスト教のメッセージを伝える十分な準備と資質を備えていたのだろうか。

カブラルは同宿たちの資質に満足していなかった。一つには、努力して彼らを伝道士に育てても、彼らには会に留まる義務がないので簡単にイエズス会を辞めることができたからである。イエズス会の同宿の大半は、仏教の僧院のように貴族や武士階級の子弟で、十代初めから会に送られ、そのときの動機は必ずしもヨーロッパ人イエズス会士の歓迎するものではなかった。その結果、後年ヴァリニャーノも報告したように「彼らが心得ていたのはカテキズモだけで、それを暗唱してオウムのように話すだけであり」、(73) 修道院での生活の経験もなければ、書籍に親しんだり、他の教育も受けていなかったのである。

それにもかかわらず、彼らは日本人であるが故に、日本語や日本式の作法や生活方法に通じない宣教師に代わり教理を伝え、説教をすることを任されていた。

これは、ヨーロッパ人イエズス会士には深刻なジレンマとなった。日本人の俗人伝道士は全く準備不足であったが、教理を説けるのは彼らしかいなかったのである。日本人説教者の神学的かつ霊的準備不足の問題を解決するには、より多くの日本人をイエズス会に入会させ、良きイエズス会士へ、最終的には司祭へと育成することが必要であった。一五八〇年から一五八一年にかけて開催された日本イエズス会第一回協議会において、参加したヨーロッパ人宣教師は全会一致で日本人イエズス会士育成の必要性に同意している。[74] 第一回協議会ではさらに、日本人の新人入会者はその資質を十分に調べ、イエズス会の方法に基づき、最大の配慮をもってその霊的生活を指導することが確認された。ここで意図されたのは、完全な訓練を集中して新人入会者に施すことであり、事実、二年間の訓練期間の間に彼らが修練院を離れることができるのは二年目においてのみ、しかも絶対的に必要なときに限られた。[75]

これらの計画はすぐに実施に移された。一五八〇年以降イエズス会に入会を許された日本人の数は増え、三年後には二十名、十三年後には七十名の名前が名簿に確認できる。[76] 日本人のイエズス会士や司祭を養成するために、神学校三校、および修練院と学林が各一校の設置が計画された。一五八〇年に修練院が豊後の臼杵に六名の日本人を含む十二名の学生とともに開院し、同年、神学校が安土と有馬で始まり、翌年には学林の教育が府内で開始された。修練院と学林では日本語の学習、文典、文学も国内外からの学生の両方に施された。学林では、後年『日葡辞書』（一六〇三―一六〇四年）をふくむ辞書や日本語文典の印刷も行われた。

一五八三年までに約二百ものきりしたん教会が国内に設立された。[77] パードレ、イルマン、同宿は定期的にこれらの教会を訪問していた。司祭が不在の地域では、教会の管理や信徒に対する通常の司牧の用務は「看坊」とよばれた平信徒の世話役に委ねられた。[78] 同宿と同じように、看坊も元は仏教語で、寺院の建物の管理や、僧侶に代わりその土地の信徒の世話を担う人を指す。一方で同宿とは異なり、看坊は宣教活動には従事せず、その役目は地方の教会の維持管理ときりしたん共同体の世話に限定されていたようだ。一六〇三年頃、国内の教会数は百九十で、百七十名以上の看坊がいると報告されている。その中の二十の教会は直接イエズス会のハウス、司祭館（レジデンシア）、学林（コレジオ）、あるいは神学校（セミナリオ）に属していたので、看坊を置く必要がなかったという。[79] 彼らは、子供に教理を教え、司祭らが巡回できないとき村人に「霊的書物」を読み聞かせていた。そして、きりしたん信仰において重要と思われたのは、病者とくに死に瀕する人々に対する世話であった。告解ができるようにパードレを呼び、パードレが不在の場合には死を迎える者に自ら洗礼を授けて、死後の救済の助けをした。埋葬を手伝うこともあった。[80]

看坊という名称がきりしたんにも適応されたのは、おそらくイエズス会が一五八〇年代の初めに日本の宗教者の位や役割や呼称を取り入れる過程でのことであろう。しかし、五野井が述べるように、仏教的看坊の立場と役割をイエズス会に適応するのはそれ以前から行われていたようだ。すでに一五六三年には、看坊の役割を果たしていたきりしたん信徒が存在していたという。[81] また、一五六七年に布教上長トルレスに宛てられた書簡の中で、平戸島の根獅子のトメ（Tome）という名前の信徒について報告されている。トメはもと仏教僧であったが、「かつて寺院で行っていたように、トメは教会の世話をし教理書を教えてい」た。当時そのような役目の信徒は、仏教に倣い「坊主」と呼ばれていたという。[82]

看坊の役割には、日本語の教理書を日本人信徒に読み聞かせることが含まれており、また、良ききりしたんの生活を示す信仰的リーダーとしての期待もあった。したがって、大半の看坊が元の仏僧や、乙名や国人らその土地の世俗的指導者などの知識層から選ばれたのは、当然である。[83] 看坊は世俗あるいは宗派のいずれの出身からでも選ぶことができたが、いずれにせよ、きりしたん信仰の強い共同体的性格を示しているといえよう。

看坊の役割と資質がきりしたんの共同体的性格の維持に貢献していたことに着目すると、村落信仰の体制そのものは人々のきりしたん改宗後もあまり変化がなかったと思われる。集団洗礼によって村全体が改宗したことで、そこに暮らす村人たちが、それまでと同様に、村の共同体的信仰（村の信仰）を維持できた。看坊制度によって、もとの共同体の指導者や仏僧の多くが、それまでと同様に、村の信仰の世話をする立場に就くことができた。変わったのはそこで説かれる宗教的メッセージと儀礼である。しかし初期の翻訳を例に見たように、少なくとも伝道初期のきりしたん信仰に関する限り、ヨーロッパから持ち込んだ新しい信仰のメッセージを、イエズス会が意図したように、日本人信徒に伝えることは容易ではなかったであろう。

最後に、きりしたん時代の初期に、同宿や看坊ら伝道世話役信徒がその役目を果たすためにどのような教育を受けたのか、あるいはどのようなきりしたん信仰をもっていたのか、正確には分かっていない。明らかなのは、後年、看坊の教育に貢献するような制度上の進展が少なくとも二つあったことだ。ひとつは印刷機の導入と日本人の教育によってきりしたん書物が日本語で作り出され、国内のきりしたん共同体に届けられたこと。二つ目は、看坊に対するパードレの監督・指導が体系化されたことである。

第二章　きりしたんの象徴と宣教師のイメージ

一　きりしたんの用いた象徴

イエズス会日本伝道の初期、約三十年間には、日本人信仰者に対し十分な教理説明が施される環境はまだ整っていなかった。主な原因としては、ヨーロッパ人と日本人との間の言語の障害、集団洗礼によるきりしたんの急増と宣教師の不足、日本人伝道士の資質の問題が挙げられる。では、このような条件下、きりしたんはどのような信仰を実践していたのだろうか。きりしたんという新しい宗教について、その教えの言語的伝達が不十分であったのなら、この頃のきりしたんのメッセージの中心は非言語的なものと考えてよいであろう。それは、キリスト教起源の象徴（〝モノ〟ないしは〝マテリアル〟としての象徴）自体や、象徴の体系から成る儀礼を通して伝えられたものである。したがって、この時期に人々は何によってきりしたんたり得たのか、という少し概念的なことにこだわるならば、それは、彼らが当時の日本では全く新しい宗教の象徴に関わっていたことといえるかもしれない。よって本章では、とくにザビエル来航以来、きりしたんがいかにキリスト教の象徴を使用していたのかを明らかにして、それら象徴のきりしたん的意味を求めてみたい。

実際の多様な象徴使用の事例を検討する前に、まず「象徴」とは何かについて、そしてその意味の解明方法について、我々自身のもつ「前提」を明らかにする必要がある。

象徴の定義はさまざまに可能であろうが、最も基本的には、象徴とは「具体的で個別なものであって、何か別の抽象的で一般的なものを指し示すもの」[84]と了解してよいだろう。この場合の「何か別の抽象的で一般的なもの」とは、概念、信念、内的経験など暗黙の事柄であり、それらを表現する象徴それ自体は、明確で客観的なものである。[85]文化人類学者のクリフォード・ギアツは、象徴のこの基本的特徴について、「〔象徴は〕概念の乗り物としての役割をはたす――概念が象徴の意味である」と述べている。[86]したがって、象徴の特徴を次のようにとらえられるだろう。象徴は具体的、客観的、かつ観察可能な形をとり、象徴の意味は、それ自体に本来的に備わっているのではなく、それが暗黙のうちにコード化して伝えるもの、つまりそれにかかわる人々のある特定な社会的、文化的、心理的態度である。象徴の性質が以上のように理解されるとき、研究者の仕事は、象徴がもつ暗黙の意味を非コード化して解きほぐすこと、すなわち、象徴の解釈になる。

きりしたんの宗教世界を探究するために「象徴」に着目することには、少なくとも二つの利点を挙げることができるだろう。一つは、当時の平均的日本人信仰者は自らの信仰を文章で表現することは少なかったので、象徴に対する彼らのさまざまな接し方がその宗教的関心を探る重要な「窓口」を提供してくれることである。人々は、象徴となるモノを用いて超自然的な存在、神、聖なるものについての語りや実践を行う。そしてもう一つの利点は、象徴の外的形態は明確かつ客観的であるため、他者によって書かれた記録に頼らざるを得ない今日の歴史家でも、記録の原著者であるヨーロッパ人宣教師とは異なる方法で解釈できることである。

宣教師は日本人信者がキリスト教の象徴を用いたとき、専らカトリックの教えを背景にその意味を理解し記した。日本人信者は改宗したキリスト者（カトリック信徒）であり、よってキリスト教の象徴を使うときには当然カトリックの教える意味を理解して使っている（彼らの使うキリスト教の象徴の意味は神学的に定義された意味に他ならない）との記述だ。これが、日本人信徒のキリスト教の象徴使用の記録を残した宣教師たち（オリジナルの記録者）の解釈である。しかし、すでに明らかなように、当時のさまざまな制約を考えると、キリスト教教理が伝道初期から一般信徒に十分伝わっていたと予想するのは難しい。したがって、すべての日本人信仰者が十分な神学的背景をもって様々なキリスト教の象徴を使用したり儀礼に参加していた、とは考えにくい。

では、彼らにとって、キリスト教の象徴や秘跡の意味は何だったのか。初期きりしたん時代の日本人信仰者にとってのキリスト教的象徴の意味を、宣教師の立場とは違う角度から検討する必要があるだろう。その際に注意すべき点が二つある。一つは象徴の共時的な文化的文脈である。きりしたん信仰は日本の宗教文化において発展したのであり、それは当時の日本に存在した他の宗教の影響を避けることはできなかったであろう。そうであれば、彼らにとってキリスト教の象徴は、他の宗教的象徴に類似した意味をもっていた可能性がある。当時の日本におけるキリスト教の象徴を理解するうえで注意すべきもう一つの点は、象徴の通時的、歴史的な文脈である。前章でみたように、日本伝道の初期およそ三十年間、日本人信徒がヨーロッパのカトリック信仰を性格に理解するには様々な言語的、文化的制約があった。それは彼ら「きりしたん」の「キリスト教の象徴」理解に影響を与えたと想定せざるを得ない。事実、初期きりしたんの多くは、彼ら自身が予め備えていた宗教的理解や期待を、伝道者がもたらした新しい宗教の象徴へと投影したと思えるのだ。これら二つの点に留意しながら、きりしたんの象徴の意味を考察していこう。

まず、初期きりしたんによるキリスト教の象徴使用の例を『フロイス日本史』を中心にいくつか見てみよう。

一五六三年のフロイスの報告によれば、度島《たくしま》のきりしたんは聖水に対し特別な信仰をしていた。彼らは日曜日に遠近より聖水をもらいにやってきて、それを家にもって帰り、病気のときの治療薬として使用した。同様の記録を各地の宣教師の報告に読むことができるが、これは、イエズス会伝道が進展していたところの多くで、人々

が聖水に対し特別な関心をもっていたことを示している。(87)

フランシスコ・ペレ（Francisco Perre）が報告した出来事は興味深い。ペレによると、山口で悪霊にとりつかれた女性が治療のため修験者のもとに連れてこられた。彼らはその女性を滝の下に立たせた（ペレはそう述べていないが、おそらく禊であったろう）。その様子を見ていた少年がおり、彼はその女性の兄弟に対して、「もしあなたの姉妹さんがキリシタンになりたいのならば、おれの父さんが家に持っている薬を飲むがいい。かならず姉妹さんは悪魔から解放されるよ」と言ったという。この言葉の引用の直後にペレは、「これこそ聖別された水にほかならない。キリシタンたちはこの水を病気の際に薬として利用し、多くが完治している」と付け加えている。(88)

一五六四年、ジョバンニ・バティスタ（Giovanni Battista）は、異教徒でさえ病気の際には教会にきて聖水を得ていると報告している。

人々はこの私たちの教会へ大勢の病人を連れて参ります。そして我らの主なるデウス様が聖水に与えられた超自然的力によって、病人たちはそれがため健康をとりもどします。（中略）かくて異教徒たちの間では、今はすでに、病人が健康になるためには、私たちの教会にこなければならない、そして彼らの寺院へ行ってはならないという考えが広まっています。(89)

十字架の使用も報告されている。生月島のきりしたん漁夫は、妻の出産が近付くと、小屋の壁に紙に十字を描いたものを貼り付け、毎日手を合わせて跪き男児が生まれるように祈った。妻は男児を産んだが子供は突然死んでしまった。「漁夫はそれまでの信仰心を失い」十字を描いた紙を小刀で切り裂きばらばらにし、外に放り投げて、「俺は、十字（架）が願いを聞いて、あんなに俺が求めていたことをかなえてくれるものと信じていたんだ。だが俺にこんなひどいことをして見せたからには、誓ってもう（そんなもの）を家に置いてはおかぬし、敬ったりはせぬ。今後はもう教会へ行きはせぬ」と言ったという。(90)

この記録には続きがある。その後再度妻が出産すると、小刀で顎の骨が切り捨てられたように顎骨がない子供が生まれた。漁夫はその意味を考え、それは自分が十字（架）を切り裂いたことでデウスに加えた侮辱に対する罰であると気づき、デウスに赦しを乞い、それからは信仰を強め善良なきりしたんとして過ごしたという。(91)このエピソードを記したフロイスにとっては、前半部分は本題である後半の導入にすぎないことは明らかであり、この記述において、信徒の現世利益的行動を戒めようとする宣教師の動機を知ることができる。しかし、この教化的関心から離れてみるならば、前半部分のもつ意味はそれだけではない。漁夫が信仰初期段階であったことは考慮に入れねばならないが、少なくとも入信の動機として、十字架のもつ不思議な功力に期待して、この新しい宗教材を現世的目的に使用していたことは否定できない。

十字架の印を切ることで水を浄め、その水を聖水として医療目的に使用したり、災難を逃れるため、十字架を描いて護符のように戸口に貼ることもあった。さらには、木製の十字架そのものが神判の一部としても使用されていたことがある。一五八二年、平戸では七、八人の農夫の間で一人の所持品が紛失したとき、犯人を探す方法として、木製の十字架の一部を削ぎ取り水にいれて皆で飲み、腹が膨れてきたものが犯人とされた。(92)

「苦行の鞭」は二通りの方法で日本人信徒の間に広まった。一つは苦行の鞭そのものが神秘的な治癒力をもつ物質的象徴になったこと、もう一つは、苦行の鞭で体を鞭打つ行為が功力を得るための「苦行」とみなされたことである。きりしたんは、とくに後者に非常な関心を示した。その程度が異常なほどだったので、フロイスが「日本のキリシタンたちには、本来、罪の償いをすることを好むある種の性癖がある」と書いたほどである。(93)例えば度島では、四旬節の間、赦しへの情熱がすさまじく、教会では毎日信徒が自らの身体を鞭打ち、多くの血と涙を流し、そのことがその土地の人々を驚かせたという。(94) 大坂の異教徒の武士は、きりしたんが熱心に鞭打ちの苦行をするのを見て、異教徒の彼もまた鞭打ちの苦行によって何らかの功徳があるかと尋ねた。ある、と聞かされて自ら鞭打ちをはじめ、「他日、ほとんど腰が立たない状態で教会を訪れ、もはや鞭打ちを済ませたので、洗礼を受けに来た、と言った」という。(95)

日本人信者が高い関心を示したものの中には聖遺物もあった。度島では、宣教師が訪れると、千五百人以上の人々が遺物を求めて集まったと報告されている。彼らはIESUSの文字や十字を蓋に刻んだ遺物入れを用意した。(96) きりしたんは、宣教師が来ると、聖遺物のほかにも十字架、ロザリオなどを争って求めた。

これらの例から、初期きりしたんがキリスト教の象徴を求めたのは、基本的にそれら象徴がもつ治癒と保護の力への期待からであったことが分かる。きりしたんの中には、打ち続く戦乱で生命の危険にさらされていた武士もいた。彼らは、その藩旗や兜に十字架やラテン語文字でイエスやマリアの名を記して、新しい神の加護を願ったのである。(97)

ヨーロッパ人宣教師は、聖水や他のキリスト教的象徴の治癒力に対するきりしたんの信仰を必ずしも否定しなかった。それどころか、まさにそのような目的できりしたんに象徴を与えることもあり、それによって象徴に対する彼らの信仰を正当化し、強化したとも考えられる。例えば、一五五五年、多くの病人が豊後の教会に来たとき、「(司祭たちが)通常彼らに与えた薬は聖水であり、同地でその効果はいとも大きく、人々は十ないし十二里の遠方から来て、それ(を飲むこと)によって快癒した」と記されている。(98) 同年、平戸で、悪霊にとりつかれた人が聖水によって健康を回復したという。(99) キリスト教の象徴に対するこのような信仰が、多くの地域でイエズス会伝道の道開けとなったことであろう。

いうまでもなく、現世利益や信仰療法を目的としたこれらの象徴の用いられ方は、象徴についての十分な神学的教育がなされていなかったという、当時の日本教会の歴史的条件から説明できる。つまり、きりしたんが、病気の治癒はもとより、日常生活のさまざまな問題解決のためにキリスト教の象徴を使用するのは、言語、文化、人材の問題を抱えていた日本のキリスト教伝道初期に典型的であり、時代的に限定されたものだという理解である。前章で述べたように、当時、まだ十分な教理教育を施すことができなかった理由には、大きく三つのことが挙げられるだろう。一つは、言葉の障壁が常に存在しており、一般信徒であれ伝道士であれ、日本人信徒にとってキリスト教の教えを宣教師が意図したとおりに理解するのは難しかったこと。次に、大半のきりしたんは簡単な教理説明を聞いただけで集団洗礼により改宗していたこと。そして、信徒数に比して宣教師の数が絶対的に少なく、一握りの数の宣教師が新しい信仰を十分に教えることは不可能だったことである。

後年、宣教が進展するにつれて、より詳細な教理情報が日本人信徒に与えられたので、日本人信徒がその後もキリスト教の象徴について常に同じ理解をしていたとは考えられない。事実、きりしたん時代の中期以降（一五八〇年以降）には、教育制度の整備や印刷機の導入によって、より多くの教理理情報が与えられるようになった。それによって、キリスト教の象徴についての情報も、宣教師が本来意図したようなキリスト教神学に基づく内容が浸透していったとの推測が可能である。

しかし、現実には、時代が下って、より多くの教理情報が与えられるようになっても、きりしたんの間から現世利益や信仰療法を目的とした象徴の使用が消えることはなかった。例えば、迫害のためきりしたん教会から殉教者が出始めた後でも、きりしたんは殉教者の衣服や遺骨などの遺物を信仰治癒のために集めた。一六一二年のイエズス会年報によれば、死に瀕したきりしたんが殉教者の血がしみ込んだ土を食べて回復したという。(100) 豊後の一六一四年の記録では、細川忠興の命により下毛郡の百二十六名のきりしたんが棄教したとき、聖画やロザリオなど合計百三十三の聖物が提出された。[101] 同様の事例はきりしたん時代を通して現れ、潜伏時代を経て現在の「かくれきりしたん」まで継続し、実践されているのだ。このように、きりしたんの信仰表現を〝送り手〟を中心とした日本のキリスト教会の歴史的展開の中で理解するだけでは、単純であっても重大な点、すなわち、伝道初期の時代と同様の信仰表現がきりしたん時代を通じてそしてそれ以降も継続して現れた、という事実を説明できない。これはきりしたん信仰について何を語るのだろうか。

日本人信仰者による象徴の使用は、さまざまな制約を抱えていた伝道初期の歴史的文脈においてだけではなく、日本の宗教文化という、より大きな文脈においても理解する必要がある。彼らが聖水や遺物などの象徴を崇拝し、それらがもつ神秘的な力で病気が治癒し困難から逃れられると信じたことは、(宗教的指導者などのエリートを別にして）当時の日本人の一般的な宗教意識や実践と本質的に同じであったと考えられるからだ。

二　きりしたんの象徴の解釈

象徴の体系としての宗教

すでに紹介したクリフォード・ギアツは、宗教を「象徴の体系」(system of symbols）と定義している。[102] これを援用して、きりしたんの信仰実践の意味を考えてみよう。

まず、考察の背景として、当時の日本宗教の体系について簡単に整理したい。平均的日本人の宗教実践は、現世での病気、災害、あるいは不幸から身を守ることに加え、死後の幸福を得ることに主眼があったと考えられる。これは当時よく使用された「現世安穏　後生善所（処)」という宗教的イディオムにもよく表れている。この大きな目標のため、人々は種々の象徴を用い、様々な儀礼を行った。例えば「護符」のように、悪霊を寄せ付けない効力があると信じられたものもあれば、加持のように悪霊払いを目的に行われたものもあった。人々は、霊験あらたかな聖地への巡礼に参加して悪業を払おうとし、また浄土への往生を願い念仏を唱えたりもした。これらの象徴一つの宗教体系の中で、個々の象徴と儀礼がそれぞれに課せられた目的のために機能したのである。これらの象徴の起源は仏教、神道、道教など各々に異なり、その意味で、種々の象徴により形成される体系全体が折衷的な性格になっていたことはいうまでもない。

次章で見るように、イエズス会は、一神教的原理にもとづく排他的主張を行う一方で、伝道活動の現場では日本の文化や社会への適応を図り、仏教的要素を取り込んだ実践と教理を提供していた。『日本のカテキズモ』で日本の宗教の排斥を説いたヴァリニャーノが同時に適応の推進者であったことは、きりしたん伝道における排他と適応の共存を端的に物語っている。宣教師の側からすれば、それは、二律背反でも矛盾でもなかった。一方は、キリスト教的真理の主張であり、他方はそれを効果的に伝達する手段にすぎないからである。宣教師の論理からすれば、適応は、自らの立場を明確にし、また日本人がキリスト教を受容するときの躓きとならぬように実践されたもので、その意味で、ひとつの布教戦略であった。ヨーロッパ人と日本人の精神の一致のための具体的方策「ディオスの掟と信仰に矛盾しないことはすべて彼らに順応すること」(103)に込められた、キリスト教信仰の内的純粋性の保持と自信は、宣教師には当然のことであった。

しかし、同じことを伝道の受容者の側に立って眺めるとどうだろうか。人々は、仏教用語の混じる教理を聴くだけでなく、第七章で考察するように、仏僧のように剃髪をしたきりしたんが行列する葬儀さえ見た。仏教の儀礼や言葉の下にあったキリスト的「本質」のすべてを見る洞察力をもつことは、多くの日本人信徒には難しいことではなかったか。一神教的キリスト教が、仏教的要素の入り混じる多神教的衣を着て当時の日本人の前に現れたのであり、その衣ごと受け入れた信徒も沢山いたのである。つまり、適応とはただ伝達手段の問題ではなく、伝達内容そのものまでも変容する可能性があった。イエズス会の適応方針は「実と殻」の譬えで説明されることがある。キリスト教的中身は保持しながら、それを実践する形態は現地の習慣に順応するという意味である。しかし、受容する人々は、普通、実と殻とを別の種類とは考えない。彼らの目に、キリスト教の特性、とりわけ一神教的世界観に支えられたキリスト教の独自性は、果たしてどれだけ明確であったのだろうか。

イエズス会宣教師がとった行動とその意図は彼らの記録から明らかにできるが、その一方で、受容者の主体的意図は、それを直接伝える日本人自身の手による資料がない以上、宣教師の報告や弾圧期の為政者の記録などから、彼らの行動を分析し理解することで導かざるを得ない。このために参考となる視座として、米国の社会学者エドワード・シルズ（Edward Shils, 1910–1995）がかつて提示した、異なる伝統の接触とその結果生じる変容のモデルを援用したいと思う。

シルズは伝統を「要素」の「集合体」であると捉え、伝統の変化を、異なる伝統の要素間の相互作用として説明する。彼は、この相互作用の結果を、追加（addition）、合併（amalgamation）、吸収（absorption）、融合（fusion）の四つの類型に分類した。「追加」の段階では、新しい伝統の受容者は、それまで行っていたことや信じていたことを保持しながら新しい要素をそれに付加していく。次の「合併」の段階は、それまでの伝統を構成していた要素を放棄あるいは修正し、代わりの要素を他の伝統からとり入れることで起こる。「合併」の段階を超えると、「吸収」か「融合」が生じる。「吸収」とは、それまでの伝統が新しい伝統によって吸収され、やがては消滅することを指し、「融合」は、出会った伝統が融合されて一つの新しい伝統が生まれることをいう。(104)

きりしたんについての報告を読むと、「追加」と「合併」のモデルに相応する例を多く見出すことができる。人々がキリスト教という新しい宗教にまず期待したのは、苦しみと困難の現実から逃れる助けであった。その際、キリスト教の象徴を、キリスト教伝来以前から彼らの宗教体系にあった要素の幾つかの代替として、あるいはそれらに付加するものとして受容した。きりしたん信徒は、キリスト教という新しい宗教伝統からさまざまな要素を抽出して、既存の宗教伝統の要素に「追加」ないし「合併」していたのである。

古い象徴と新しい象徴の共存

象徴体系それ自体は、きりしたんにとって受洗以降も大きくは変わらなかった。体系がそのままであるためには、その体系に組み込まれた新しい要素が、日常の困難を解決するもの、死後の幸福を保証するものなど、体系内のそれぞれに相応しい場で、以前のものと同じ目的のために機能しなければならない。信仰者は、新しいキリスト教の象徴に従来の象徴と同等かそれ以上の神秘的な力を見出したとき、この新しい象徴を用いた。新しい象徴にたいへん効力があり、古いものがもはや必要ではなくなると、新しい象徴が採用され古いものは捨て去られる。また、それほど力強いものでなくとも有効と思われれば、古い象徴のいわばバックアップとして採用されたと考えられるだろう。

実際、洗礼を受けたあとも多数のきりしたんが必要に応じ、それまでの宗教的慣習や習俗を続け、キリスト教とは本来無関係の象徴を使用していた。『コリャード懺悔録』には次のような「告白」が見られる。

又一度身が息子が深う煩うた時、その難儀逼迫に窮ってキリシタンの心で一心不乱に、その子が命を扶かり永らゆる様にデウスに頼みまらしたれどもその益がござらいで死ぬる程の煩いや？　否や？　と知る為に算をおきまらした。それに就けてもその難儀さに責められて息子を失はぬ為ゼンチョの異見を聞いて、山伏を呼び寄せてこの上に祈り祈禱をさせ、札守も懸けさせまらしてござる。(105)

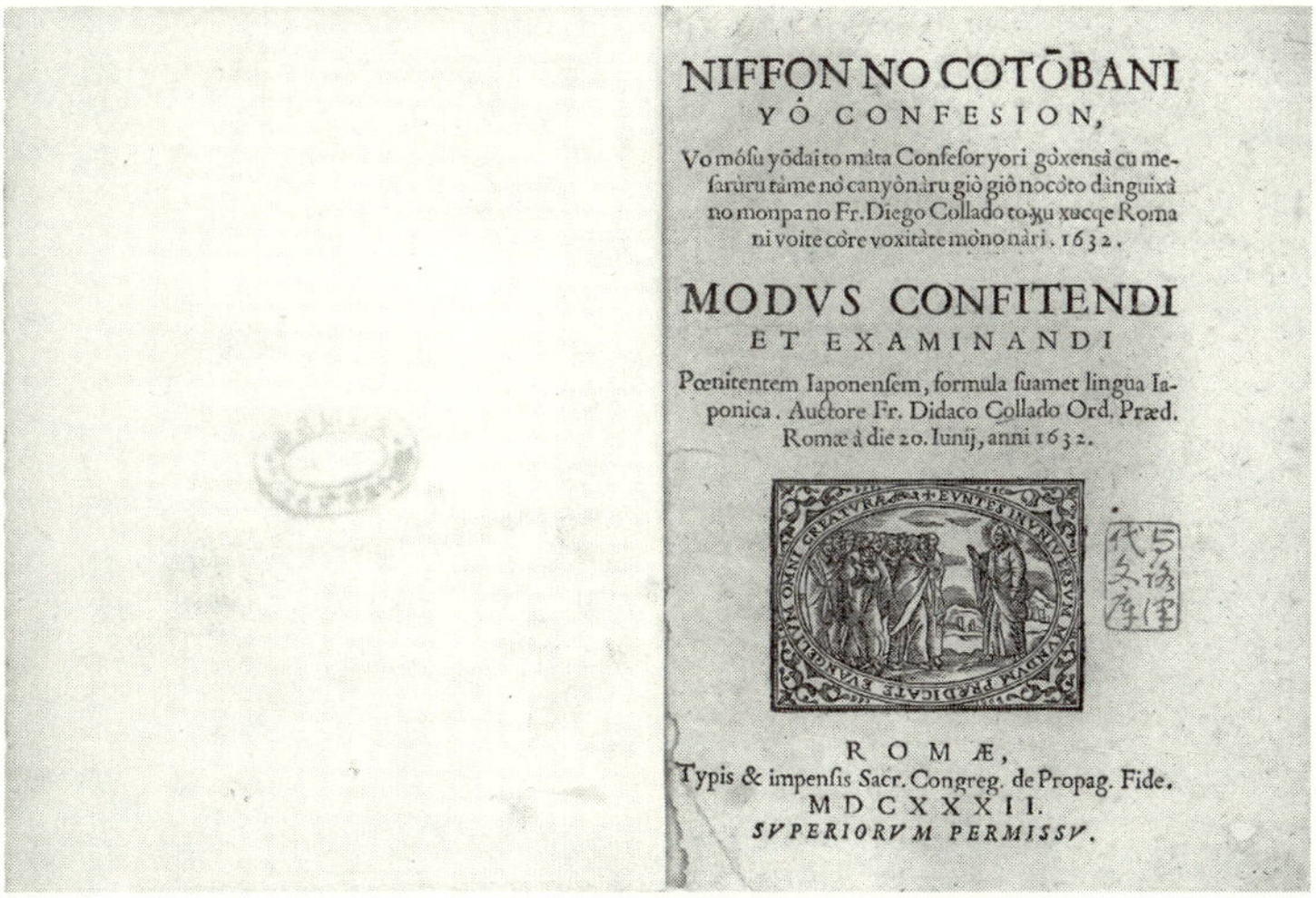

NIFFON NO COTŌBANI
YÓ CONFESION,
Vo móſu yôdai to màta Confeſor yori gòxensà cu meſarùru tàme nò canyônàru giò giò nocòto dànguixà no monpa no Fr. Diego Collado to-yu xucqe Roma ni voite còre voxitàte mono nàri. 1632.

MODVS CONFITENDI
ET EXAMINANDI
Pœnitentem Iaponenſem, formula ſuamet lingua Iaponica. Auctore Fr. Didaco Collado Ord. Præd. Romæ à die 20. Iunij, anni 1632.

ROMÆ,
Typis & impenſis Sacr. Congreg. de Propag. Fide.
MDCXXXII.
SVPERIORVM PERMISSV.

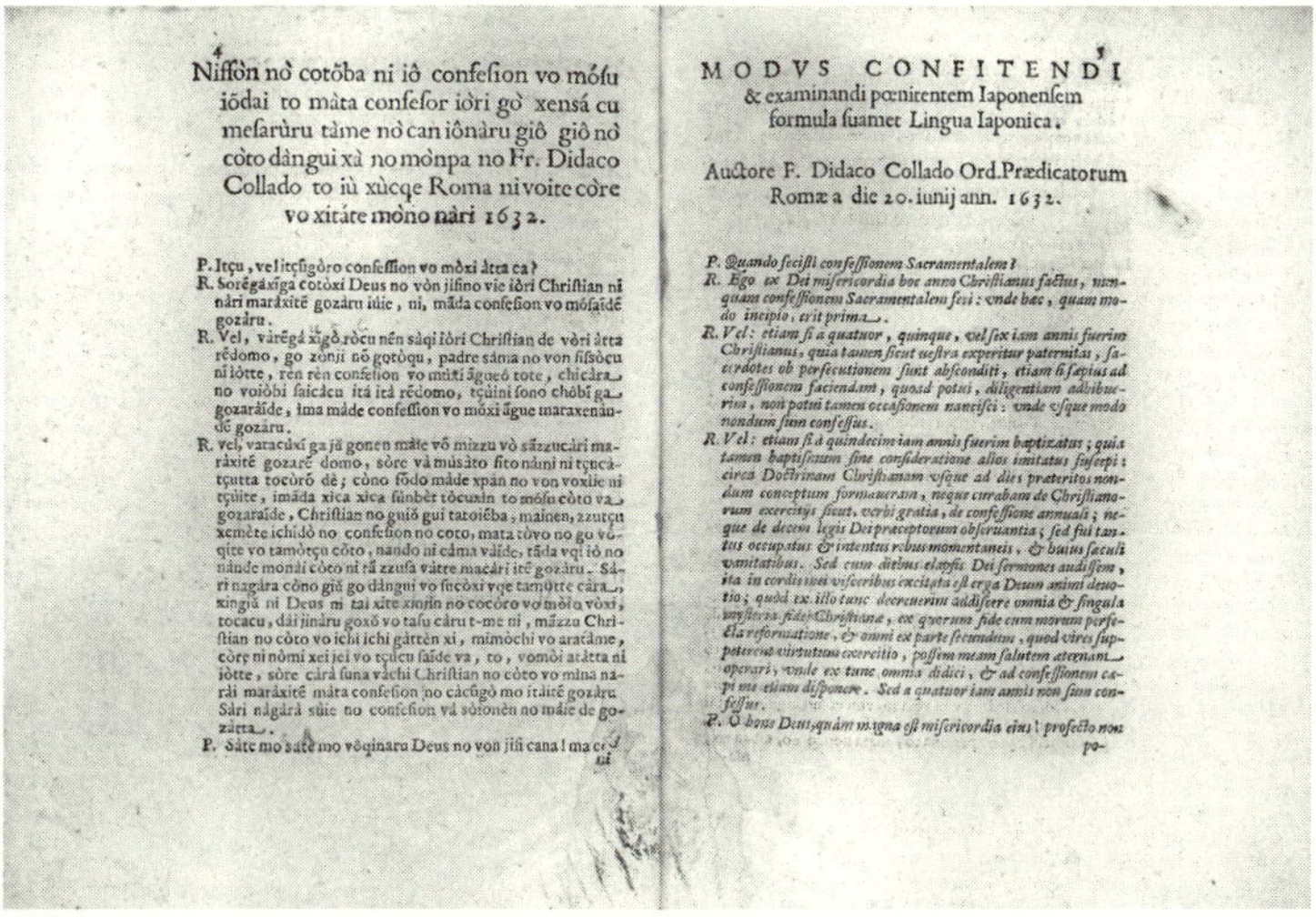

4
Niffòn nò cotǒba ni iô confeſion vo móſu iōdai to màta confeſor iòri gò xensá cu meſarùru tàme nò can iônàru giô giô nò còto dàngui xà no mònpa no Fr. Didaco Collado to iù xùcqe Roma ni voite còre vo xitáte mòno nàri 1632.

P. Itçu, vel itçſigòro confeſſion vo mòxi àtta ca?
R. Sorĕgáxiga cotòxi Deus no vòn jiſino vie iòri Chriſtian nì nàri maràxitĕ gozàru iùie, ni, māda confeſion vo móſaĭdĕ gozàru.
R. Vel, vàrĕgá xigò ròcu nĕn sàqi iòri Chriſtian de vòri àtta rĕdomo, go zonji nŏ gotòqu, padre sàma no von ſiſsòcu ni iòtte, rĕn rĕn confeſion vo mōxi āgueó tote, chicàra no voiòbi ſaicācu itá itá rĕdomo, tçùini ſono chòbĭ ga gozaràĭde, ima màde confeſſion vo mòxi āgue maraxenàndĕ gozàru.
R. vel, varacùxi ga jū gonen màie vŏ mizzu vò sāzzucàri maràxitĕ gozarĕ domo, sòre và mùsàto fito nàni ni tçucàtçutta tocùró dè; còno fōdo màde xpàn no von voxiie ni tçùite, imāda xica xica ſùnbĕt tòcuxin to móſu còto va gozaràĭde, Chriſtian no guiŏ gui tatoiĕba, mainen, zzutçu xemĕte ichidò no confeſion no coto, mata tòvo no go vòqite vo tamòtçu còto, nando ni càma vàide, tāda vqi iò no nànde monăi còto ni tā zzuſā vàtte macàri itĕ gozàru. Sàri nagàra còno giū go dàngui vo ſucòxi vqe tamŭtte càra, xingiū ni Deus ni tai xite xinjin no cocòro vo mòſo vòxi, tocacu, dài jinàru goxŏ vo taſu càru t-me ni, māzzu Chriſtian no còto vo ichi ichi gàttĕn xi, mimòchi vo aratāme, còrç ni nòmi xei jei vo tçùcu ſaĭde va, to, vomòi atàtta ni iòtte, sòre cárā ſuna vāchi Chriſtian no còto vo mina narài maràxitĕ màta confeſion no càcūgò mo itàitĕ gozàru. Sàri nàgàrā sùie no confeſion vá sòtonĕn no màie de gozàtta.
P. Sàte mo sàte mo vòqinaru Deus no von jiſi cana! ma coto ni

5
MODVS CONFITENDI
& examinandi pœnitentem Iaponenſem formula ſuamet Lingua Iaponica.

Auctore F. Didaco Collado Ord. Prædicatorum Romæ a die 20. iunij ann. 1632.

P. Quando fecisti confessionem Sacramentalem?
R. Ego ex Dei misericordia hoc anno Christianus factus, nunquam confessionem Sacramentalem feci: vnde hæc, quam modo incipio, erit prima.
R. Vel: etiam si a quatuor, quinque, vel sex iam annis fuerim Christianus, quia tamen sicut vestra experitur paternitas, sacerdotes ob persecutionem sunt absconditi, etiam si sæpius ad confessionem faciendam, quoad potui, diligentiam adhibuerim, non potui tamen occasionem nancisci: vnde vsque modo nondum sum confessus.
R. Vel: etiam si à quindecim iam annis fuerim baptizatus; quia tamen baptismum sine consideratione alios imitatus suscepi: circa Doctrinam Christianam vsque ad dies præteritos nondum conceptum formaueram, neque curabam de Christianorum exercitys sicut, verbi gratia, de confessione annuali; neque de decem legis Dei præceptorum obseruantia; sed fui tantus occupatus & intentus rebus momentaneis, & huius sæculi vanitatibus. Sed cum diebus elapsis Dei sermones audissem, ita in cordis mei visceribus excitata est erga Deum animi deuotio; quod ex illo tunc decreuerim addiscere omnia & singula mysteria fidei Christianæ, ex quorum fide cum morum perfecta reformatione, & omni ex parte secundum, quod vires suppeterent virtutum exercitio, possem meam salutem æternam operari, vnde ex tunc omnia didici, & ad confessionem cæpi me etiam disponere. Sed a quatuor iam annis non sum confessus.
P. O bone Deus, quàm magna est misericordia eius! profecto non po-

『コリャード懺悔録』表紙（上）、本文最初の夏（下）
（天理大学附属天理図書館蔵、191-イ4）

また、一五九八年に出版された、告解のための手引書『サルバトール・ムンヂ』（*Salvator Mundi, Confessionarium*）は翻訳書であるが、そこには、原書にはない、日本の信徒実情に応じて独自に付加された告解の際の確認事項がある。すなわち、洗礼を受けた後もカミや仏を拝んだことがないか、巫女や陰陽師を呼び祈禱をしたことがないか、あるいは、占い、まじないなどを自ら行うか人にさせたことがないか、などである。(106) これらの事項が日本語版に追加されていたことは、その当時、受洗後においてもなお、従来の日本的宗教実践を行うきりしたんが少なからずいたことを示している。

一五六四年、河内で一人の年輩のきりしたんが、仏具の数珠を手に「南無阿弥陀仏」と教会の前で唱えていた。きりしたんであるのに、なぜきりしたんのロザリオではなく異教徒の数珠を用いて祈るのかと司祭に訊ねられて、彼は次のように答えたという。

私は、キリシタンのロザリオでもってお祈りをし、私たちの主（デウス様）に、私の霊魂に御慈悲を垂れ給えとお願い申しております。しかし私はお説教において、主（デウス様）はお裁きの折、大変に厳正であると承りましたので、私が死にます時、自分の罪があまりに多いために、デウス（様）が私をその栄光の中へ導くに値しない（と思し召されること）がたぶんあり得ようと存じます。それゆえ、私はそういう場合に備えて、この数珠で阿弥陀（様）にもお祈りし、その時には極楽と言われる（阿弥陀様の）浄土へお導き下さるようにと願っているのです。(107)

数珠とロザリオの共存もさることながら、老人が、デウスが死後の救済の願いを聞き入れない場合に備えて、阿弥陀様にも同じ祈念をかけているのは大変興味深い。彼の信仰では、デウスと阿弥陀という異宗教の要素がただ同時に存在するだけではなく、一方が他方のバックアップになっていた。「宗教的保険制度」とでも表現され得るものがそこにあった。すでに指摘したように、起源が異なる要素が共存するきりしたん信仰は、広い意味での「日本宗教」に通底する。その意味で、この話はまさに典型的な事例であろう。

我々は、ともすれば宗教の教理や指導者レベルでの純粋性を拡大して、受容者についても一律にあの人は「Aの宗教かBの宗教か」と判断しがちである。宗教の違いを前提にして人々の信仰実践をある特定の宗教の枠にだけはめ込んで理解しようとする。その結果、例えば宗教の加入儀礼を通過した人は一様に、それまでの宗教を捨て去り、新しい宗教を全面的に受け入れるように考え、信仰もその実践も全く新規なものに全面的に入れ替わるように考えがちである。キリスト教の場合であれば、洗礼を受けた人は、まさにその故に、新しい信仰に「きっぱりと」生きるようになったと思うのだ。もちろん当時もそのような人々は少なからずいたに違いない。しかし、残された資料に即して判断するならば、一般信仰者がすべて新しい信仰実践のみに生きたわけではない。宣教師みずからの報告が、きりしたんの信仰世界には古い要素と新しい要素が共存し続けたことを語っている。

日本の宗教のありようは、海に浮かぶ島にたとえられることがある。島々は海面上ではそれぞれに独立しているように見えるが、海に潜ってみれば下にいくほど互いに接近し、最後には同じ海底を共有するようになる。日本の宗教も同様で、純粋教理のレベルや指導者（エリート）の信仰のレベルで眺めると仏教、神道、キリスト教というように相互に独立しているかもしれないが、視点を下げて受容者のレベルで観察すると、宗教相互の要素が次第に混ざり始め、宗教間の境界も曖昧となって他宗教との距離が接近し、最後には渾然一体となった宗教世界へとたどり着く、という見方である。これは一つの理念型であり、細かな例外は存在するであろう。しかし、日本の宗教文化を背景に、象徴を切り口にしてきりしたんの信仰世界を眺めると、彼らの場合もこのような島々の一つとしてとらえることが可能であると思う。

新旧の宗教的象徴が共存する姿は、きりしたん大名大村純忠にも当てはまる。良く知られているように、彼は一五七六年六月十六日、隣国の龍造寺隆文・鎮賢親子に起請文を送り、「天道」（「デウス」の意）に誓ってその従順を約束した。しかし、彼はこの起請文の署名に「理専」という出家名を用いている。(108) これは、純忠が一五六三年に受洗した十一年後の一五七四年に剃髪し、出家していたためだ。(109) 同じ起請文の中に「天道」（デウス）に誓うきりしたんとしての純忠と、理専という出家名をつかう仏教徒としての純忠が共存していた。宗教的象徴の中で、おそらく、神名や出家名ほど強くはっきりとした象徴はないであろう。純忠といえば、イエズス会の有力な支持者であり、彼個人として信仰があったのみならず、二万人に上る大村領内の集団改宗を命じた「きりしたん大名」である。彼の受洗の背景には経済的な関心があったかもしれないが、その後の信仰は「純粋」で「真剣」であったと宣教師も報告しており、多くの歴史家もそのように記述してきた。そのような彼がなぜ、出家名を使用したのだろうか。さらにいえば、純忠が出家した一五七四年は、彼が領内の「きりしたん化」を本格的に推し進めた年でもある。

もし純忠の行動が不可解なものと映るとすれば、それはおそらく、我々が彼の行動を「仏教者」か「キリスト者」かという二者択一の原理で理解しようとしているからであろう。実際のところ、純忠がキリスト者であったかそれとも仏教者であったかを確定しようと試みても結論の出しようがない。仮に、純忠は当時の戦国武将の習慣として、あるいは政治的目的のために名目上の引退と出家をしたに過ぎず、彼の出家名は仏教への帰依を意味するものではない、結局彼はキリスト者だったのだ、と主張しても、同時に、彼が洗礼を受けたときは出家をしたときよりも真剣であったとする根拠もないのである。

彼の信仰世界には、起源の異なる旧来の古い仏教的象徴と新しいキリスト教的象徴が共存し、同一の信仰体系の中でそれぞれに相応しい役割を果たしていた。我々に必要なことは、彼が実際に行った信仰実践そのものを偏りなく眺め、記述し、その意味を理解することである。「きりしたん」とは、このような信仰の形をもつ人々をも含めた、記述的用語でもある。

また、仏教的要素をキリスト教的要素とほぼ全面的に入れ替えたような例がある。岐阜から七里はなれた二重堀という土地に住んでいた人々は、洗礼を受けるに際し、仏像や数珠やお守りを、自らあるいは司祭に頼んで、壊したり焼き払ったりした。「その代わりとして、我ら〔宣教師〕のコンタツや十字架や、ヴェロニカ、キリストの画像など、キリシタンの標章となる品、もしくは日本人は生来、儀式や礼拝を嗜好するので、自宅にそなえつけることができるような、なんらかの画像のような品を与えてほしいと願った」(110)。

この場合、たしかに、人々がそれまで保持していた信仰体系の中の要素は入れ替わったけれども、信仰の目的それ自体には変化があっただろうか。宮崎賢太郎は「彼らの切なる願いは家内安全、無病息災……といった現世利益的なものであり、その願いが叶えられるならば、いかなる神仏であってもすがることに拘泥しなかったであろう」と述べている(111)。既存の宗教から中身の要素は入れ替わっても、信仰目的に大きな変化はなく、以前に仏教的要素が担った現世利益的役割を今度はキリスト教の要素が担うようになったと考えられるのだ。

これまで見てきたように、きりしたん信徒は、しばしば、互いに対立、相克する要素を自らの宗教観と宗教実践において調和的に併置していた。近世初期に人々がキリスト教から期待していたものには、病気や他の現実生活の困難から逃れる手段が含まれていた。多くの信徒が、従来の宗教的象徴や儀礼よりも現実的効果があるものとして、それらの代わりに、またそれらに加えて、キリスト教の象徴を使用し、儀礼に参加した。そして受洗後も、病気になると修験者を呼び、キリスト教以外の日本の伝統的宗教習俗にかかわり続けた。彼らの宗教世界では、キリスト教という新しい宗教の要素と、従来の宗教の古い要素とは、必ずしも対立したわけではなく、「きりしたん」という同じ一つの宗教体系の中で共存していたのであった。

個々の宗教的象徴の意味は、その起源である宗教の教理的説明に求められがちである。しかしそれだけでは、デウスと阿弥陀仏の両方に祈る老人や、デウスと出家名を併用する純忠について十分に説明することはできない。象徴を入れ替えたり、追加したりする宗教的世界観に生きる人々には、宗教的象徴の違いは、教理の違いというより、まずそれら象徴に困難を克服する助けとなる実効力があるかどうかの違いであり、さらに、実効力がある場合には、その効力の種類の違いだといえるだろう。

キリスト教の象徴は一般日本人の宗教的要求によく応えた。新しい象徴が人々の期待に応える方法や、新旧の象徴が共存し補完的に機能する宗教的体系は、日本の民衆レベルの宗教文化に対応していた。したがって、それはきりしたん史に現れる一歴史的段階というだけでなく、近世初期日本の民衆宗教に見られる信仰類型の一つであり、他の民衆宗教と多くを共有していたのである。[112]

きりしたんがキリスト教の象徴をこの世的な目的に用いたことは、ヨーロッパの民衆キリスト教と比較することも可能である。ウィリアム・クリスチャン（William A. Christian, Jr.）は、十六世紀の中央スペインの民衆カトリック信仰の諸相を描いている。例えば、遺物を用いた儀礼（cult）は、聖者の像が崇拝の対象になるはるか以前から、スペインのキリスト教信仰の一部であった（クリスチャンは他のカトリック的ヨーロッパも同様であったと推測している）。[113] 殉教者の遺骨は大変貴重で、嵐を避けたり、雨を降らせたり、病気を癒したりなどの奇跡をもたらすと信じられていた。「生きるために不可欠なことのすべてが、大半の人々にはどうすることもできず予測もできない時代」に、人々は、例えば作物を虫害から守るために儀礼を行ったり、超自然的な呪いを用いることで、「人間の生死にかかわる切迫した問題」を解決しようとした。[114] 世俗の目的のためにキリスト教の象徴を用いることは、カトリック的ヨーロッパにおいても当然見られたのである。

この点に関して、ステファン・ターンブル（Stehen Turnbull）は、日本で一般信徒が聖物を求めたのは、十六世紀ヨーロッパの民衆カトリック信仰から持ち込まれた習慣であると述べている。ヨーロッパの民衆は、「聖像を崇めたり、聖者や殉教者と病気治癒とを結び付けており、それは、ロザリオなどの物質〔モノ〕に対する、敬虔な使用をはるかに超えた態度」であった。きりしたん時代において、そのようなヨーロッパ人民衆の呪術的で神秘的な信仰と実践が、日本の信徒にもたらされたのだという。[115] ターンブルは、宣教師によりもたらされたこの民衆カトリック信仰（popular Catholicism）がいかに日本において成長し、きりしたんの信仰と実践の中に根を下ろすようになったのかを説明する。この過程において、民衆カトリック信仰は日本宗教と接触し相互に作用しあった。民衆カトリック信仰の多神教的傾向は日本のカミ信仰と呼応した。ターンブルは、このように日本において「古い信仰が新しい信仰と混ざり合う」[116] キリスト教信仰の「変容」を説明する。そこで示唆されるのは、日本の宗教的感覚が伝来したキリスト教の宗教的体系の中に入り込んでいく過程である。

日本の宗教と長年交わる過程でカトリック信仰が変容していったとする潜伏期変容論と同様、ターンブルの主張は、日本人信徒が「キリスト教」の信仰と実践のあらゆる点をヨーロッパ的意味において当初より十分に理解していた「純粋なキリスト教徒」であったことを前提にしているように思える。もちろん、そのような前提が当てはまる日本人キリスト教徒がいたことを否定するものではない。しかし、当時の資料や統計が示唆するのは、そのような信徒は必ずしも「きりしたん信仰」の全体像にはならないということである。

人々が新しい信仰を受容する背景には、彼ら自身の理由と関心がある。彼らには、キリスト教から何を選ぶのかという選択の自由があった。その意味で、人々は、彼ら自身のやり方で「きりしたん」になりえたのである。キリスト教の象徴を日常的で世俗的な目的に用いたのはその一例に過ぎない。同様の解釈は中国やヨーロッパの場合にもあてはまるであろう。もっともその場合、他の地域との類似点を強調しすぎて相違点を見逃すことになってはならない。キリスト教、仏教、神道、道教など相互に異なる起源をもつさまざまな要素を飲み込んだ、折衷的な宗教実践は日本人信徒独自のものであり、それは中世ヨーロッパで長くキリスト教の影響下にあった民衆の宗教実践とは異なっていたからである。

三　宣教師のイメージ

これまでの象徴解釈から、初期きりしたんの多くが、治癒や悪霊除けを可能にする象徴の不思議な力に期待を寄せていたことが分かる。では、彼らは、教理説明も不十分な時代に、なぜキリスト教の象徴にそのような神秘的な力を感じ取ったのか。理由の一つに、当時の日本人が、それら象徴をもたらしたヨーロッパ人宣教師たちに対し、超自然的な神秘的力を感じたことが挙げられるだろう。

すでに述べたように、インドを経由して日本にやってきたヨーロッパ人は、人々によって「天竺」から来た者として受け入れられた。その頃の日本人からすれば、彼らが説いたのは「天竺」の宗教である。当初、天竺人は何か超自然的力をもっているという感情が日本人にあったという。(117) ただし、宣教師たちがすべて最初から良いイメージで受け入れられたわけではなかった。伝道初期には、むしろ、宣教師のことを魔法を使う妖術師ととらえた人々も多かった。これには、少なくとも三つの要因があった。

まず、当時の日本の人々の目を引いたヨーロッパ人宣教師の容姿が挙げられよう。一五七〇年に来日し、京都で宣教活動を行っていたニェッキ・ソルディ・オルガンティーノ（Gnecchi-Soldo Organtino, 1533-1609）神父の容姿が、後年、『吉利支丹物語』の冒頭に描写されている。

神武天皇より百八代の御かど後奈良院の御宇にあたつて、弘治年号のころ、なむばんのあきんどぶねに、はじめて人げんのかたちににて、さながら天狗とも、見越入道とも、なのつけられぬ物を一人わたす、よく〳〵たづねきけば、ばてれんといふものなり、先そのかたちを見るに、鼻のたかきこと、栄螺殻のいぼのなきをすいつけたるににたり、目のおほきなる事は、めがねを二つならべたるがごとし、まなこのうち黄也。頭ちいさく、足手のつめながく、せいのたかさ七志やくあまりありて、色くろく、はなあかく、歯は馬のはよりながく、あたまのけ鼠色にして、額のうへにおかべさかづきをふせたるほどの月代をすり、物いふ事かつてきこえず、声は、梟のなくににたり、志よ人こぞつて見物みちをせきあへず、面体のすさまじき事あらてんぐと申とも、かやうにはあるまじきと人みな申しあへり、その名をうるがんばてれんといふ。(118)

『吉利支丹物語』は、きりしたんの排斥を目的とした排耶書であり、その表現に否定的な誇張があることは当然注意しなければならない。しかし、それでいてなお、上記の引用は、十六世紀の日本人の目にイタリア人宣教師がどのように映ったかを私たちに伝えている。中でもオルガンティーノが「天狗」や「見越入道」（首が長く背が高い入道姿の妖怪）と比較されていることは注意を惹く。初めて西洋人を目の当たりにした日本人には、彼が「普通ではない」、大変不思議な存在に見えたことであろう。

妖術師としての宣教師のイメージが形成された二つ目の要因として、僧侶や山伏らによる扇動がある。イエズス会初期伝道期の宣教師の報告には、イエズス会士と地方の僧侶や山伏との軋轢の結果、後者が前者の悪い噂を流す様子が数多く描かれている。例えば、ガスパル・ヴィレラが都で伝道を開始した一五五九年頃、仏僧たちは、宣教師のことを狐つきなどと呼び、「火事や騒動による（人心）不安が（都の）町中に起こるたびごとに、それは一に（伴天連たち）のせいだ、彼らは魔法使いであり、悪魔の教えを説き、かくて（日本の）国を混乱に陥れてやまぬのだ、と言うのが常であった」と報告されている。(119)

同じヴィレラが一五五七年に送った書簡の中では、宣教師は人肉を食べたという噂を仏僧たちが平戸の人々の間に流し、その噂は瞬く間に広がっている、と述べられている。(120) もっとも、宣教師の方も、僧侶や山伏のことを「悪魔に奉仕する魔術師」と呼んでいた。(121) 彼らは、お互いに「魔術師」だと中傷しあっていたのである。

多くの地方で宣教師がその土地の宗教者と対立したのは（宣教師側には当時の排他的神学があったことに加えて）、個人や共同体で人々の宗教的要求に応える点において両者が衝突したからであろう。さらに、その地方の宗教者と宣教師のイメージが類似していたともいえる。人々への宗教的対応に関しては、地方の宗教者の中では仏教者よりも修験者の方が勝っていたので、彼らの方がヨーロッパ人宣教師と相対する存在であった。イエズス会士が来航し、きりしたん信仰が発展した十六世紀に、修験者は人々の間で急速に影響力を増した。修験者の力に対する人々の期待が高まったのは、戦国領主が領内の宗教統制を行った結果、彼らが村落に定住し、その活動が村の定期的な共同体活動の一部となったからである。それは彼らの活動に大きな変化をもたらした。従来の山岳修行（峰入り）は大幅に減り、活動の中心は人々の宗教的指導・世話へと移った。(122)

修験者は、村落への定住によって人々の多様な日常的ニーズにさらに応えるようになった。彼らが施す儀礼には、神道、仏教、道教などから取り込まれた多くの宗教的な儀礼や象徴が含まれていた。人々が修験者によく求めたのは加持祈禱に代表される治癒儀礼である。それ以外にも、治癒効果があるとされた宗教的・呪術的モノや象徴を受け取ることができた。梵語の書かれた護符、曼荼羅や道教の神々（病気の種類によって異なる）も人気があったという。人々はこれらの護符を家や身体に貼ることで病気の治癒を願い、また悪霊から身を守ろうとした。病気治癒のために呪文が唱えられ、その際、疾病の種類に応じて異なる呪文が唱えられることもあった。宗教的象徴は、単独で用いられることもあれば他の象徴や魔除け儀礼と併用されることがしばしばであった。(123) このように修験者は一般民衆の日常的な宗教生活に大きな影響を与えたのであり、修験道の活動を通して日本の民衆に寄り添う宗教者の実際を知ることができる。そして同時に、当時の人々が宗教に何を求めていたのか理解できる。

妖術師としてのイメージ形成の三つ目の要因として、宣教師自身が、結果として、福音の伝道者というよりエキゾチックな儀礼執行人という役割を演じていたことが指摘できるだろう。一五七六年のカブラルの書簡から、当時、ヨーロッパ人宣教師が専ら儀礼の執行者であったことが分かる。日本語が理解できない彼らにとって、儀礼以外のことは、日本人伝道士（とくに俗人伝道士）に任せるしかなかった。(124) 伝道の受け手である日本人にとって、言語的に認識できるメッセージは同じ日本人である伝道士からもたらされ、その一方で、神秘的で不思議な儀礼や象徴はエキゾチックなヨーロッパ人宣教師によって管理され執行されていた。

しかし、人々がヨーロッパ人宣教師に対して抱いた神秘的な呪術者や妖術者としてのイメージは、キリスト教という新しい信仰の伝播に限ってみれば、必ずしもマイナスではなかった。なぜなら、そのようなイメージによって、一般的日本人は宣教師の中に特別で神秘的な力を感じることができたからだ。人々が神秘的な潜在力を宣教師に感じる限り、妖術師というといわば負のイメージが生き神のような肯定的なイメージへと転化するのは、例えば、期待した利益がかなうなど、きっかけさえあればそれほど難しくはなかったのではないだろうか。

これは、当時の日本人一般の宗教意識として、カミなどの超自然的存在の善悪を機能的にとらえる傾向があったからである。良いカミも祟りガミも神秘的な力をもつ点では共通している。そして、例えば中世に流行した御霊会などに見られるように、災いを起こす悪霊が、人々の守り神へと転化することは珍しいことではなかった。日本人の宗教意識において、超自然的存在の性質は、初めから絶対化、固定化されているものばかりではなく、大切なのは、悪霊であれカミであれ、そこに不思議な力を人々が感じとったことであった。ヨーロッパ人宣教師の行動、風貌、また彼らについての仏僧などによる中傷が、日本人に、まさにそのような不思議な力を感じさせる結果となったのである。

　宣教師が妖術師から生き神へと転換したとき、彼らに関する事物が特別な宗教的「象徴」となった。きりしたんは、聖者や殉教者の遺物だけではなく、生きて活動している宣教師の神秘的力に惹かれ、彼らの衣服、髪などに特別な利益を求めたのだった。トルレス神父が「剃髪したり、髪を刈ったりすると、いつも密かにその髪を探し集め」、神父の「衣服から入手し得た古布の切れ端をいずれも宝物とみなした」のである。宣教師はそれを禁じたが、それでもきりしたんは止めず、中には、神父の書簡を保存し、崇めるものもいた。(125)

第三章　宣教師による適応への努力
——きりしたんの発展に向けて（一五八〇〜一六一四年）

一　新たな布教方針

一五七〇年代、イエズス会による日本伝道は、集団改宗を主な要因に信徒数の飛躍的な進展を遂げる一方で、日本人信徒の信仰的質の問題、同宿ら俗人伝道士の教理知識の不足、イエズス会内でのヨーロッパ人宣教師と日本人スタッフとの不和など、さまざまな軋轢や問題を抱えていた。日本伝道の開始後三十年を経て、イエズス会日本伝道は新しい布教方針を必要としていた。

転機はイエズス会巡察師アレッサンドロ・ヴァリニャーノの来日とともに訪れた。巡察師は、担当布教管区を巡視し、イエズス会総長の名代として適切な指導、助言を行う。彼が東アフリカから日本までを含む東インド管区の巡察師に任命されたのは一五七三年、弱冠三十四歳のときであった。日本へは、一五七九年から一六〇三年にかけて三度（合計滞在年数約九年）の巡察を行った。

ヴァリニャーノの指導のもとイエズス会が取り組んだ改革をいくつか確認しよう。

最初に、日本人聖職者の養成と教育機関の設置を挙げる。ヴァリニャーノが来日した頃の日本伝道の主力は日本人伝道士、とくに同宿と呼ばれた俗人伝道士だったが、すでに見たように、宣教師の目からすれば彼らは説教者として必ずしも十分な資質を備えていなかった。ヨーロッパ人宣教師は、一方では日本語ができる彼らに頼らざるを得ず、他方では彼らの能力を信頼できないというジレンマを抱えていた。

この問題を根本的に解決するには、より多くの日本人をイエズス会に受け入れ、十分な教育を施して優れた会員に育て、やがては司祭に叙階することが必要だった。一五八〇年から一五八一年にかけてヴァリニャーノが豊後、都、下（九州西南部）の三つの布教区に分けて開催した「日本イエズス会第一回協議会」では、「日本人をイエズス会に受け入れるべきか」が諮問の第十項目として討議された。[126] そこで日本人を積極的に会に受け入れることが全会一致で提案され、ヴァリニャーノによって承認された。この案は確実に実行され、日本人イエズス会員は一五七九年の七名から一五八三年には二十名に、[127] さらに十年後には七十名を数えるに至る。[128] また、イエズス会員を含め、将来国内に設立されるべき無数の教会を担当する日本人聖職者を幼少時から養成するため、教育機関が設置された。ヴァリニャーノ来日の翌年、一五八〇年にはすでにセミナリオ（神学校）が有馬と安土に、ノビシアド（修練院）が臼杵に、コレジオ（学林）が府内に開かれた。

ヴァリニャーノが手がけた改革には、日本からイエズス会総長あてに送る通信制度もあった。それまで日本滞在のイエズス会会員は、個人的に書簡を自由に海外に発送していた。その結果、内容に不統一が生じ、また日本布教の長所がより多く報告されたため、事実とは異なる印象を与え、誤解と弊害を生んでいた。ヴァリニャーノは、公式の年度報告を日本の布教長の責任において作成するよう定め、それは一五七九年度の報告から実施された。この公式年報は、イエズス会全体に通知され、またヨーロッパのキリスト教徒を対象に印刷されることを意図していたので、とくに教化的事例の報告を目的とした。また、公式年報とは別に、布教方針や財政、人事などについての非公式の個人的書簡を定期的に書き送ることが義務づけられた。

一五八二年、ヴァリニャーノは、インドへの帰還の際、きりしたん大名の大友宗麟、大村純忠、有馬晴信の名代として、伊藤マンショ（一五六九頃―一六一二）、千々石ミゲル（一五六九頃―一六三三?）、中浦ジュリアン

（一五六八頃―一六三三）、原マルチノ（一五六八頃―一六二九）の四名の少年をヨーロッパへの使節として同伴した。伊藤は大友宗麟と、千々石は大村純忠・有馬鎮貴（晴信）と縁続きで、各大名の名代（正史）としての派遣であり、原と中浦は、有馬のセミナリオの学生の中から副使としてヴァリニャーノによって抜擢された。「天正遣欧少年使節」と呼ばれるこの少年使節の派遣には少なくとも二つの目的があった。一つは、彼らを教皇や西欧諸侯に謁見させることで日本人の能力について知らしめ、その上で日本布教に必要な精神的援助と世俗的援助（伝道費の支援）を要請すること。もう一つは、使節とその随行者たちにキリスト教の栄光と偉大さ、西欧文化の豊かさを感得させ、彼らの帰国後、その証言によって日本人の間にキリスト教伝道者に対する信望を高めようとすることであった。(129)

一行は一五八二年二月に長崎を出発し、ゴア、希望峰を経由してマドリードに到着。そこで八四年十一月にフェリーペ二世（Felipe II, 在位一五五六―一五九八）に謁見した。八五年三月には、ローマで教皇グレゴリウス十三世（Gregorius XIII, 在位一五七二―一五八五）が引見した。教皇はその直後に死去したが、後任の新教皇シクスツス五世（Sixtus V, 在位一五八五―一五九〇）は日本布教を引き続き援助するため、年金六千クルサードを約束した。一五九〇年当時、国内に二万クルサード未満の資金しかなかったイエズス会にとって、(130)六千クルサードは大きな定収入であったであろう。四名はヴァリニャーノとともに一五九〇年七月に帰国。その後イエズス会に入会し、棄教した千々石ミゲルを除く三名は後に司祭に叙階された。

すでに述べたように、ヴァリニャーノは、来日の翌年、一五八〇年から八一年にかけて、国内在住の二十六名の司祭を招集して「日本イエズス会第一回協議会」を開催し、日本伝道に関する種々の懸案事項とその解決策を討議した。一五七〇年代に推進された布教拡大路線はこの協議会において改めて審議され、イエズス会の方針として維持されることになった。(131)一五八一年、カブラルの後任として準管区長に就いたガスパル・コエリョ（この

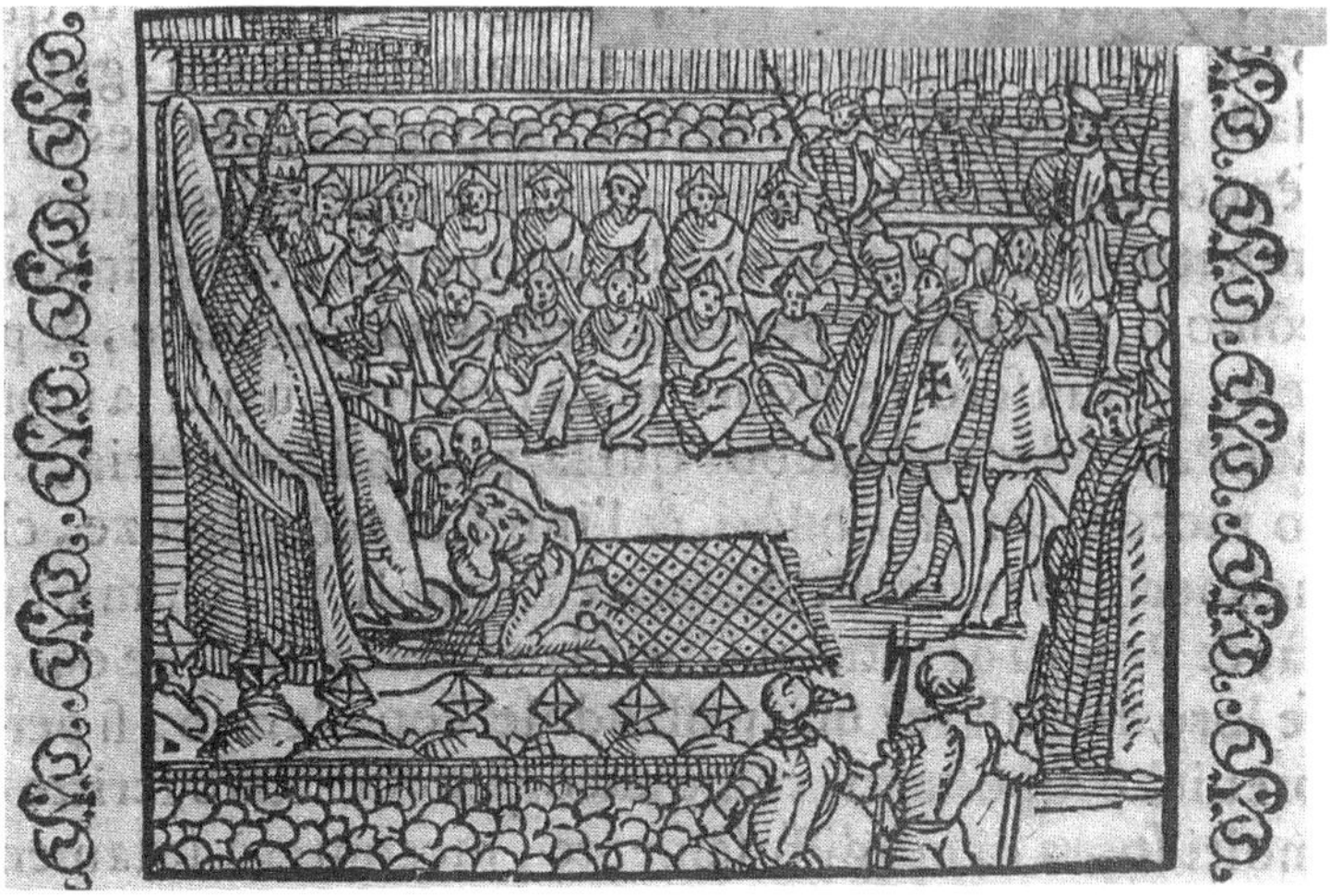

「天正遣欧使節謁見のグレゴリウス13世謁見図」
チャッピ『グレゴリウス13世偉業要録』
（天理大学附属天理図書館蔵、198.2-イ650）

年より日本はインド管区から単独の準管区に昇格し、布教長は準管区長になる）の下、畿内で多くの武将や著名な知識人が改宗し、民衆の改宗にはずみがついた。

一五八七年六月十九日、豊臣秀吉は突然、伴天連追放令を発令した。しかし、宣教師は秀吉の命令に従わず、きりしたんの霊的指導のため日本に残留することを決意する。一五八七年当時、きりしたん人口は二十万に増加し、教会数は約二百か所、宣教師は百十三名（うち日本人イルマン四十七名）に達していた。宣教師は、小豆島（三名）と豊後（五名）に潜伏したものを除く全員が肥前のきりしたん領主らの領内に潜伏した。(132) しかし興味深いのは、追放令によって、潜伏地にいるきりしたんはこれまで以上に丁寧な司牧が受けられるようになったことである。イエズス会は表立った布教活動を控え「自重」した態度を示しながらも、領主の庇護のもと改宗を進めた。その結果、一五八七年から一五九二年の間の受洗者は五万人以上に上った。(133)

二　適応主義

第一章で見たように、イエズス会の日本宣教方針には適応主義と呼べるものがあった。ここでは、宣教師（送り手）が意図した適応の方針を改めて検討したい。

まず、宣教師側の適応の論理を整理しよう。ニコラス・スタンデルト（Nicolas Standaert）は、イエズス会中国伝道を例に、同会の伝道方法の再検討を行っている。これまで歴史家は、イエズス会の布教方針は会の創始者ロヨラの精神性、とくに「霊操」と「イエズス会会憲」とにもとづくもので、さらに、それはフランシスコ会やドミニコ会など他のカトリック系修道会による布教方法とも異なることから、イエズス会独自のものであるとし、「イエズス会スタイル」あるいは「イエズス会的共同文化」と呼んできた。中国伝道において、この方針は中国文化への適応、上から下への宣教活動、欧州の科学技術の利用、中国的価値の受容と寛容的態度をもって具体化したと説明されてきた。

スタンデルトは、「イエズス会的共同文化」という概念について、まず「イエズス会的」という部分に疑問を呈する。例えば、日本宣教の最初の三十年と中国での宣教には大きな違いがあった。さらには、双方の布教に多大な影響力を与えたヴァリニャーノの指導下にあってさえ、同じイエズス会でも両国の布教方針には大きな差異があった。したがって、そこに示される布教方針は「イエズス会的」というよりも、その時の布教責任者の個人的資質により決定されたものではないか。次に、スタンデルトは、その方針が実際にどれほど「共同的」（会内で統一されたもの）であったのかとも問う。例えば、同じイエズス会内でも、スペイン・ポルトガルの征服者的精神とイタリアの人間主義的精神に間には共時的相違を見てとれ、また、中国において十六世紀末と十七世紀末

では布教方法は異なり、通時的差異が明らかであると指摘する。(134)

彼は「イエズス会的共同文化」の概念とその適用について過度の単純化を危惧する一方で、中国伝道を例に、自己（Self）と他者（Other）の概念を使い、イエズス会宣教活動の再解釈を試みる。彼は、「私の抱く大きな方法論的批判は、アイデンティティーは自己による孤立した努力を通して形成されるのではなく、他者との絶え間ない相互作用を通して形作られるということ」(135)と述べ、イエズス会中国伝道の形成において中国的条件が果たした役割を強調する。これまで「イエズス会式」とされ、いわば会の自発的な布教伝道方針とみなされていたことが、実は伝道地のさまざまな制約や条件の下に形成されたと主張している。

スタンデルトの主張は当を得たものである。日本においても、新しい信仰の送り手である宣教師の布教方針としての適応も、実は現地での複雑な関係性の中に具体化されていったのである。

日本イエズス会の適応方針

一五七〇年から京都で布教していたイエズス会士オルガンティーノは、一五七七年九月二十九日付書簡の中で「欺まんの礼拝の師匠達は、その儀礼と華麗な寺院によって我等が（採るべき）道を示しており、真理（の教え）の奉仕において、儀礼こそはもっとも効果的（布教）方法であることをご承知ありたい」(136)と述べている。「欺まんの礼拝の師匠達は、その儀礼と華麗な寺院によって」とは、仏教の僧侶と寺院のことを指している。仏教を厳しく非難する一方、日本で儀礼活動は重要であり、ついては、すでに仏教が行っている儀礼の実情を考慮に入れた適応主義的な方法が必要だと主張している。他宗教に対する非寛容の立場を示唆する一方で、その儀礼を積極的に適用する。この一見矛盾とも思われる宣教師の態度を支えた論理は何だろうか。それはどのように具体化されたのだろうか。

ヴァリニャーノの方針を見てみよう。彼は日本に三度巡察したが、第一回巡察の折に日本人イエズス会士の協力を得て、日本のセミナリヨ（神学校）の講義用に編集したテキストがある。それは、後年、一五八六年に *CATECHISMVS CHRISTIANAE FIDEI*（邦題『日本のカテキズモ』）[137]の題で、ポルトガルで出版された。その副題に「此処にはわれらの宗教の真理が開陳され、日本の諸宗派が論駁されている」[138]と記されているように、この書はキリスト教神学を教示するとともに、日本の諸宗教を論破することも目的にしていた。

この書において、一神教的立場から日本の諸宗教へ攻撃がもっとも明確に展開されているのは、第四講「日本人たちが教えている教義は明らかに虚偽・迷妄である。『カミ』も『ホトケ』も『シャカ』も『アミダ』もこの世または来世で支配することはできない。それゆえ日本人たちが教えている浄福は決して存在しない」[139]と題された章である。ヴァリニャーノは、「全世界を支配し、命令を下す唯一のデウスが存在するだけである」[140]と述べる。そして、「この世または別世界で、何らかの権利・機能を有する『カミ』『ホトケ』は存在しない。そこで『カミ』『ホトケ』にいかなる崇拝も、栄誉もささぐべきではない」[141]と主張して、神仏の存在とそれらへの崇拝を否定する。さらに第五講は、「日本人によってもたらされた諸律法は虚偽・邪悪である。それらによっては如何なる救霊ももたらされぬ。それらの崇拝者は断罪されるだろう」[142]と題され、神仏に仕える宗教者の生活態度、戒律、制度などを辛らつな言葉で批判している。

宣教師の攻撃の矛先は、礼拝対象としての神仏、それらへの信仰、儀礼、象徴、さらには結婚や先祖祭儀などの習俗にいたるまで多岐にわたった。一五五七年の平戸や一五八二年の島原の例があるように、改宗活動の中で、その土地に残る宗教色を拭い去るため地域の寺院の仏像を焼くこともあった。前章で触れたように、僧侶、山伏、陰陽師らを「悪魔の仕者」や「偶像崇拝者」と呼び、非難の対象とした。一方、それに対抗して仏教者や山伏も、宣教師を「狐」や「狐つき」とよび、国を混乱に陥れる魔術師や妖術師としてのイメージを作り上げ、悪評を流布させた。(143) 宣教師の残した記録を読むと、とくにその伝道初期には、伝道地域の宗教者と宣教師との対立が多く描かれている。

宣教師による攻撃の中でも、大名を促して領内の神社や寺院などを破壊した行為は人々に強い衝撃を与え、そのうわさは国内に広まり、きりしたん伝道の負の部分として印象づけた。それは為政者に対しても同様であり、宣教師を日本から排除する理由の一つになった。豊臣秀吉は、一五八七年に公布した「伴天連追放令」の第二条において、「其国郡之者を近付門徒になし、神社仏閣を打破らせ前代未聞候」と、改宗事業に付随した宗教施設の破壊行為を厳しく非難している。

日本の宗教伝統に対するイエズス会の排他的主張と行動は、多くの反発と障害を招いた。したがって、日本の実情に順応した、柔軟で効果的な布教方針が同時に試みられたのは当然である。きりしたん開教以後約二十年間（一五四九—一五七〇年）、イエズス会は、ザビエルとその後任トルレスの指導の下、日本の社会と文化に適合した布教方法を目指したといわれる。しかし、「適応」が日本での活動方針として具体的方法によって制度化されたのは、巡察師ヴァリニャーノが一五七九年に来日して以降のことであった。

「日本イエズス会第一回協議会」の議題十一は、「日本人とヨーロッパの我が会士との間に一致を維持するために取らなければならぬ方法」と題され、イエズス会による日本の社会と文化への適応について議論されている。まず、不一致の理由として、日本人とヨーロッパ人の間の「きわめて相違し相反する性質の相違」が挙げられている。具体的には、食事、歌、色彩、匂いの好みの違いから、慣習、行動様式の違い、さらには言語の違いが指摘されており、日常生活の次元で両者がお互いを受け入れにくい状況にあったことがうかがわれる。

この現実に宣教師は、「我らは彼らの土地におり、彼らなしには決して生活できない。一致がなくては自滅する」と強い危機感を示し、宣教師と日本人の間の溝を埋め、精神的一致を得るための方針が検討された。イエズス会内の日本人を万事につけてヨーロッパ人イルマンと平等に扱い、温和な態度で日本人に接すること。次に、心の不一致と分離の温床となるので、日本人の慣習の悪口をいわず、また「ヨーロッパの慣習の方が善いと日本人を納得させようとしないこと」。そして、「我が会士は日本の言葉のみならず、彼らの慣習、儀式、行動様式をも学び、ディオスの掟と信仰に矛盾しないことはすべて彼らに順応すること。というのは、これから我が主のより大いなる奉仕と隣人に多くの益が生じ、これに相反するならば、我が会士と外部の者に不一致と不利益、および躓きと損害、信仰の名声とディオスの教えの失墜が生ずるからである」[144]との適応方針が、出席者の総意として提案された。これらの意見は、すべて巡察師により裁決された。

ヴァリニャーノは、イエズス会が日本社会で相応の社会的立場を得ることを目指した。宣教師は以前、社会の貧困層とかかわることで他の社会階層から距離を置かれたことがあった。豊後の府内では、他に救済手段のない最貧の病者、とりわけハンセン氏病患者のために病院を建てたが、この慈善事業が日本の高い社会階層を彼らから遠ざける結果になってしまった。そして、府内では最初の二十年の宣教活動において武士の改宗者は一人しかいなかったという[145]。イエズス会内での日本人スタッフと宣教師との軋轢については、相互に不十分な言語コミュニケーションやカブラルの時代の日本人に対する偏見と差別的対応から、お互いに対する不満や不信生まれていた。その結果が心の不一致であった。ヨーロッパ人宣教師がヨーロッパの習慣や言葉にこだわったことは、この心の不一致の最たる象徴であった。

日本への適応の具体的方法として、イエズス会はまず日本人の礼儀作法を学ぶことに取り組んだ。宣教活動を円滑に行うために、ヨーロッパ人宣教師が日本人の礼儀作法を学ぶことは、ザビエルやトルレスの時代から推奨されていた。日本での「宗教者」にふさわしい礼節と態度を身につけることは、日本社会に根付き、自らの立場を明確にすることにつながるからであった。日本人に正しく認知されなければ、いつまでも如何なる階層にも属さず、日本社会の外側で漂い続ける存在になりかねない。しかし、礼儀作法を学ぶという文化的適応がイエズス会日本宣教の「方針」として明確に規定されたのは、ヴァリニャーノの来日以降のことである。ヴァリニャーノが九州に滞在したとき、有馬晴信、大村純忠、大友義鎮らきりしたん大名は、ヨーロッパ人宣教師の日本的ではない振る舞いに苦言を呈したという。彼らは宣教師が態度を改め日本人の繊細さや習慣を尊重することを求めた。[146] ヴァリニャーノは、大名からの苦言のみならず自身の経験から、日本の生活習慣を身に付けることが、先に述べたイエズス会の直面する二つの重大な問題の解決に役立つと考えた。すなわち、一つは日本社会におけるイエズス会と会士のあいまいな立場であり、もう一つは、イエズス会の中での日本人スタッフとヨーロッパ人スタッフとの不和である。[147]

彼は、一五八一年に *Advertimentos e avisos acerca dos costumes e catangues de Jappão*（日本の習俗と形儀に関する注意と助言、邦題「日本イエズス会士礼法指針」）を定め、日本人から尊敬と信頼を得る方法から、貴人との挨拶の仕方や酒の注ぎ方まで、イエズス会士が採るべき礼儀作法を詳細に規定した。ヴァリニャーノは、その本の冒頭で次のように語っている。

パードレやイルマンが日本の習俗や形儀に当てはまった行動をとるためには、多くのことを書く必要がある。しかし、今のところは幾つかの必要な助言を簡略に記すことにする。これらの助言によるならば、パードレやイルマンは、上記の形儀と習俗に対しては彼等にとって十分な程度に正しい礼儀作法をもって振舞うことができよう。これらの助言によらなければ、彼等は多くの不躾、無作法をしないで済ませることはできないばかりか、彼等自身の評判並びにキリスト教にひどい損害を与え、また異教徒の間にあってと同様にキリシタンの間にあってもあげることのできる成果を大いに傷つけることになるのである。[148]

エチケットや作法はイエズス会が日本で目指していた宣教の大きな目的からすれば些細なことに思われるかもしれない。それはなぜ彼らが直面する困難な問題の解決になるほどに重要であると考えられたのだろうか。我々は、伝統的な日本社会において作法のもつ力を過小評価すべきではないのであろう。とりわけ注目すべきは、異なる社会階層においては異なる行儀や振る舞いが求められており、人々の作法や振る舞いがその人の社会的地位を表していたことである。イエズス会士は、日本において自らの名声と社会的地位を得るにふさわしい作法と振る舞いを身に付ける必要があった。さもなければ、彼らはいつまでも日本社会の外側で漂い続けるか、不本意な社会的地位に甘んじなければならなかった。

では彼らはどの社会階層に属すべきと考えたのだろうか。ヨーロッパの祖国ではパードレも修道会のイルマンも自分の立場を説明する必要などなかっただろう。しかし、日本ではまず自分は誰なのかを明確にする必要があった。イエズス会は臨済禅の組織を日本でもっとも影響力のある宗教組織とみなし、倣うことにした。日本のイエズス会は都と鎌倉の五山の禅寺組織を自らの組織に取り込んだ。イエズス会が意図したのは、宣教師の立場を日本社会一般に対してだけでなく、会の中の日本人スタッフに対しても明確にすることであった。日本の布教上長は国内のキリスト教会全体の責任者として、五山制度全体を統括する南禅寺の管長と対置された。下、豊後、都の三布教区の責任者は、都の残りの五寺の管長に対応するものとした。[149] 後年、雪窗宗崔は『対治邪執論』（慶安一年、一六四八年）の中で、「……頗姪連と曰ふ。ここに和尚と翻へす」とパードレ（伴天連）を和尚と対比させ、さらに「……これを由婁漫とす。ここに首座と翻へす」と述べて、イルマンを首座と同格としている。[150]

イエズス会の適応主義は日本伝道に限られたことではなかった。中国で彼らはまず仏僧の慣習を取り入れ、自らの活動が宗教的なものであることを示そうとした。彼らは仏僧のような衣服を身にまとい、頭髪と髭をそり、装飾品を戸口にかけた。しかし、間もなく宣教師は儒教知識人が中国の社会と国家において中心的役割をはたしていることを知り、彼らに関心を抱くようになった。ヴァリニャーノに従い、マテオ・リッチ（Matteo Ricci, 1552-1610）は、「イエズス会員は中国において特定の〔社会の〕範疇に属さなければならない」とする方針をたてた。[151] そして自然科学や、世界地理学などの西洋の知識を用いることで自ら知識人の仲間入りを果たすのである。リッチは、知識階層に基盤を築けば、知識人からイエズス会とその活動に対する理解を得ることができ、それが中国でキリスト教伝道を可能にする唯一の方法であると考えた。こうして、中国では、一般民衆に宣教する前にエリート社会において自らの立場を得ることを目指したのである。このような努力の成果の一つが、リッチ自ら中国語で著した『天主実録』であった。彼はその中でキリスト教の神を天主と表現するなど、儒教的用語をふんだんに取り入れた。日本での布教方針と比較したとき、中国での適応主義の対象が、中国社会と国家の両方に最も影響力のある階層に絞られていたことは特筆すべきであろう。

イエズス会士による日本文化への適応方針について、ボクサーは、「改宗という究極的な目的のために不可欠な予備手段」として行われたと説明している。[152] この指摘はもちろん正しい。しかしそれだけでは、この文化的適応政策の意義は十分理解できないのではないだろうか。なぜなら、イエズス会士が日本で行っていた活動はすべて最終的には改宗につながるものに違いなく、その点においては文化的適応と他の活動との間に大きな差異はないからだ。

日本的作法や習慣を身に付けるにあたっての彼らの問題はむしろ、自分たちを日本社会にいかに位置づけ根を下ろせるかという、より根本的なものではなかっただろうか。日本人に対する不信と不満のゆえに、カブラルは言語を含め日本文化の適応にきわめて消極的で、何かにつけて「ヨーロッパ的」なものにこだわっていた。その結果が、日本人とヨーロッパ人宣教師との不和であり、日本社会に根を下ろせない宣教師の姿だったのである。その上ヴァリニャーノにとってこれはとても看過できるものではなかった。問題の本質は、ヨーロッパ人宣教師の社会的存在というきわめて基本的なことだったのだ。

ヴァリニャーノが日本で実施した適応政策は、宣教地の状況にあわせた伝道方法を定めたイエズス会の会憲、彼自身の精神性、あるいはその背景となったイタリア的ヒューマニズムなどと結びつけられ、自発的な動機から実施されたように描かれることがある。彼は宣教地の実情をよく考慮し、宣教地の伝統に敬意を払うことを無条件に実践していたように説明される。その際には今日的なインカルチュレーションという表現すら用いられることもある。しかし、適応の現実には、そのような自発的で普遍的な方針以外にも、伝道地における不可避な状況からやむなく実行された場合も当然あったのである。困難な現実を踏まえて、適応方針をとるか、ヨーロッパスタイルを固持するかの選択の過程で発揮されたのが、彼の個人的精神性やヒューマニズム的世界観であったと理解すべきであろう。

先に紹介したように、宣教師オルガンティーノは、日本で仏教儀礼を批判的に述べると同時に、それが人々の関心をひきつけていることに注目し、儀礼を効果的に用いる宣教方法を進言していた。「日本人は外面的事柄と秩序整然とした祭儀や儀式によって深く感動し、これに反すると、彼らはこの点に欠けるところがあると見て憤慨し躓く」(153)とも報告されたように、日本人の間で儀礼が重視されていたことは宣教師の目には明らかであった。日本イエズス会第一回協議会では、生活習慣への順応だけでなく、仏教儀礼への適応についてさえ検討している。議題十八「仏僧が用いている慣習と儀礼を万事遵守することが善いか否か」では、仏僧が用いる綱要に順ずるものが日本人によって作成され、彼らの慣習に順応することの必要性が述べられている。(154)

礼法指針によって日本人の礼儀作法を身につけることと比較するならば、キリスト教の儀礼を仏教の儀礼に適応させることは、新しい信仰が日本人に受容されるためという目的は同じでも、異なる意味をもっていた。なぜなら、「仏僧はこのような外面的事情に専ら耽っているので、この点に意を用いることしかなすすべを知らないが、しかし霊魂の救済と内面的徳操を求めている我々にとっては、我々相互の間および外部の者に対して修道会士に相応しい立派な礼儀で応対するために知らなければすまされない」[155]とあるように、イエズス会としては、そもそも仏教儀礼の内的意味を認めることなく、日本で受け入れられているその形式だけを、宗教者としてあるべき礼儀として取り入れることを目指したのであった。このねらいが実際どこまで達成できたのか。宣教師の意図は別にしても、仏教儀礼からのその「中身」を剥ぎ取り、外面のみを衣のようにキリスト教に着せることが本当に可能であったのか、改めて検討する必要があるだろう。

第四章　きりしたん書を読む

一　印刷機の輸入ときりしたん版の印刷

フロイスは、一五九一年と一五九二年の「日本年報」の中で、「我らは教師の不足に悩むこともない。教えるのに適任の多くの日本人修道士以外に、外国語文学を修め、教師の職務を容易に遂行し得るほど日本語を習得しているヨーロッパ人も多数いるからである」(156)と誇らしげに記している。彼の報告には根拠があった。ヨーロッパ人宣教師の日本語力に関する記録である。イエズス会の年度別名簿には、各々の宣教師の日本語力を四段階に分けて評価した記載が含まれている。さらに追記として「日本語で告解が聴ける」や「日本語で説教ができる」と記されている場合もしばしば見受けられる。そこで一五八五年と一五九二年の宣教師の日本語力を比較してみると、ヨーロッパ人宣教師がこの期間に著しい日本語能力の向上を見せたことが分かる。

一五八五年の日本在住のイエズス会士名簿によれば、二十七名の神父のうち、十四名が「聴解師」として告解を聴き（聴く力があり）、残りの十三名は「日本語を解せず」と記録されている。同じ名簿には十名のイルマンのうち二名が普通の日本語力で、他は日本語を解せなかった。神父が「聴解師」と「日本語を解せず」の間で極端に分かれていることから、神父は少しでも日本語が理解できると告解を聴いたのかもしれない。一五八五年までには告白を求めて信徒が押し寄せてくる状況が生まれていたことを考えれば、この可能性は否定できないであろう。(157)

七年後の一五九二年の日本準管区名簿では大きな変化が起こっている。日本在住の四十二名の神父のうち十六名が「日本語をよく解す」とされ、そのうち十名が日本語で講義あるいは説教し、二十一名が「日本語の告解を聴」き、三名が日本語を「普通」に理解するとされている。二十名のヨーロッパ人イルマンも同様の向上を示している。彼らのうち二名が日本語で講義し、九名が日本語をよく理解し、五名が日本語を「普通」に理解している。一名のパードレと三名のイルマンが「日本語を少しく解す」とある。日本語を理解しないと評価されたのはパードレとイルマンそれぞれ一名ずつであった。(158)

新たな言語を修得するのに簡単な方法などない。上記のような日本語力の上達は、イエズス会士のたゆまぬ努力の結果に他ならない。とりわけ評価すべきは日本語の辞書と文典の編纂であろう。これらの書籍は宣教師が日本語を修得ために捧げた献身的努力を十分に表す、まさに金字塔的成果である。

日本語のテキストの編纂は宣教師の語学学習を促進することを目的としていたが、手作業でこれらのテキストを筆写することは大変な労力と時間を必要とした。一五九〇年、天正遣欧使節の帰国とともに、ヨーロッパから一台の活版印刷機がイエズス会によって持ち込まれた。その目的は、辞書など膨大な書物を手書きで複写する宣教師たちの負担を軽減することや、日本人信者のために教化用書物を印刷することだった。フロイスは、イエズス会が印刷機を必要とした理由として、「日本に来朝した神父、神弟が各自勉強に必要なる日本文典、辞書、カテキズモ及び其他のものを転写せねばならないことは余りにも過重に過ぎ、筆写に生涯を空費させないため」と記した。(159) 印刷機を導入する前は、皮肉なことに、筆写の負担が大きすぎる余り、言葉の学習をあきらめたり、健康を害する場合さえあったという。(160)

イエズス会が主にこの印刷機を用い、翌年から日本国内で印刷した出版物を「きりしたん版」と呼ぶ。(161) 印刷は、加津佐、天草、長崎、京都などにおいて、徳川幕府のきりしたん禁令によって停止されるまで約二十年間続けられ、この間、約百種の本が印刷されたという。その内容は、教理書（カテキズモ）、信仰書、典礼書、辞書、語学教材など多岐に及ぶ。しかし、徳川時代のきりしたん殲滅政策のため、現存するきりしたん版の数は極めて少なく、世界中で三十余種、約九十点にすぎない。

印刷は、まず、ラテン語とローマ字表記の日本語で始められたが、国語活字が作成されると、国字による印刷も行われるようになった。現存するきりしたん版をその使用言語から分類すると、ラテン語、日本語、ポルトガル語に分けることができる。さらに辞書、語学書の類になると、二か国語以上の混成のものもある。また使用文字は、ローマ字（ラテン語、日本語、ポルトガル語）と国字（日本語、祈りのラテン語、キリスト教用語のラテン語・ポルトガル語）が用いられた。書物によって日本語のローマ字表記やラテン語・ポルトガル語の国字表記などがあることは、異文化接触の特徴を大変よく表わしている。

また、内容から分類すると、教理書／祈禱書（『どちりな・きりしたん』、『おらしよの飜譯』など）、典礼書（『ばうちずもの授けやう』、『サカラメンタ提要』など）、信心書（『ぎやどぺかどる』〔罪人の導き〕、『こんてむつすむん地』〔キリストに倣いて〕など）、文学書（『平家の物語』、『太平記』など）、辞書、語学書（『日葡辞書』、『日本文典』など）に分けることができる。

二　現存するきりしたん版

世界に現存するきりしたん版の全容を確認するため、使用される文字と言語によって分類する。それぞれの対象とする読者と目的も明確になる。(162)

（１）ローマ字、ラテン語（ヨーロッパ人宣教師、ヨーロッパ・日本人学生対象。ラテン語学習や教理、信仰、儀礼等の習得を目的とする）

Exercitia Spiritualia〔心霊修行〕(1596); *Compendium Spiritualis Doctrinae*〔精神修養の提要〕(1596); *Compendium Manualis Navarri*〔ナバルスの告解提要〕(1597); *Aphorismi Confessariorum*〔金言集〕(1603); *Manuale ad Sacramenta Ecclesiae Ministranda*〔サカラメンタ提要〕(1605); *Floscuri*〔聖教精華〕(1610).

（２）ローマ字、日本語（ヨーロッパ人宣教師対象。日本語学習や説教の習得を目的とする）

Sanctos no Gosagueono uchi Nuqigaqi〔サントスの御作業の内抜書〕(1591); *Fides no Dŏxi*〔ヒデスの導師〕(1592); *Doctrina Christan*〔ドチリナ・キリシタン〕(1592; 1600); *Feiqe no Monogatari*〔平家（の）物語〕(1592); *Esopo no Fabulas*〔伊曽保（の）物語〕(1593); *Qincuxŭ*〔金句集〕(1593); *Contemptus Mundi*〔コンテンツスムンヂ〕(1596); *Spiritual Xuguio*〔スピリツアル修行〕(1607).

（３）国字、日本語（ヨーロッパ人、日本人宣教師対象。日本語の学習や説教、教理、信仰、儀礼等の習得を目的とする）

おらしよとまだめんとす（断簡）（一五九〇、一五九一）、善作ニ日ヲ送ルベキ為ニ保ツベキ条々（断簡）（一五九〇）、どちりいな・きりしたん（一五九一？）、ばうちずもの授けやう（一五九三？）[163]、*Salvator Mundi*〔サルバトール・ムンヂ〕（一五九八）、Racuyoxu〔落葉集〕(1598)、ぎやどぺかどる（一五九九）、どちりな・きりしたん（一六〇〇）、おらしよの飜譯（一六〇〇）、*Royei Zafit*〔朗詠雑筆＝倭漢朗詠集〕（一六〇〇）、こんてむつすむん地（一六一〇）、ひですの経（一六一一）、太平記抜書（一六一一—一六一二？）。

（4）ローマ字、ラテン語、ポルトガル語、日本語（ヨーロッパ人、日本人宣教師、学生対象。日本語、ラテン語、ポルトガル語の学習を目的とする）

De Institutione Grammatica Libri Tres〔ラテン文典〕（1594）; *Dictionarium Latino Lusitanicum ac Iaponicum*〔羅葡日対訳辞典〕（1595）; *Vocabulario da Lingoa de Iapam*〔日葡辞書〕（1603-1604）; *Arte da Lingoa de Iapam*〔日本文典〕（1604-1608）.

これらのきりしたん版は、すべて活字印刷物であり、欧文や日本文のラテン文字を用いた横書きのローマ字本と、漢字かな交じり和文で縦書きの国字本に分かれる。原則として金属文字を用いている。

きりしたん版は、書誌学・文献学的研究、国文学国語学研究、カトリック教会史・カトリック伝道史、日欧交渉史、比較宗教などさまざまな分野に資する豊かな資料となっている。きりしたん版のオリジナル版は稀覯本であるため、一冊の発見は研究者の大きな注目を集める。比較的近年の例では、二〇〇九年、北京の中国国家図書館で発見された*Aphorismi Confessariorum*〔金言集〕（1603）や、二〇一一年にハーヴァード大学、ホートン図書館で発見された『ひですの経』（一六一一）が挙げられる。いずれもその存在は知られながらも、(164) 近年所在が不明になっていたものだった。これまで各地で発見されたきりしたん版の多くと同様に、これら書籍の複製版が作成され、詳細な校注が施された翻刻本が出版されている。(165)

きりしたん版の最初期の研究の一つが、著名なイギリスの研究者であり外交官であったアーネスト・サトー（Sir Ernest Mason Satow, 1843-1929）によるものだ。彼は、日本とヨーロッパで合計七部のオリジナル版を発見しており、彼が一八八八年にロンドンで出版した小冊子*The Jesuit Mission Press in Japan 1591-1610*（London : privately printed, 1888）には、『落葉集』（一五九八）、『ぎやどぺかどる』（一五九九）、『こんてむつすむん地』（一六一〇）などを含む合計十四種のきりしたん版が紹介されている。サトーによる初期のきりしたん版研究の後、きりしたん版やその周辺資料（きりしたん関係資料）に関する出版が相次いだ。その中で最も包括的なマニュアルは、上智大学ヨハネス・ラウレスの編集によって一九四〇年に初版が出版された、『キリシタン文庫』*Kirishitan Bunko:A Manual of Books and Documents on the Early Christian Missions in Japan*（1940）である。これは、その後改訂が続けられており、最新版は現在、インターネットのオンラインで検索することが可能になっている（Laures Kirishitan Bunko Database）[166]。

書誌学、文献学の分野においては、天理図書館もまた貴重な書籍を出版している。最も注目すべきは、『きりしたん版の研究』（一九七三）で、きりしたん版の包括的で重厚な文献学的視座からの研究書である。当時現存したすべてのきりしたん版を対象に、きりしたん版の出版史、きりしたん版の印刷技術、きりしたん版の文字研究と続き、きりしたん版の書誌解説と研究史を含んでいる。圧巻は現存のきりしたん版をほぼ網羅する三十一種の図版で、それぞれの書の表紙、扉頁、本文（一部）の影印が掲載されている。書誌学、文字研究に集中した天理のきりしたん版研究は、そのまま天理図書館のきりしたん研究全体への貢献となった。きりしたん版研究の他にも、ヴァリニャーノの*CATECHISMVS CHRISTIANAE FIDEI*の翻訳できりしたん研究に不可欠の書である、家入敏光訳『日本のカテキズモ』（天理図書館参考資料第七、一九六九）[167]など、天理図書館員の手によって、多くのきりしたん研究の成果が発表された。

きりしたん版の印刷は、それが日本において前例のない活版印刷であったことから、印刷の文字・用紙の分析や、書籍としての文献学的な研究が掘り下げられてきた。また、校注の付された翻刻や影印版の出版も豊富である。しかしその一方で、きりしたん版の各書が伝える宗教・思想的内容について、踏み込んだ議論や検討が十分なされてきたとは言い難い[168]。きりしたん版は、辞書類や日本語学習用教材を除くと、カトリックの宗教教育のために出版されたものであり、日本語による書物は、西洋版の全面的あるいは少なくとも部分的な翻訳となっている。このことから西洋の研究者は、その内容をあえて議論する必要性を感じないかもしれないし、またとくに日本人研究者の間には、宗教史学やキリスト史学分野の専門家でない限り、きりしたん版や他のきりしたん関連資料の宗教的内容に踏み込むことに躊躇する傾向があることは否定できない。その結果、これまできりしたん版の研究といえば、書物の成り立ち、形式、文字等に注目した書誌学的研究、また内容の面からは、キリスト教神学ないし文学の枠組みの中で捉えられることが多かった。

ここではきりしたん信仰の受容者の視点に立つという本書の目的に沿い、日本人信徒の信仰にかかわりの深いきりしたん版二編に着目して、それらの内容を中心に考察を試みる。

三　きりしたん版を読む

『ばうちずもの授けやう』

この本は、文禄二（一五九三）年頃、天草イエズス会コレジオで印刷出版されたと推定されている。世界に一冊のみ存在するいわゆる孤本で、昭和三十年に重要文化財に指定されている。本文全二五丁、縦二四・五糎、横一七糎、行草体漢字交じり平仮名文で印刷。洗礼（ばうちずも）とゆるしの秘跡（ぺにてんしや）が、きりしたんの救済に不可欠であると説く。とくに、臨終など急を要するときに司祭が立ち会えない場合を想定し、きりしたんによる痛悔の勧め方、洗礼の仕方を説明した手引書である。現存する唯一のものは天理大学附属天理図書館に収められている。もとの表紙、扉紙が失われており、書名、刊行年、刊行地は推定である。巻初の言葉をとって名称とされている。(169) 本書には、長年ヨーロッパで保管された間に羊皮洋装訂の表紙がつけられ外見は洋装本の趣で、今はその濃い茶色の皮色が印象に残る。
『ばうちずもの授けやう』は、きりしたん伝道を理解する上で、きりしたん版全体の中でも最重要の資料に含まれる。この書は、キリスト教救済論と、近世初期日本にきりしたん信徒が置かれた歴史的条件との交差点に位置する。

きりしたんの教えの中で、救済に必要な「でうすのがらさ」（神の恩寵）を得る方途として説かれたのが「さからめんとす」（秘跡）である。その中でとくに重要視されたのは、「ばうちずも」（洗礼）と「ぺにてんしや」（ゆるしの秘跡）であった。『ばうちずもの授けやう』は、「人間の罪科を赦し給はん為に、御主ぜずきりしと二つの道を定め玉ふ也。第一には、ばうちずものさからめんとの事。第二には、ぺにてんしや、是なり」[170]として、これらの儀礼が、人間が罪から解放されるために根本となる「二つの道」であると教えた。『ばうちずもの授けやう』は、まさにこれら二つの儀礼の意味と手順を教えるために出版されたものに他ならない。そして重要なことは、この書が臨終間際の人を対象にした、洗礼とゆるしの秘跡を授けるためのマニュアルであるということだ。

まず、この書の構成を見てみよう。

ばうちずもの授けやうと、病者にぺにてんしやを勧むる教化の事
第一　貴きばうちずもの事
第二　談儀をつぶさに聞かする事、かなはざる子細あらん時、ばうちずもを授くるために、略して示すべき条々の事
扶かる為の第二の道なるぺにてんしやの事

第三　臨終の覚悟のために肝要なるこんちりさんの下地をとゝのゆる心得の条々
第四　こんちりさんを求め得るために、除くべき障り、条々
第五　こんちりさんは何事ぞと云事、並びにこんちりさんをおこす為に病人に読み聞すべき理の事
第六　最後に近付く病者、ゑけれじやの御教を達して信じ奉ると云ひ現はし、それに向かふてんたさんを強く防ぐべき事
第七　病者極まりたると見ゆる時の心得の事
第八　急なる病者か、又は智恵あさきによて、右条々を読み聞する事叶はざる時、云ひ聞すべき極めの理の事
第九　囚人《めしうと》となり、成敗せらるゝ者の臨終の教化の事

『ばうちずもの授けやう』は、最初に、洗礼の授け方について詳しく教えている。その目的は、平信徒に実際の洗礼の手順を教えて、司祭がいない場合でも信徒だけで洗礼ができるためである。洗礼は、きりしたんの救いのため、とくに後生（死後）の救済のために不可欠であった。しかし、重病など急にその用が生じたとき、いつも司祭が間に合うとは限らなかった。むしろ「ぱあてれのなき所にても、此授けしげく入る事なれば、きりしたんはいづれもばうちずもを授くる道を習ふべき事専ら也[171]」というのが実情で、きりしたんなら誰でも「ばうちずも」を施すことが許されていたのである。『ばうちずもの授けやう』には、信徒が正しく「ばうちずも」を行うことができるように、その手順が詳しく説明されている。

右の構成から分かるように、この書では「ばうちずも」の秘跡よりも「ぺにてんしや」の方に相当多くの分量が割かれており、全九条のうちの七条が「ぺにてんしや」に関する説明である。その内容は、本来司祭とともに

行うべき「ゆるしの秘跡」をその構成要素の一つである「こんちりさん」（痛悔）に特化し、司祭不在でも痛悔によってゆるしの秘跡全体と同じ効力を得ることを教え、そしてとくに、死後の救済のために急を要する臨終間際の状況を想定していることである。司祭が不在な場合でも、洗礼とゆるしの秘跡を施して、死後の救済を確かなものにしようとしたのであった。

「ぺにてんしや」は『ばうちずもの授けやう』の主要部分になるので、各条の概略を記すことにする。

第三 「こんちりさん」の準備として、次のことを語るか読み聞かせる。「でうす」に背いて深い罪に落ちたきりしたんは、その罪を赦されるには「ぺにてんしや」をしなければならない。この「ぺにてんしや」とは「こんひさん」（告白）を申すことである。しかし、司祭が不在か、病気で口がきけない場合は、「こんちりさんの後悔・悲しみを以て、科の御赦を蒙り奉るべし」。そのための二つの心得は、教会が教える「ひいです」（信仰）をすべて信じることと、罪を後悔し、御主より赦しを得ることである。

第四 人の臨終は一大事である、なぜなら「臨終よきを以て扶かり、あしきを以て終わりなき苦しみに極まる」からである。「こんひさん」を聴く司祭が不在の場合は、以下のことを読むか語ること。すなわち、良いきりしたんの死とは命の始まりであり、籠である色体（肉体）を出て、「ぐらうりあ」（栄光）の快楽へ至ることである。病者への教化は司祭による告白とは異なり、病者の「こんしゑんしや」（良心）に関わる。犯した罪科を「でうす」に赦してもらうため、真実に後悔し、「こんちりさん」を促す。他に反省、悔いるべき罪科の例が続く。

第五 「こんちりさん」とは、犯した科によって「でうす」に背いたことを大いに悲しみ、今後、決して科を犯さないと思い定めることである。一つには、罪科により受ける「いんへるの」（地獄）の苦しみを恐れて後悔すべきこと。二つには、「でうす」に背いたことを後悔すべきことであり、こちらの方がより完全な後悔である。

「御折檻のおそれよりおこる後悔よりも、御大切に存奉るべきでうすをそむき奉りたるところを深く悲しむべし」。

第六　臨終近くの病者には、教会の教える「ひいです」（信仰）を強くもつことを勧める。（「ぜずゝ」が）「くるす」（十字架）にかかる御影や「まりや」の御影などを掲げ、信仰箇条を確認し、他の神仏は偽りであると確認させる。またこれに対抗するような「てんたさん」（誘惑）を受けないように（「天狗と論談する事かつて有べからず」）、「ひいです」を徹底させること。

第七　病者の状態がいよいよ極まった場合には、「ひいです」を確かにもち、「こんちりさん」の心を奮い起こすよう促し、心の中で「ぜずゝ」、「まりや」を唱えるよう勧め、守護の「あんじよ」（天使）を呼び、いよいよその時が来たら、その場に居合わせるきりしたんで「ぱあてる・のうすてる」（主の祈り）、「あべ・まりや」を唱え、「でうす」に病者への憐れみを頼む。こうすれば、たとえ「こんひさん」を言わなくとも、「でうす」の憐れみによって扶けられる。

第八　急な場合には、「でうす」と「きりしと」に対する固い「ひいです」をもつこと、そして、司祭が不在の場合には「こんひさん」を言わなくとも、「きりしと」の功力によって自らの罪科に対する「こんちりさん」を行ったものと受け取ってもらえ、それによって「あにま」（魂）は扶かると納得させる。

第九　成敗される囚人の場合、その時を最後と定めるのは、「でうす」の計らいであるので、「でうす」の御定めに従わねばならない。司祭がいる場合には「こんひさん」をすること、また、取り乱さないように「ひいです」を強くもつこと。

右の内容から、この書が教えるのは、人は死を迎えるにあたり「ぺにてんしや」を行うことで罪科が赦され死後の救済が保障されるが、そのために必要な司祭との「こんひさん」（告白）ができない場合には、「こんちりさん」（痛悔）をもって罪のゆるしを得ることができるということである。そのための教理的背景と「こんちりさん」実施のための必要事柄が詳細に記されている。

ところで、十六世紀の末の日本において、本来司祭とともに行われるゆるしの秘跡をこのような形で行ったことは、きりしたん信仰について何を意味するのだろうか。まず、カトリック教会の教義に照らすならば、それは日本の特別な事情による例外的な対応だったようだ。

イエズス会司祭できりしたん史家である川村信三は、『ばうちずもの授けやう』と同様に痛悔や痛悔の「おらしよ」（祈り）によって罪科のゆるしが得られると教えた教理書『こんちりさんのりやく』（一六〇三年出版と推定、写本のみ現存）を詳細に検討している。彼によれば、十六世紀のカトリック教会における「ゆるしの秘跡」は、心の痛悔（contritio cordis）、口の告白（confessio oris）、業の償い（satisfactio operis）、赦しの宣言（absolutio）によって成立するとされていた。心の痛悔とは、神である御父イエスに対する忘恩などの罪を心から悔いることであり、信仰者が心の中で神との和解を願うという点で主観的行為であるといわれる。一方、口によって告白することとは、自ら犯した罪は自浄作用があるのではなく、実際に教会における責任ある教導者に、すべてを言い表さなければならないことを意味し、これによって信仰者は、具体的で客観的な制度的教会との交わりを実現するという。[172]

さらに川村は、トリエント公会議（一五四五年―一五六三年）では、「ゆるしの秘跡」における「告白」の免除（省略）は決してありえないとの立場が貫かれているという。「すべての『大罪』は、すべての教会教役者に、言葉で言い表さなければならない（傍点川村）」とされ、そうでなければ、「いかなる罪のゆるしも与えられないということである」[173]。このことから、痛悔さえすれば罪のゆるしが成立するということは、「カトリック教会の慣習としてはきわめて例外的な措置ということになる」[174]。

日本において「こんちりさん」をもって赦しを得られるという例外措置がとられたのは、当時の日本にはそうせざるを得ない独自の布教条件が存在していたからであり、カトリック教会としては苦渋の決断であったのであろう。後生の扶かり（死後の救済）に救済論的焦点を結んだきりしたん信仰において、死後の救済を保障するゆるしの方法を変更することは大きな決断であったに違いない。このような状況がもたらされた背景に伝道者のジレンマがあったことは容易に指摘できる。彼らは、一方では信徒に定期的な告白をすることの大切さを強調した。精神的成長のためだけでなく、改宗の大切な証として、告解（告白）を定期的に行うよう信徒に勧めた。宣教師の報告書によると、彼らが地方を訪れたときには、司祭は一か所で数百の告白を聞いた。しかし他方では、司祭の数は絶対的に不足していた。『ばうちずもの授けやう』が印刷されたのは一五九三年と推定されるが、その前年一五九二年、きりしたんの総人口は二十二万五千名で、彼らの告白を聴くことのできる司祭は四十三名であった[175]。そのうえ一五八七年の伴天連追放令により司祭の行動に制限があったことは否定できない。

こうした状況に対処するため、『ばうちずもの授けやう』は、きりしたん信徒に、司祭がいない場合には「こんひさん」に代えて「こんちりさんの後悔・悲みをもって科の御赦しを蒙り奉るべし」と教えた[176]。そしてさらに、『こんちりさんのりやく』では、「［こんちりさんの］おらつしよを心をとめて申においてわ、こんちりさんの深き頼りとなるべし」[177]と、自ら行う痛悔の祈りをもって、ゆるしが成就されると教えられたのである。

ところで、『ばうちずもの授けやう』と比較した場合、『こんちりさんのりやく』に特徴的なのは、「こんひさんを申べき仕合わせあらぬ時は、必ず申べしとおもいさだむるにをいてわ」[178]と記されるように、痛悔をもってゆるしとなる条件として、後日司祭と告白できるときには必ず告白をするとの覚悟が必要だと説いていることである。一方、『ばうちずもの』は、臨終間近の状況を想定した手引書であるから、後日の告白の覚悟には言及されない。

『こんちりさんのりやく』の場合、「こんちりさん」（痛悔）それ自体に焦点があるため、必ずしも重篤な病人だけを前提にしていない。しかし、司祭不在という状況は一層一般化してくるので、「こんちりさん」をもって罪のゆるしがもたらされるという例外的実践も、重篤な病者に限定されず一般化されたと考えられるだろう。すなわち、一五九三年頃に印刷されたとされる『ばうちずもの』においては、ゆるしの秘跡全体を「こんちりさん」で代用できるとしたのは死の間近の人の救済に限られたのが、一六〇三年の『こんちりさんのりやく』では、臨終間近という条件に限定されず、むしろそれも含めて、「こんちりさん」による罪のゆるしとの教えであった。司祭の不足が恒常化するなか、司祭とともに行う「こんひさん」（告白）を只管求めるよりも、後日可能になったら必ずするとの誓いとともに「こんちりさん」を行えば、「こんひさん」と同じ罪のゆるしを得ることができるようになったのだ。そしてそれはさらに、「おらしよ」（祈り）として形式化されるに至った。当初は、急病や臨終間近の人を対象に限定的に説かれた「こんちりさん」によるゆるしが、きりしたん布教の現場では、次第に深刻化する司祭数の絶対的不足を背景に、徐々に標準化されていったのである。

我々はそこに何を見ることができるだろうか。伝道側の視点から見て、西洋とは異なる日本の伝道事情における創意工夫があった。新しい伝道地の状況に柔軟に対応する宣教師側の適応の工夫である。これは、宗派を超えて、現代においても多くの示唆を含んでいる。もちろんそこでは、常に、本国とは異なる伝道地でのやり方が、その宗派の教義に照らし妥当であるかどうかの厳密な検討が行われる。目を転じて、伝道の受容者側である一般信徒の側から眺めると、宗教的指導者不在の状況下において、本来、指導者に導かれ行う儀礼を自己儀礼として実践するようになったとき、その儀礼の備える教理的な意味が脱落し、宣教以前からその土地に存在していた宗教観、宗教的エートスに溶け込む可能性をもった。司祭との接触が完全に途絶えた徳川潜伏期に、ゆるしの秘跡の代わりに行われる「こんちりさん」の「おらしよ」は、他の「おらしよ」(祈り)とは区別される独自の意味を維持できただろうか。司祭とともに行う告白が痛悔となり、さらに祈りとなったことは、ゆるしの秘跡の「おらしよ化」である。次に見る『おらしよの飜譯』において教理が祈りの形で説かれているのと同様、「おらしよ」という儀礼的祈りの形だけが残ったとしたら、本来の深淵なキリスト教的救済の全容を保つことは困難であったかもしれない。そこに、日本の強力な宗教的エートスである浄化の概念が入り込み、「こんちりさん」の「おらしよ」が一種の浄化儀礼のような意味づけがなされる余地が生じる。このような、伝道側の意図とは離れたところで成立し得る受容者の信仰実践の在り方も、きりしたんという宗派を超えて、伝道宗教に多くのことを示唆するように思われる。この点については、第七章「きりしたんの儀礼」においてさらに検討する。

『おらしよの飜譯』

『おらしよの飜譯』は、慶長五(一六〇〇)年、長崎で印刷された。『ばうちずもの授けよう』と同様、現存するのは一冊のみで、昭和二七年に重要文化財に指定されている。本文全二六丁、縦二〇・四糎、横一三・二糎。きりしたんの信仰生活に必要な祈りが和文のみならず平仮名書きラテン文でも書かれている。きりしたん教理の要点も集録されていることから、祈りの形式の教理書とみなすことができる。『おらしよの飜譯』が刊行された「きりしたん時代」にかぎらず、それ以降の「潜伏時代」から、現代の「かくれきりしたん時代」まで、そこに記された「おらしよ」(きりしたんの祈り)の大半が引き継がれ唱えられてきた。それは、徳川時代の長い過酷な弾圧を通り抜け、四百年以上、独自の役割を途切れず果たしてきたといえよう。『おらしよの飜譯』には、修復されて色は薄くなっているが、表紙や見開きの全ページにわたり墨でバツ(×)印が大きく書かれていて、検閲の跡をうかがわせる。その姿はまさに、長く厳しく深い弾圧の時間を表わしている。

現存する『おらしよの飜譯』では、一二丁表の最初五行分の下半分、および一三丁裏全部が欠落している。林重雄編『ばうちずもの授けやう　おらしよの飜譯——本文及び総索引』と、尾原悟編『きりしたんのおらしよ』においては、『耶蘇教叢書』所収の「おらしよの飜譯」（ここで扱う『おらしよの飜譯』と同一ではない）にもとづいて、これら欠落部分が補われている。(179) それらは、「門をいづるときのおらしよ」の約半分、「となへの水か丶るときのおらしよ」の一部、「おすちやのおらしよ」の全部、「かりすのおらしよ」の一部に相当する。以下においては、それら補填されたものを含め、合計三十七種類の「おらしよ」の題目を掲載順に記す（各「おらしよ」の下の「ラ・日」は平仮名書ラテン語と和文の併記を、「日」は和文のみを指す）。

1. くるす〔Crus＝十字架〕のもん　ラ・日
2. ぱあてるなうすてる〔Pater noster＝主の祈り〕のお〔らし〕よ　ラ・日
3. あべまりや〔Ave Maria〕のおら〔し〕よ　ラ・日
4. けれと〔Credo=信経〕日
5. しんじ奉るべき条々十〔四〕あり。七ケ条はD〔でうすを表すモノグラム（合字）〕の尊体にあたり奉りいま七ケ条は御あるじJX〔ぜずきりしとを表すモノグラム〕の人にてましまます御所にあたり奉るなり　日
6. ぜずきりしとの人にてましまます御〔所に〕あたりたてまつる事　日
7. ＊D授け給ふ十ケ条の御おきてのまだめんと〔Mandamento〕の事　日
8. ＊さんたゑけれじや〔Santa Ecclesia〕の御おきての五ケ条のまだめんとの事　日
9. ＊さるべれじいな〔Salve Regina〕のおらしよ　日

10. ＊あやまりのおらしよ　日

11. ＊さんたゑけれじやの七のさからめんと〔Sacramento〕の事　日

12. ＊しよあくの根本なる科は七あり　日

13. 此七のつみにむかふ七の善あり　日

14. ＊じひのしよさ
じひのしよさ〔は〕十四〔あ〕り。はじめ七はしきしんにあたり
のちの七はすぴりつ〔Spiritu＝霊〕にあたるなり　日

15. ＊てよろがれすびるつうです〔Theologales virtudes＝対神徳〕といふ三の善あり　日

16. ＊かるでなあれすびるつうです〔Cardenales virtudes＝枢要徳〕〔と〕いふ四の善あ〔り〕　日

17. ＊すぴりつさんと〔Spiritu Santo＝聖霊〕のだうね〔す〕〔Dones＝賜物〕〔と〕て御あたへは七あり
日

18. べなべんつらんさ〔Benaventurança＝至福〕は八あり　日

19. ＊ねさまのおらしよ　ラ・日

20. ＊おきあがるときのおらし〔よ〕　ラ・日

21. ＊しゆごのあんじよ〔Anjo＝天使〕のおらしよ　ラ・日

22. ＊門をいづるときのおらしよ　ラ・日（原本一部欠落）

23. ＊となへの水かゝるときのおらしよ　ラ・日（原本一部欠落）

24. ＊おすちや〔Hostia＝聖体の秘跡およびミサ聖祭に使うパン〕のおらしよ　ラ・日（原本全部欠落）

25. ＊かりす〔Caliz-聖杯〕のおらしよ　ラ・日（原本一部欠落）

26. ＊ゑうかりすちや〔Eucharistia＝聖体の秘跡〕をうけ奉るときのおらしよ　ラ・日
27. ＊くるすのおらしよ　ラ・日
28. ＊しよくぜんのおらしよ　ラ・日
29. ＊しよくごのおらしよ　ラ・日
30. ＊みちをゆくときのおらしよ　ラ・日
31. ＊御あるじJX〔御〕しゆつせ〔出生〕の御恩にたいしてあべまりや三べんくれがたに申上るときのおらしよ　ラ・日
32. ＊たつときびるぜんまりや〔Virgem Maria〕のろざいろ〔Rozairo＝ロザリヨ〕とて百五十べんのおらしよの事　日
33. ＊御よろこびのくはんねん五ケ条の〔事〕日
34. ＊かなしみのくはんねん五ケ条　日
35. ＊ごらうりや〔Gloria＝栄光〕のくはんねん五ケ条　日
36. ＊ころは〔Coroa＝冠〕のおらしよの〔事〕日
37. ＊もろ〳〵のきりしたんしるべき条々の事　日

右の一覧から、同書には、「ぱあてる・なうすてる」（主の祈り）などの主要な祈りや「ねさまのおらしよ」など日常生活での祈りだけでなく、きりしたんの基本教理をまとめた祈りが含まれることが分かる。さらに、「もろ〳〵のきりしたんしるべき条々の事」と題された、きりしたんの教えを十一条にまとめたものも最後に記載されている。その内容は、世界の唯一の創造者であり主である「でうす（実際の表記では、でうすを表すモノグラム)」、三位一体、救済者（御たすけて）としての「でうす」のひとり子「ぜすーきりしと（実際の表記では、ぜすーきりしとを表すモノグラム)」、終わりのない「あにま」（霊魂)、十戒と秘跡、万民救済のための「ぜすーきりしと」の十字架上の死、十字架上の死とよみがえり、人間の死後の審判、洗礼と告白による罪のゆるし、聖餐式、「ぜすーきりしと」の恩を信じ教会の教える「おらしよ」、十戒、秘跡を実践すること、である。

以上の内容から、『おらしよの飜譯』にはきりしたん教理の最も肝要な部分が、きりしたんが暗唱し、決められた機会に唱える「おらしよ」の名の下にまとめられていたと理解できる。実際、『おらしよの飜譯』には「付きりしたん教の条々」と副題が記され、ラテン語書名はDOCTRINÆ CHRISTI : anæ rudimenta, cum alijs pijs Orationibus（「きりしたん教義の綱要、付その他の敬虔なるおらしよ」）であることから、この書が主に教理書として意図されたもの、言い換えるならば、教理を祈りの形式で説くものとして出版されたことは間違いない。

したがって、『おらしよの飜譯』には、形式は異なるものの、ヨーロッパで使われていたカテキズモ（教理書・信仰問答集）に通じる役割があったと考えてよい。次の章で詳述するように、日本語のカテキズモ『どちりいな・きりしたん』は、ポルトガル語の原書に倣い問答形式ではあったものの、数々の修正と追加を加えた翻訳であったため、ヨーロッパのカテキズモのように記憶するには、大変長く複雑な書物になってしまった。内容の記憶しやすい「教理書」として『おらしよの飜譯』が編纂されたことは、このような日本における一般信者向けカテキズムの抱えていた実情からも理解できよう。

『おらしよの飜譯』は、「教理のおらしよ化」という、きりしたん信仰の重要な側面を示している。教理のおらしよ化といえば、奇異で特別な傾向と考えられるかもしれないが、ウイリアム・A・グラハム（William A.

Graham）がその優れた聖典論の中で指摘したように、聖典は伝統的に口述的性格をもっている。彼によると、ユダヤ教、キリスト教において聖典や「書き物」の伝統は書き言葉のみに固定されていたわけではない。十九世紀以前には、あらゆる書物、とくに聖書は、大半の人々には聞き取るテキストであった。[180]歴史上、大半の人々が聖典と接するのは、聖典が声を出して読まれたり、復唱されたり、唱えられたり、歌われたりするときであった。彼らは文字が読めなかったので、聖書を声に出して読んでもらわなければならず、また文字を読める人も、一人でいるときでさえ、聖書を大声で読んだ。聖典の口述的特徴には、その聴覚的な美しさ、記憶に基づく聖典の存在、口頭的反復力が含まれる。グラハムは、聖典に一般的なこの口述的次元を説明できないと聖典は十分に理解できないと主張する。[181]書かれたテキストであっても、口頭による敬虔さが核心的な重要性をもっていたのである。聖典でさえこのような口述性を備えていたことは、きりしたんが教理を「おらしよ」として唱えたことをよく説明する。それは決して特別なことではなかったのである。

黙音で、インクで紙に書かれたり印刷されたものとしての聖典のイメージは、西洋史でも新しい現象にすぎない。グラハムも指摘するように、当時、恐らく西洋においては九〇％の人が、その聖典はおろか、自分の名前の読み書きもできなかった。しかし、それにもかかわらず、私たちは、彼らの信仰が、まるで今日読み書きのできるエリート信徒や聖職者がもつ聖なる文書に基づく信仰と同じであるかのように考え、語ってしまう。これはなぜか。ひとつには、近代宗教研究がもつテキスト中心の宗教観を過去に投影しているからであろう。プロテスタント的影響下に発展した近代宗教研究は、長年、テキスト（聖典を含む広い意味での教理書）を重視し、「宗教の主要な文書テキストや、それに付随する書かれた注釈や試作の伝統に焦点をあててその宗教を研究」してきたのである。[182]宗教の歴史研究において、文書が重視されるもう一つの理由は、まさにそれが史学研究の一部であり、そうである以上、文書を最も信頼できる資料として重視する伝統的史学研究の影響下にあるからに他ならない。その場合の史学が依拠する文書は読誦されることを想定されていない。宗教研究と史学研究の両分野において重視されてきた書き物としてのテキストを、今後は実践の面から新たな光をあてて、いわば立体的意味を探ることが宗教史研究には求められるのである。

『どちりいな・きりしたん』によれば、「おらしよ」は「我等が念を天に通じ、御主でうすに申上る望みをかなへ玉ふ道、橋」であるという。(183)「おらしよ」とは、「神の臨在の意識を前提に出発して」おり、「人間は神の偉大さを認め、神への全面的な依存を認めて典礼（礼拝）という行為に導かれ」る、といわれるところだ。(184)しかし、宣教師の報告によれば、すでにきりしたん時代に多く信仰者が「おらしよ」をこのようなキリスト教の深い神観念に基づいてだけでなく、そのことば自体や祈りの行為自体がもつ宗教的力、神秘的力（仏教語から、功力と呼ばれた）を信じて、その力をさまざまな目的に使ったと思われる。例えば、それは悪魔除けに頻繁に用いられた。また志岐では、農夫たちは夏期の潅漑用に池に水を貯めていたが、何か問題があれば、修験者に頼んで儀礼をしてもらい解決してもらうのが常であった。彼らが一五九六年にきりしたんになった後も、同様の問題が起こったときは以前修験者に頼んでいたように、きりしたんの教会へやってきて、問題の解決のため儀礼をしてくれるよう頼んだ。司祭は使徒信条を唱えて無事水が流れるようにした。(185)

祈りに対する日本人信仰者のこのようなアプローチの動機の一端は、きりしたんの祈り一般に対する神秘的イメージにあったといえる。『どちりいな・きりしたん』は、聖餐の言葉を説明するとき、「其御言葉の御精力」と述べているが、(186)これも、「おらしよ」で唱えられる「ことば」そのものに神秘的力を感じて、日本人がきりしたんの祈りを理解したことを示している。

「おらしよ」の神秘的イメージは、それらがラテン語で唱えられた場合にさらに高められたと思われる。『おらしよの飜譯』には、十六のラテン語の「おらしよ」が含まれている。ラテン語の祈りは、かな文字で表記され、直後にその「やはらげ」（和らげ＝日本語訳）が付されている。残りは日本語のみである。ラテン語と日本語が併記されている祈りと日本語のみの祈りとの違いはどこにあったのだろうか。祈りの言語について『おらしよの飜譯』が唯一言及している箇所は、以下である。

右おらしよのうち　ぱあてるなうすてる　あべまりや　けれど　まんだめんと　この四さまは　らちんのくちなりとも　やはらげなりとも　べつしておぼゆべきものなり　よのおらしよは　みなもておぼゆべきにはあらずたゞこゝろざしにしたがって　あるいはらちんのことばか　あるひはやはらげ　いづれなりとも　のぞみにまかせ　おぼゆべきために　これをしるしをくものなり。(187)

したがって「ぱあてるなうすてる」（主の祈り）、「あべまりや」（聖母マリアへの祈り）、「けれど」（使徒信条）、「まんだめんと」（十戒）以外の「おらしよ」は、必ずしも暗記する必要はなかった。もしきりしたんが望むのであれば、ラテン語でも日本語でも暗記することができた。上記四つの祈りの中で、主の祈りと「あべまりや」はラテン語と日本語の両方が用意されていて、言語の選択が可能であった。使徒信条と十戒は日本語のみである。したがって、『おらしよの飜譯』の半分近くがラテン語と日本語の両方で記してあるにもかかわらず、実際にきりしたんがラテン語で暗唱しなければならなかったのは、「ぱあてるなうすてる」と「あべまりや」だけで、この場合も彼らが望めばラテン語ではなく日本語を選ぶことが許されていた。

きりしたんの祈りについての宣教師の報告書を読んでも、日本人信徒が「おらしよ」を日本語で行っていたのか、ラテン語であったのか判別するのは難しい。けれども、後世の潜伏きりしたん発見資料から、日本人信徒は、いくつかの「おらしよ」をラテン語のみで伝えていたことが明らかであるので、(188) きりしたん時代においてすでに、彼らの先祖がラテン語の「おらしよ」を唱えていたことは間違いない。ラテン語だけでは、祈りのことばの意味は理解できなかったはずである。ヨーロッパの宣教師が日本人信徒にラテン語の「おらしよ」を不可欠のものとして教えたのかもしれないが、きりしたんがすべての「おらしよ」を日本語で唱えることを許されていたにもかかわらず、現実には多くのラテン語の祈りをあえて選んだのは、ラテン語の響きの神秘さにより大きな宗教的力を感じたとしか考えられない。また当時、ラテン語の祈りは「経文の唱え」と説明されているが、仏僧の読経や修験者の呪文からの類推によって、ラテン語の「おらしよ」が特別な神秘的力をもっていると一般信者が理解したとしても不思議ではない。

ならば、きりしたんにとって、そもそも「おらしよ」とは何だったのか。宗教的、神秘的力を備えると信じられた「おらしよ」が果たした役割は何か。ラテン文、日本文の「おらしよ」が後世どのように継承されたかを見ることで、理解へのヒントはないだろうか。

具体例を見てみよう。『おらしよの飜譯』には「あべまりや」がラテン文、和文訳で掲載されている。

『おらしよの飜譯』（二ウ）

あべ　まりや　がらしや　ぺれな　○　だうみぬす　てゐくん　べ〔ね〕ぢた　つういん〔む〕　りゐりぶす　○　ゐつ　べねぢつす　ふるつす　べんちりす　つうい　○　ぜず、　さんた　まりや　まあてるでい　○　おら　ぽろ　なうびす　ぺかたうりぶす　○　ぬんく　ゐつ　いん　おら　も〔る〕ちす　なうすてれ　○　あめんがらさみち〲給ふまりやに御礼をなし奉る○御あ〔る〕じは御身とともにましまします○女人の中にをひてわきて御くはほういみしきなり○又御たいないの御〔身〕にてましますぜず、は○たつとくましまします○D〔の〕御は、さんたまりや○いまも我等がさいごにも○われら悪人のため〔に〕たのみたまへ　あめん

それぞれにどのように継承されてきたのか、比較対比しながらみてみよう。

古野清人が『隠れキリシタン』の中で紹介している潜伏きりしたんの記録「天草古切支丹資料」によると、天草の大江村で一八〇五年（文化二年）に発見された隠れきりしたんはラテン語の「あべまりや」を先祖から受け継いでいた。

天草　大江村、市蔵

（ラテン文）あべまるや。やァかァさァべん。なァとうまんで、ゑれむれ〲ゑれすべれんつぅ。ふつつぅ。べんちりつうせのぜんつうの三太丸や。やまてる〲うらべすのふべす。とかィゑ。のミきり。ゑのつく。おやまのつく。のふつく。あんめんじんすまるやさま[189]

これは「経消し」と呼ばれ、彼らがきりしたん信仰を隠すために受けていた葬儀などの仏教儀礼で唱えられた経文の効力を消すためのものであった。仏式の葬儀のあと、信者たちは密かにきりしたんの葬儀を行った。そのとき彼らは、「あべまりや」を唱えて仏教の経の唱えを相殺し、きりしたんの祈りの力で死者の霊を守ろうとしたのである。

市蔵のラテン文の「おらしよ」は元のものとは相当異なっているが、それは本人にとって問題はなかったに違

いない。もとより、それは本人には知りようのないことであった。彼にとって大切なことは、そのラテン文の祈りの言葉が指し示す深いキリスト教の教えよりもむしろ、祈りの行為それ自体に含まれる、経消しの神秘的な力（くりき）であった。

潜伏期には、ラテン文ではなく、和文の「あべまりや」を伝承したきりしたん集団もあった。その一部は、現代の「かくれきりしたん」と称される子孫に継承されている。まず、昭和二十年代に採録されたものを紹介する。

まりやがらつさ導き給うまりやに御禮をなし奉る
御なるじは御身と共にましませば四人の中に於いて、あけてごはこはよにしきない
又御體内は御身にてまします
じぞーすはたーとくにてましますれーすの御母さんたまりや、今我等はさいぎよにて、我等悪人の為に頼み給いや、あんめいぞうすまりや[190]

ラテン語の「おらしよ」に対して、日本語のそれは、より正確に伝承されていたようである。聞き取りによる記録は漢字まじりで表意的であり、記録者の理解が漢字などの表記法に表れていることを考慮しなければならない。多くの部分で、「おらしよ」の教理的意味の脱落は明らかである。

続いて、平成十二年に発表されたものを紹介する。

まりや、がらっさ、みちみちたもう、まりや、おんみに、おんれいをなしたてまつりておんならじは、おんびととともに、かわします。

よにんのなかに、おいては、あけても、かをよにしきなり、またごたいないは、おんみてましますす、でうすのおんはは、さんたまりや、われらは、これがさいごにて、われらは、あくにんなれば、つつしんで、たまう、たまいや。あんめーずす[191]

今日の生月では、三十近くの「おらしよ」が四十分ほどかけて一気に唱えられる「一通りのおらしよ」と呼ばれるものがあり、宮崎賢太郎によれば、それは、カトリック起源のものを含め、農耕行事、先祖供養など種々の恒例行事で、行事の中核として唱えられるという。「あべまりや」もそれに含まれる。ほかに、単独で用いられるものとしては、かつて臨終のときや出征兵士を送るときに、「あべまりや」を千回唱える「お千べん」と呼ばれるものがあったらしい。[192]「あべまりや」を唱えて死者を送ることは、潜伏時代の「経消し」と場面的につながるとも思われる。また、これまで和文に現れた「我等がさいご（さいぎょ）」とはもともと「死去のとき」を意味するので、きりしたん時代から、「あべまりや」は唱える言語にかかわらず、死去に関する場面で唱えられていたといえるかもしれない。

おらしよ全体に目を向けると、宮崎の表現を借りるならば、今日、「日本文のオラショはその意味を理解しようと努力すれば可能であるにもかかわらず、まったくその努力はなされていないといってよい。（中略）ラテン文のオラショはまさに呪文」である。[193]つまり、日本文の「おらしよ」でさえ、その内容が理解されているわけではないということだ。ただここにおいて強調したいのは、にもかかわれず、彼らはそれを唱えている事実である。内容が分からないのであれば「おらしよ」を唱えることに意味がないのではなく、なぜそれを行うのか問うことが必要であろう。そこに、きりしたんにとっての「おらしよ」の意味が立ち現れるのだ。

四百年以上にわたる三つの時代（きりしたん時代、潜伏時代、かくれきりしたんの時代）を通じて、「おらしよ」は、それぞれの時代において、独自の宗教的価値をもって継承されたことに注目したい。あるときは「経消し」として、あるときは農耕行事の一部として、またあるときは、池の水が流れるために「おらしよ」が唱えられることもあった。彼らが守ってきた「おらしよ」の意味は、キリスト教教義で定義される祈りとは全く同じではないかもしれないが、だから純粋ではない、無価値だというのではなく、他にはない独自の役割をもって、きりしたんの信仰生活をその根幹において支えてきたのである。この意味で、きりしたんには、キリスト教教義において定義される「祈り」とは連続しながらも区別されうる独自の実践として「おらしよ」が存在したのであり、その独自性を明確にするためにも、「祈り」というより、「おらしよ」と呼び続けることが相応しいのかもしれない。純粋教理の高みからのみ判断するのではなく、それを実際に実践している人々の視線に立ち、彼らにとっての「おらしよ」の意義を見出していくことが大切である。

日本の宗教史において、十六世紀半ばから今日まで唯一連続しているキリスト教的伝統は、この「おらしよ」を実践するきりしたんの伝統である。そして、書物としてそれを最もよく象徴するのが、『おらしよの飜譯』にほかならない。

第五章　きりしたんの教えの体系

一　きりしたん教理書『どちりいな・きりしたん』

印刷機の輸入によって、きりしたん信徒の教化に大いに拍車がかかった。内容、質ともに統一された教理書を印刷し、国内の信徒に供することができるようになったからである。

本章では、信徒向け教理書の中でも、一五九一年頃に印刷されたと推定される教理書『どちりいな・きりしたん』（以下『どちりいな』と略記）を主に考察したい。[194]『どちりいな』は漢字かな交じりの平易な文章で書かれた。翌年、同じ内容のものがローマ字でも印刷され、日本語文字にまだ不慣れなヨーロッパ人宣教師も説教に使用できるようになった。一六〇〇年に改訂版が『どちりな・きりしたん』として、国字（長崎、後藤登明宗印活版所刊）とローマ字（長崎、日本学林刊）の両方で出版されたが、現存するきりしたん版の中で改訂版がでたのは『どちりいな』だけである。

『どちりいな』の印刷（出版）部数は残念ながら正確には知られていない。しかし、一五九八年に出版された、告白と信仰生活の手引書 *Salvator Mundi*（サルバトール・ムンヂ）が千五百部以上印刷されたことや、[195]『どちりいな』が一般向け基本教理書としての目的をもっていたことから推測すると、改訂版と合わせて少なくとも国内のほとんどのきりしたん共同体に届いていたのではないだろうか。

『どちりいな』は、厳密な意味で一般信徒が直接彼らの信仰を表現したものとはいえない。しかしそれは、日本人信徒に対し日本語で与えられたキリスト教教理であり、その意味で「きりしたん教理」と呼び得るものであり、一般信徒の信仰形成に大きな影響を与えたことは間違いない。さらには、その表現と説明には日本人編者・翻訳者のキリスト教理解が反映されていることを考えると、日本人のキリスト教理解を探る上で不可欠な資料といえるだろう。

『どちりいな』は一般信徒向けに編まれた教理書として、きりしたん信仰の特徴を探るうえに大変有用な資料といえる。その理由として、すでに指摘したことも含め、『どちりいな』が以下の四つの特徴を備えていたことが挙げられる。

1　とくに一般信徒用に編纂されたものなので、きりしたんの信仰的精神性の形成に最も影響を与えた。
2　教理書の決定版として広く用いられたので、きりしたん教化の一般的傾向を伝える。
3　『どちりいな』は翻訳書であり、そのポルトガル語オリジナル版と比較することで、日本語によるキリスト教教理――「きりしたん教理」――の特徴が容易に判別できる。
4　ポルトガル語原本が輸入されてから一五九一年に『どちりいな』として出版されるまで約二十年間、さまざまに翻訳、修正され、信徒教化用に使用されていた。その間の日本人向け教理伝達の工夫がこの書に取り込まれている。

イエズス会がこのような一般信徒用の教理書の出版を日本で試みた背景には、十六世紀ヨーロッパのプロテスタントとカトリック教会の両方で起こったカテキズム運動があった。この運動によって伝統的な「教理の伝授」（カテケーシス）の対象と方法が変わり、一般キリスト者の教理理解が促進された。教理はもはやエリートの個人的占有物ではなく、広く一般キリスト者の関心事となり、教理伝授の主な媒介が説教などの口頭によるものから、印刷されたテキスト（カテキズム）へと移行したのである。内容についても、使徒信条や十戒などの伝統的な素材も維持されながら、作者の神学的視点も盛り込まれるようになった。[196] 当時、カテキズムは一般信徒、中でも洗礼を受けた子供の教育のために編まれたので、信仰者のキリスト教知識の記憶を試すような傾向にあった。この傾向は、神父が問い、信徒が答えるという問答形式がカテキズムのスタイルとして採用されたことで、一層拍車がかかった。

カトリック教会の中ではイエズス会がこのカテキズム運動の先駆者で、ヨーロッパ各地で多くの一般信者向けカテキズムを出版した。中でもピーター・カニシアス（Peter Canisius, 1521-1597）が一五五八年にドイツで出版した *Catechismus parvus*（*Parvus catechismus catholicorum,*「カトリックのための小カテキズム」）は、問答形式で書かれ、「知恵」と「正義」に焦点を当ててカトリック教理をコンパクトにまとめたもので、大衆向け教理書として大成功をおさめていた。イエズス会は、このような一般信徒の教化を目的としたカテキズムを日本でも出版しようとしたのだった。『どちりいな』はヨーロッパのカテキズムに倣って問答形式で書かれており、また、一般信徒が理解しやすいように、その言葉遣いは「上下万民にたやすく此旨をしらしめんが為に、言葉は俗の耳に近く」書かれていた。[197]

『どちりいな』はキリスト教要理としてコンパクトにまとめられた――この編集方針にまず着目しなければならない。なぜなら、それまで日本のイエズス会はキリスト教以外の宗派の非難攻撃に注力していたからである。日本人に向けられたキリスト教の教えの中では、日本の宗教伝統に対する弁難攻撃が相当部分を占めていた。そうすることで、日本の宗教文化の中における福音のメッセージの独自性が明確にされていったともいえよう。日本宗教の非難攻撃に基礎をおき説かれたイエズス会の教えは、ザビエルが書きアンジローと訳したカテキズモに始まり、やがてヴァリニャーノによる *CATECHISMVS CHRISTIANAE FIDEI*（1586）（『日本のカテキズモ』）へと発展し、ペドロ・ゴメス（Pedro Gómez, 1535-1600）による *Compendium catholicae velitatis*（1593）（『講義要綱』）を経て、ハビアンの『妙貞問答』につながっていく。ヴァリニャーノのカテキズモは元来、府内の学林での講義として編まれたものであるが、第一巻八講と第二巻四講からなる計十二講の内、最初の五講において、すべての日本の宗教は誤りであり幻想であると主張する。神、仏、菩薩のいずれも現世も来世も統治することはできず、日本に救済を可能にする教えはないことを論理的に示そうとしていた。

『どちりいな』は、日本のきりしたん集団のすべてに供給されるべき教理書の決定版として出版され、その内容と翻訳（表現）は信徒向け教理説明の基準となるものだった。出版の翌年、一五九二年に開催された日本第一回管区総会議の議事録第三十五章は、『どちりいな』が「日本全国に弘めてキリスト教徒に大いなる利益をもたらすべく」目的をもって編集されたことを伝えている。さらに同総会議は、「最近出版されたどちりな《ママ》・きりしたんとは別の訳のどちりな・きりしたんの祈禱・問答集が教えられぬようにすれば非常に結構であろう」と他のキリスト教教理書（カテキズム）の使用を禁止し、そうすることで「キリスト教全体に統一が現われるように」努力する旨がうたわれている。[198]

『どちりいな』は、教理書としての内容ばかりでなく、その翻訳もこれまでイエズス会が作成した中で最良のものであった。上記会議録には次のように記されている。

どちりな《ママ》・きりしたん〔キリスト教教理《ママ》〕Doctrina Christianaの祈禱・問答集は、日本人修道士たちがわれらの言葉を知らぬことから、これまで種々日本語に訳されている。そして神父たちはそれらがこの新しい日本語にうまく訳されているかどうか、今までのところ判断を下しえないでいる。だが今やすでに日本語に充分精通した神父たちと日本人修道士たちによってすべてを熱心に調査されて後、日本全国に弘めてキリスト教徒に大いなる利益をもたらすべく、巡察使師の指図によって「どちりな《ママ》・きりしたん」という本が日本語版で出版された。(199)

教理の受容者にとって翻訳の違いは教理自体の違いにまでなり得ることを考えれば、新しい翻訳書の出版にあわせて同じ書物の過去の翻訳をすべて禁止することは、教えの統一性を確保するためには当然であった。実際、内容の統一と翻訳の統一とは表裏一体であり、その両面における決定版として『どちりいな』は出版されたのだった。

亀井孝、H・チースリク、小島幸枝は、『どちりいな』の原本がポルトガルのイエズス会士マルコス・ジョルジェ(Marcos Jorge, 1524-1608)によって書かれ、一五六六年にリスボンで初版が出版されたカテキズム*Doctrina Christã*であることを明らかにした。(200)これは、『どちりいな』を研究する上では大変貴重な発見であった。なぜならば、オリジナルのジョルジェ本と比較することで、日本語の『どちりいな』は単に同じテキストの言葉をあちらからこちらへ移したものではなく、かなりの独自性をもって編まれたことが明確になるからである。いうまでもなく、翻訳とは解釈と説明の作業であり、その過程で、必要に応じ、オリジナルの言葉に追加や削除などの「言葉の出し入れ」がなされるのは珍しくない。しかし、『どちりいな』では遥かにそれ以上のことが行われている。基本的な構造はポルトガル版とほぼ同じであるが、内容については、場所によっては原型を留めないほどの重大な修正がなされている。これらの修正は何を意味するのだろうか。

この点に関し、一五九一年に印刷された『どちりいな』は、原本であるジョルジェ本の最初の翻訳ではなかったことを指摘しなくてはならない。ジョルジェによるポルトガル語の原著*Doctrina Christã*は一五六六年の出版後現地で好評を得、二年後の一五六八年にはすでに日本に到着し、直ちに日本語に翻訳された。(201) そしてザビエルの教理書の翻訳問題発覚後、一五五六年以降教理書として日本宣教に使用されていたヌーネスの「二十五か条」に代わり、一五七〇年、日本におけるキリスト教教化のための公式教理書として定められた。(202)

その後、上記会議録が示すとおり、一五九一年の『どちりいな』の出版まで、ジョルジェ本は幾度となく日本語訳が試みられた。翻訳の改定は内容を修正する機会にもなり、亀井らも示唆するように、日本での宣教状況に適応すべく、旧訳に言葉と内容の修正が施されていったに違いない。(203) 例えば、ジョルジェ本は洗礼を終えた子供を対象に書かれたものだが、日本語版は大人の洗礼志願者やきりしたん信徒一般にも使用する必要があった。『どちりいな』に追加あるいは削除された情報は、それまで宣教師や同宿がテキストにもとづき教えを説く段階で直面した、さまざまな問題や困難を反映しているといえるのだ。

以上の『どちりいな』の側面的特徴から、このテキストが、きりしたんの教えを知り、きりしたんの信仰を探る上で有効な資料になることが明らかであろう。そして以後は二つのアプローチによって『どちりいな』の特徴を検討していきたいと思う。一つは、信徒向けキリスト教教理書としての分析である。その際、ジョルジェ本との比較が大変有効となろう。オリジナルとの比較によって、日本人読者・聴衆の理解のために、また彼らの状況に適応するために、どのような説明が追加あるいは削除されたか知ることができる。そして、これらの修正が意味するものを明らかにすることで、「キリスト教教理書」としての『どちりいな』の特徴をとらえることができるであろう。

しかし、オリジナルとの比較分析だけでは十分ではない。なぜなら、『どちりいな』を読みあるいは聴いた一般のきりしたんにとっては、そもそも『どちりいな』が翻訳かオリジナルかということは重要ではなかったに違いないからだ。そのようなことは、あくまで伝える側の都合や事情に過ぎない。受け取る側にすれば、与えられた教理それ自体が「そのもの」であり、新しい「きりしたん」という教えに他ならない。そこで、二つ目のアプローチとしてテキストの内容自体の分析が必要になる。『どちりいな』は、日本人信徒にとって、きりしたん教理の体系的な提示であった。オリジナルを背景とした翻訳書としてだけではなく、それ自体が独自性を備えた「きりしたん教理」の書物として、その内容を正確に理解することも大切になる。

二　『どちりいな・きりしたん』の特徴

すでに述べたように、宣教・司牧活動に実際に活用されていた『どちりいな・きりしたん』は、出版までの約二十年間に、日本人に伝えるにふさわしい説明を徐々にその中に取り入れていき、その結果、日本の宗教的、社会的環境にも適応した柔軟性のある内容になったと思われる。

『どちりいな』をオリジナルのポルトガル本（ジョルジェ本）と比較検討して、その特徴をいくつか挙げてみよう。[204]

説明の拡大

印刷された『どちりいな』には、多くの事項についてポルトガル本には見当たらない説明が付加されている。とりわけ詳細な説明が施されたのは、世界の創造者としてのデウス、イエスによる贖罪、人間の罪、秘跡などの項目である。ここではデウスとイエスを例に取り上げよう。

創造主デウスの項目には、「使徒信条」の第一条「万事叶ひ給ひ、天地を作玉ふでうすーぱあてれを信じ奉る」（天地の創造主、全能の父である神を信じます）の説明があるが、その後半部分には、長い問答が加えられている。それは単に教理説明の拡大だけではなく、質問をする弟子とそれに答える師匠との間の白熱した議論と読むこともできる（『どちりいな』ではポルトガル本と異なり質問者と応答者の立場が逆転しているが、これについては後で触れる）。天地の創造者デウスに関する追加部分の一部は以下のようである。

弟：御主でうすなき所より、万事をあらせ玉ふと有事を分別せず。其故は、御作の物は皆御身の御知恵、御分別より出し玉ふと見ゆる也。然るときんば、なき所より作り玉ふとはいかん。

師：此不審を開く為に、一の心得肝要也。それと云は、でうすの御分別の内には御作の物は一もなしといへども、それ〳〵の諸相こもり玉ふ也。其諸相を本語にいであと云也。此いであは作の物にはあらず。たゞでうすと同体也。然るにでうすは万像を作り玉ふ時、御身の御分別に持玉ふいであに応じて作り玉ふ也。それによて御作の物は御内証より出し給ふことにはあらず。たゞなき所より作り玉ふ也。其故は、作り給はん為に道具も、下地も、種もなくして、たゞ有れと思し召す斗を以て作り玉ふ也。たとへば、大工は家をたてんとする時、まづ其指図を我が分別の内に持、それに応じてその家を作る也。されば外につくる家は分別の内の指図にはあらず。其ごとく、でうす御分別の内に持玉ふ御作の物のいであに応じて、作り玉ふと云へども、御作の物は其いであにはあらず。たゞ万事叶ひ玉ふ御腕力を以てなき所より作り玉ふ也。

弟：それはなき所より作り玉ふといふべきにはあらず。かへつて御身の尊体より作玉ふとこそ見えたれ。御分別の内に持玉ふ指図より作り給へば也。

師：右の理を分別有にをひては、今の不審は明らかに開くべし。其故は、右の譬へに申せしごとく、大工は家の指図に応じて、家を作ると云へども、外に出来る家は大工の体にはあらず。又其大工も材木なくして、有れと思ふ斗をもて、家を作る事かなふにをひては、真に其家はなき所より作りたると云べし。（以

下略）[205]

日本語のテキストに説明が追加された理由は何であろうか。まず、その対象となる読者（聴衆）が、改宗を経験する大人であったことだ。この点で、子供の信徒を想定していたポルトガル本とは対照的である。『どちりいな』に現れる討論は、日本人信徒が新しい神を理解しようとの思いに対して、テキストとして応えようとしたものと読むことができよう。「世界の唯一の創造主」という概念が当時の日本では全く新しいものであった以上、丁寧に、しかも大人が納得する理論で説明する必要があった。上記の引用部分は、それを、弟子と師との間の議論という形で描いているのである。

新しい概念を説くために追加の説明が必要とされたのは当然であろう。ではその場合、何が参考にされたのだろうか。当時の日本にはない新しい概念を説明するのであるから、類似のものを日本で探し出すことは論理的に無理であるので、イエズス会が独自に説明を生み出すか、あるいはヨーロッパに既存のものを追加したと考える他ない。実際、右の引用に現れる創造者としてのデウスを説明する大工の譬は、トマス・アクィナス（Thomas Aquinas, 1225–1274）の『神学大全』にも見ることができる。[206]そしてこの譬による説明は、ゴメス編のイエズス会日本学林でのテキスト「講義要綱」の中にも使用されているように、[207]きりしたんの教えとして定着していったようである。きりしたん教理にアクィナスの影響があるのは、イエズス会士を媒介としたことはいうまでもない。イエズス会の創設メンバーは、スコラ教義を学ぶにあたり、トマス・アクィナスを好んだ。これはイグナチオがイエズス会会憲に明記した決定であった。[208]

『どちりいな』において説明が拡大された理由には、日本人の宗教的関心もあった。その一つに悪霊の排除と霊的穢れの忌避があった。『どちりいな』は、きりしたん信仰がこのためにいかに役立つか語っている。例えば、

「くるすの文」（十字架の祈り）と、それを唱えるときの動作「くるすのしるし」（十字架を切るしぐさ）の説明には、十字架がきりしたんを天魔から保護する力をもつことが追加されて、十字架の祓魔的効能が強調されている。『どちりいな』は、祓魔のしぐさと唱え言葉についての短い解説の後、以下の説明を追加している。

天魔はくるすほど恐れ奉る事なし。其故は、すぴりつなれば、刀剣矛楯も彼に用ゆる道なし。然れ共御主ぜずｰきりしと、くるすの上にて死玉ふを以て、彼等をば搦めをき給ひ、人を自由になし給へば、彼に近付かんとする者より外に、仇〔害〕をなす事叶はぬやうにし玉ふによて、大きにくるすを恐れ奉也。(209)

この後『どちりいな』は、さん・ぜらうにも（Sao Jeronimo,（ラ）Hieronymus, 347-420）やさん・ぜれがうりよ（Sao Gregorio,（ラ）Gregorius I, 540-604）らラテン教父の著作を引用しつつ、譬をもってさらにくるすの効力を説明する。

ところで、先の引用の中の「くるすの上にて死玉ふを以て」と教えられる、キリストの死による贖罪を、日本人読者（聴衆）は容易に理解できただろうか。イエスによる十字架上の死によって人間が罪から解放されるのはなぜか、と疑問に感じたのではないだろうか。したがって『どちりいな』は、以下のように「恩」の概念を用いた独自の説明をイエスの贖罪について追加している。この概念は人間側に義務の観念を感じさせるものである。人々は人間のためになされた慈悲深い行為であるイエスの恩寵に対して恩返しをしなければならない。

其くるすの御功力を以て、御主ぜずｰきりしと天魔の奴となりたる所をうけかへし玉ふと申也。されば、人の奴となりたる者をうけかへして、解脱自由になす事は、真に深き恩也。なほ又奴なりし時の主人、情なくあたりたるほど、うけかへされたる恩も深き者也。然に我等が御主ぜず-きりしと、天狗の手より科人をがらさを以て取り返し玉ふ事、自由になし玉ふ御恩の深き事、いくそばくの事ならんや。(210)

また、日本人は、人間が罪から解放されるために、なぜイエスの十字架での死が必要だったのかと尋ねたであろう。『どちりいな』は、「使徒信条」の第二条から第六条にかけての説明でイエスについて語っているが、中でもイエスによる贖罪（第四条）には、ジョルジェ本にはない『どちりいな』独自の説明が加えられている。この追加説明も『神学大全』に見ることができ、(211) また、日本語でも「講義要綱」にアクィナスに言及しながら説明されている。(212)

弟：でうす-ひいりよ人になり給ひ、人間の科に対せられて、くるすに死し玉ふ事は、何の故ぞや。此科を赦玉ふべき別の道なかりしや。

師：様々あるべし。然と云え共、此くるすの道はあまたの道理によて、第一相応の道とえらび取り玉ふ也。

弟：其道理の内少々を示し給へ。

師：まづ我等に対せられての御大切の深く、はなはだしきほどを知らしめ玉ふを以て、でうすを御大切に存ずる事も深ゝらんが為也。二には、科の深き事を弁へさせ給はん為也。其故は、でうす人となり給ひ、死し給ふを以て、赦玉ふほどの御憤りなれば也。三には、此御恩の深き所を案じ、其御礼をなし奉るべき為なり。其故は、でうすかほどの苦悩をこらへ給はずして、たゞかりそめに赦玉ふにをひては、人々さほど御恩をも見知り奉るまじきが故也。(213)

師によるイエスの死の説明は、さらに、「四には……、五には……」と続く。この例からも、日本語の教理書で説明が追加され拡大された背景には、当時の日本の宗教文化に前例がなく、とらえがたいと思われる項目を理解しやすくする努力がなされたことがうかがえる。

『どちりいな』で追加された説明には、人びとの素朴な疑問に答えているように思えるものもある。それは、「ゑうかりすちや」（聖体の秘跡）において、一人のイエスが多くの「をすちや」（パン）の中に多くの場所で存在し得るのはなぜか、そして、通常の人と同じほどの背丈のイエスが、どうやって小さな「をすちや」の中に完全に入れるのか、という疑問である。『どちりいな』はこれを鏡の譬えを巧みに使って説明している。説明は二か所に分かれ、最初の箇所は以下のとおりである。

弟：此さからめんとは御主ぜず‐きりしと御一体にて御座ましながら、同時にあまたのをすちやあまたの所にましまます事は、何と申たる事ぞ。

師：其不審もつとも也。さりながら、此儀を弁へらるべき為に、一つの譬へあり。何にてもあれ、一の物をあまたの鏡の前に置くにをひては、何れの鏡にも其姿映る例有。是さへかくのごとくなるときんば、ましてや云はん、万事叶ひ玉ふ実のでうすにてましまます御主ぜず‐きりしとの御身御一体にてましますと申とも、あまたの所にをひて、あまたのをすちやに御座ます事叶ひ玉ふまじきや。

弟：をすちやを二に分け玉ふ時は、御主ぜず‐きりしとの御色身も分かり玉ふ事有や。

師：其儀にあらず。をすちやをいくつに分けても、御主の御色身を分け奉る事にはあらず。たゞをすちやの分々にまつたく備はりましまます也。たとへば、面影の映りたる鏡を寸々に割ると云へ共、其面影を割るにはあらず。たゞ鏡の切々に其面影はまつたく映るがごとくなり。[214]

一つのものを多くの鏡で映すことができるように、イエスの身体は一つでも多くの場所で多くの「をすちや」に存在することができる、という。また、面影（姿）を映す鏡を細かく割っても面影そのものは割れることはなく、割れた鏡のそれぞれに面影の全体が映る。同様にイエスの身体が分かれてしまうことはない、ともいう。このように聖体の秘跡について鏡の譬えを用いて説明することは、ジョルジェ本には見られない『どちりいな』独自の記述であるが、これもアクィナスの『神学大全』に言及がある（第三部、七六問題三項）。

ただし、『神学大全』では、『どちりいな』に見られるような説明はアクィナス自身の主張ではなく、むしろ反駁の対象である。[215]そのこともあって、『神学大全』は、聖体の秘跡とキリストの体の存在の関係について「第四項　キリストのからだの次元量の全体がこの秘跡のうちに存在するか」でも議論を続けるが、もはやそこに鏡の譬えは現れない。一方『どちりいな』は、引き続き鏡の譬えを用いることで、「をすちや」のうちのキリストの存在を描いている。それは、上記引用の最後の部分「鏡の切々に其面影はまつたく映るがごとくなり」を、割かれた「をすちや」とイエスに適応したものである。

弟：ぜず‐きりしとの御たけは世の常の人ほどましませしに、小さきをすちやには何としてまつたくこもり玉ふぞや。

師：此量りましまさぬさからめんとは、なつうらの上のみすてりよなるを、しゐて弁へんとするはいらざる望み也。たゞ深き謙りを以て信じ奉る事専也。然りといへ共、右の鏡の譬を以て少しなり共、弁へらるべし。右に云へるごとく、鏡の破は小さき物なれ共、それに映る物は、人のたけほど成物は云に及ばず、大山にてもあれ、残らず映る者也。なつうらの道さへかくのごとくなるにをひては、いんひにとにてましま す御主ぜず‐きりしとの御色身、などか思し召すまゝに、小さきをすちやにこもり給はんこと叶ひ給はず、と申事ましまさんや。ただし此譬へを以ても有のまゝには現はしがたし。其故は、鏡には其面影のみ映るといへ共、をすちやには御主の御正体悉く直に移りまします者也。[216]

『どちりいな』ではこのような説明の追加が多く見られるが、しかし、『どちりいな』が扱うすべての項目について同様の扱いがなされていたわけではない。次に挙げる「三位一体」の説明では、弟子が、「でうす三のぺるさうなにて御座ましながら、御一体なりといへる理は分別しがたし」と問いかけているにもかかわらず、それに続く応答は、「其故は、でうすは無量広大に御座まし、我等が知恵はわづかに限りある事なれば、分別には及ばず」との一文が挿入されている以外、オリジナル本とほぼ同じ説明がなされている。[217]

弟：でうす三のぺるさうなにて御座ましながら、御一体なりといへる理は分別しがたし。

師：其はちりんだあでのみすてりよとて、我等がひいですの題目の内にては極意最上の高き理也。其故は、でうすは無量広大に御座まし、我等が知恵はわづかに限りある事なれば、分別には及ばず。たとひ分別に及ばずと云とも、でうすにて御座ます御主ぜず－きりしと直に示し玉ふ上は、真に信じ奉らずして叶はざる儀也。

弟：此儀をよく分別するために、譬へはなきや。

師：譬へ有。我等があにまはたゞ一体にてありながら、めもうりあ・ゐんてんじめんと・おんたあで、三つのぽてんしや有ごとく、でうす御一体にて御座ましながら、ぱあてれ・ひいりよ・すぴりつ－さんと、三のぺるさうなにて御座ます也。[218]

この中で、とくに後半の問答では不翻訳のラテン語あるいはポルトガル語の用語（本語）が多用されていることにも注目したい。三位一体を「ちりんだあで〔Trindade〕」のみすてりよ〔misterio〕」と表現し、それを譬えを用いて説明しているが、その譬え自体「めもうりあ〔memoria〕・ゑんてんじめんと〔entendimento〕・おんたあで〔vontade〕」（認識・悟性・意思）と「ぽてんしや〔potencia〕」（能力）が不翻訳のまま残されている。これらの用語に精通しない読者（聴衆）に対し、「三位一体」の説明になり得ただろうか。

日本人信徒は三位一体について何らかの説明を聞いたに違いない。例えば『コリャード懺悔録』に現れる告解の中で、信徒は次のように三位一体のことを述べている。「三つのおペルソナは格別のキリシタンたる者の分別でござる。それと申すは、デウス申した如く御一体でござれども、その御一体は三つのペルソナス、御親と、御親の御子、と、叉、御親と御子の互の御大切でござる」[219]。しかしそれにしても、『どちりいな』がきりしたん信徒の教理書として編まれたことを考えると、その本語に頼った説明は驚きである。

『どちりいな』全体でこの部分しか三位一体について触れていないにもかかわらず、なぜ追加説明がなされていないのか、その理由は必ずしも明らかではない。推測が許されるのであれば、『どちりいな』の上記引用部分にある「たとひ分別に及ばずと云とも、でうすにて御座ます御主ぜず-きりしとと直に示し玉ふ上は、真に信じ奉らずして叶はざる儀也」との箇所から、あえて更なる説明は不要と判断されたのかもしれない。いずれにせよ、説明を拡大して理解しやすくする特徴は、『どちりいな』全体を通じて必ずしも一貫しておらず、オリジナル本と比較すると、キリスト教の教えを厚く説明した箇所と薄く説明した箇所とが混在している。そしてこのことは、結果的に、ヨーロッパのカテキズモと比較して日本の教理書の独自性となった。

この点は、さらに、日本語版カテキズモ全体の編集にも現れている。『どちりいな』の第六章は、ジョルジェ本の第6章DO CREDOと第7章DOS ARTIGOS DA FÉを、[220] ひとつの章にまとめたものである。ジョルジェ本では、第6章で使徒信条が提示され、その信憑性に誤りのない根拠としてカトリック教会の権威に言及されつつ、使徒信条の意義が説明される。さらに、第7章では、その使徒信条の各条が説明されている。一方、『どちりいな』では、カトリック教会への言及はジョルジェ本第6章の前半部分に限定されて、カトリック教会が人が何を信じるべきかを示しているとする。[221] さらに、ジョルジェ本の第6章の後半部分が、『どちりいな』では、ケレドの第八条「第八のあるちいご、すぴりつ―さんと、又さんた―ゑけれじや―かとうりかを信じ奉るとは、何事ぞ」の解説部分へと移されている。[222]

最後に、『どちりいな・きりしたん』は、多くの場面でキリスト教倫理と日本の社会規範との擦り合わせをしている。一例が「主の祈り」（「ぱあてる―なうすてる」）の第五か条「我等より負ひたる人に赦し申ごとく、我等負ひ奉る事を赦し給へ」（マタイ六・一二）の説明に現れている。この条は、当時の日本における、他者より受けた恥辱は赦されるべきではない、とする考え方と一致しなかったのであろう。そこで、『どちりいな』では、弟子が「それならばぽろしもに対して、持所の遺恨を捨てずんば、我等が科を赦さるゝ事有まじきや」と尋ねる。それに対し、師は「中〱、其分なり」と認め、さらに「わがぽろしもに対しての遺恨を捨てずんば、天に御座ますわが御親、其人の科を赦し給ふ事有べからず」（マタイ六・一五）を引用する。そして現実的な落としどころが求められていく。弟子は、「然らば」とさらに問いを重ねる。「人よりかけらるゝ恥辱を赦さゞる者は、此貴き御言葉を申時、我にかけらるゝ恥辱を赦さぬごとく、我等が科をも赦し玉ふべからずと申心なるによて、此おらしよを申事叶まじきや」と。師はこれを「其儀にあらず」と否定する。そして、「わがぽろしもの恥辱を赦さぬほどの慳貪なる人なりと云とも、此おらしよを申事専要也。其故は、此おらしよを以て、人に対しての遺恨を捨つる為の御合力なるがらさを乞ひ奉るによて也」[223]と述べる。

その他の特徴

ポルトガル版同様、問答体で書かれた『どちりいな』であるが、そこでは弟子が問い、師が答える形になっていて、神父が問い、信徒が答えるオリジナル本とは逆である。（最初の七回の問答だけオリジナル本と同様に師が問い弟子が答えているが、理由は知られていない）。すでに多くの識者に指摘されているように、問答者の立場が逆転した背景としては、日本人編者・翻訳者がかつてかかわっていた仏教伝統の問答に合わせたものと考えられる。これは、イエズス会による日本の宗教的慣習への適応方針からも説明ができるであろう。しかし、注目すべきは、問答者の立場が逆転した結果、日本語版カテキズムが、もはや、信徒のキリスト教要理の記憶と理解を試したヨーロッパのカテキズムと同様には使用できなくなったことである。教理説明の拡大の過程で場合によっては十行以上も追加された文章は、答えとして記憶するにはあまりに長すぎた。この点から、同じ問答体であっても『どちりいな』は原本と同じ機能を果たし得なかったといえる。第四章で述べたように、暗唱された教理書の役割は『おらしよの飜譯』（一六〇〇年）に託された。「おらしよ＝祈りの形にされた教理書」が口承で受け継がれ、その後の迫害の時代を生き延び、今日まで唱えられている。

さらに、ポルトガル本の中で信徒の記憶を導く神父の問いに比べて、『どちりいな』の中での弟子の問いは、はるかに重要な役割があった。すでに見たように、弟子の問いは、ただ師の答えを導くものではなく、理解できないことは率直に表明し、師に挑む場面も含まれている。カテキズムとしての『どちりいな』は人々をきりしたん信仰に導くために書かれたものに他ならないが、同時にそれは、新しい信仰に導く者と導かれる者との間の緊迫した論争の表れと読むこともできる。

日本語版カテキズムのもう一つの特徴として、百以上の不翻訳語（本語）を挙げなくてはならないだろう。「三位一体」の説明でみたような本語の多用は決して特別な事例ではない。日本イエズス会は一五五五年、キリスト教独自の概念を表現するためには本語を使用する方針を決めていた。その結果、本語はきりしたん関係の書物に多く現れ、『どちりいな』も例外ではなかった。そして『どちりいな』に限っても、それら本語の多くには日本語による説明は付与されていない。

日本人信徒が、これらの不翻訳用語を理解するうえでどれだけの知識があったか判断が難しいところだ。おそらく、『どちりいな』を読み、聞かせた日本人伝道士や看坊と呼ばれた信徒指導者たちが、聴衆に分かりやすいように自らの言葉を足して説明したのではないだろうか。皮肉なことに、その独自の意味を保つために不翻訳にされた本語が日本語で説明されたときには、その説明や解釈には幅があった故に、本来の意味を容易に失うことがあったのは否定できないであろう。このような場合、彼らが使用したのは専ら仏教用語であったと思われる。きりしたんの教えを仏教の言葉で説明しようとしたことは、じつは『どちりいな』自体が証明している。「どちりいなの序」にはその本の目的が「どちりいなは一切のきりしたんの為に、安心決定の一道なれば」と書かれている。「安心決定」（あんじんけつじょう）とは、「浄土門の教えによると、阿弥陀仏の本願を信じてその名号を唱えることにより、極楽浄土の往生することができるということ」という意味を有し[224]、十五世紀に浄土真宗・本願寺を指導した蓮如が大切に語った仏教用語であった[225]。他にも『どちりいな』に現れる仏教語として、功徳、善根、解脱、回向、談義、後生など多くを挙げることができる。

他に興味深いのが、雪窓宗崔《せっそうそうさい》による排耶書『対治邪執論』（一六四八年）の中で、本語によるきりしたん用語が仏教の用語と対比され説明されていることである。きりしたんを非難する立場から、雪窓は「是寸須〔ゼズス〕釈氏に帰依して名相を学び、みづから邪見を起して外道をなすは必なり[226]」と述べ、きりしたんは、ゼズスが興した仏教の異端であると主張している。さらに「釈氏に帰すといへども、ただその名相を学び、その窮玄に到らず。偽りて釈氏の法相を竊み、（中略）その名を改めてその実を執り、あるいはその事を同じくしてその理を異にす」として、仏教的な内容を残したまま名称のみを変えたり、外見のみ同じにしてその内容を変えたりすると述べる。そして、具体的には以下のように仏教用語ときりしたん用語を対比して、その主張の根拠とする。

> 梵天王を改め泥烏須《でうす》と名づけ、諸梵衆を改め安助《あんじょ》と名づけ、天堂を改め頗羅夷曽《ぱらいぞ》と名づけ、人道を改め跗婁《ぷる》伽倒利夜《がとりよ》と名づけ、地獄を改め因辺婁濃《いんへるの》と名づけ、灌頂を改め婆宇低寸茂《ばうてすも》と名付け、懺悔を改め混毘三《こんひさん》と名づけ、十善戒を改め十の麻駄免徒《まだめんと》と名づけ……（後略）(227)。

雪窓がこれら一連の対比を行ったのは、きりしたんが仏教の異端の一つであることを証明しようとの試みからであったが、それによって、日本人の知識人にとってきりしたんと仏教の種々の概念を結びつけることが容易であったことが分かる。

もっとも、海老沢有道が指摘したように、当時、キリスト教の概念を伝えるための思想的、宗教的用語には仏教語以外に日本語の語彙がなかったことを考えるなら、きりしたん教理の説明に仏教語が使われたことは必ずしも否定的に理解されるべきではない。人間の救いを説く宣教師たちが、救済教としての浄土教に関する用語を使用したことは、その意味で当然のことだった(228)。

三　『どちりいな・きりしたん』の構成と内容

『どちりいな・きりしたん』は、きりしたんの教えを日本人信徒に対し体系的に提示した教理書である。それは、きりしたんの世界観と、その世界観に基づく（あるいは、その世界観に対する）態度であるエートスから成り立っている。『どちりいな』の提示する世界観には、デウス、イエス、マリア、天使、聖者などの超越的・超人間的存在に関すること、霊魂、肉体、罪、救済、死後の存在など人間に関すること、そして天国、地獄、自然界など世界（あの世、この世などの「世」）に関することが含まれている。一方、エートスには、祈り、教会法、秘跡、さらには十戒などの行動規範、道徳が含まれる。

これらの多様な要素は個別に考察することができるが、実際の教理の中では相互につながっているので、『どちりいな』の内容をその構成に従って整理して、これらの要素が教理の中で体系化されている様子を見てみよう。『どちりいな』は序と十二の章から成っている。十二の章は、その内容から以下の六つのグループに分けることができる。（1）きりしたんについての基本的な教え（第一、第二章）（2）きりしたんの崇拝対象である超越的存在とそれらに対する祈り（第三、第四、第五章）、（3）信仰の内実（第六章）、（4）教えの実践の仕方（第七、第八、第九、第十章）、（5）秘跡（第十一章）、（6）残る重要な事柄のまとめ（第十二章）。これらのうち、（2）、（3）、（4）が全体の中心を成し、それぞれ、「えすぺらんさ」（「頼もしく存じ奉るべき事」、希望）、「ひいです」（「信じ奉るべき事」、信仰）、「かりだあで」（「身持を以て勤むべき事」、愛）を教えている。[229]

「どちりいなの序」から始めよう。この序はジョルジェ本には見られず、日本語版にのみ付加されている。それは『どちりいな』の構成を明示するとともに、全体を貫くテーマとして「後生の扶かり」を提示していることから、日本語テキストの特徴を知るうえで重要である。

「序」では、まず、ぜずーきりしとが弟子に対しとくに教えたのは、「一切人間に後生を扶かる道」、すなわち死後の救済のための「真の掟」であるとし、それは「信じ奉るべき事」、「頼もしく存じ奉るべき事（頼もしく思ふ事）」、「身持ちを以て頼むべき事」の三つに極まるとする。「信じ奉るべき事」は、ひいですの善に相当する。人間の分別（知恵）では分からないことで、これを「弁へずんば」後生の道に迷うことが多い。「頼もしく思ふ事」は、ゑすぺらんさの善に相当する。これはでうすがきりしたんに与えることを約束した事で、この「儀」を知らなければ苦難に遭遇しても頼るところがないと思い「心を失ふ事」もある。「身持ちを以て頼むべき事」は、かりだあでの善に相当する。これらを心得ていなければ、でうすの掟に背くこともたびたびあるだろう。

序は続ける。以上三つの善に関することは、きりしたんには「専らなること」であるので、これまで「あまたの経」が書かれてきたが、その中でも肝要なる箇所を選び印刷して、人々の迷いを照らす鏡とすべきである。後生の救済に不可欠なことをきりしたんに教えるために、「こんぱにあの司」（イエズス会管区長）はそれらをこの小さな経に含めた。これを「どちりいな・きりしたん」と呼び、きりしたんの教えという意味である。身分の上下を問わず万人にその意図を知らせるため、使用される言葉は民衆にも理解されやすいものだが、「儀は天命の底に極むる者也」（述べられている教えはデウスの最も深い奥義である）[230]。この書によって教理が「すみやかに」理解できるように、師と弟子の間の問答体で記されている。この『どちりいな』は、すべてのきりしたんのための「安心決定の道なれば」（救済が確実な道であるので）、これを知って心得ておくことが必要である。そうすれば「迷ひの闇をのがれ、真の光にもとづく」生き方ができるだろう[231]。

本文の内容を確認していこう。

〔第一　どちりいな〕[232]

第二　きりしたんのしるしとなる貴きくるすの事

『どちりいな・きりしたん』は、洗礼志願者のための説明から始める。でうすは天地の創造者であり「御一体」（唯一の存在）である。でうすは「現世後世共に」（生前と死後の両方において）人間を救済する。人間はこの世での行いによって苦しみを受ける永遠のあにま（魂）の持ち主である。人々がきりしたんになるのはでうすのがらさ（恩寵）によるもので、ばうちずも（洗礼）を授けられてきりしたんになって、でうすの「御養子、天の御譲りを受け奉る身」となる。「きりしたん」とは、「実のでうす、実の人」であるきりしとを「かたどりたる」（象りたる）名前である。「きりしと」とはをゝれよ（油）を塗られたという意味で、昔は帝王、させるだうて（司祭）、ぽろへえた（預言者）を意味した。きりしとは、これらすべてにおいてそれぞれに最も優れているので、先に述べたをゝれよの代わりに聖霊のがらさ（恩寵）を十分備えている。それ故に、べあと（幸いなるもの）[233]と唱える。第一章の焦点は、「きりしたんとは、何事ぞや」との問いに対する、「御主ぜず-きりしとの御教へを心中にひいです（信仰）に受くるのみならず、言葉を以ても現す人也」との部分であろう。とりわけ、きりしたんは、教えを心で信じるだけでなく、言葉に表さなくてはならない。『どちりいは』は、「死すると云とも、言葉にも、身持ちにも現はすべきとの覚悟ある事専也」と、生命を賭して、きりしたんの信仰を言葉と行動に表明することの必要を説く。[234]

第二章は、くるす（十字架）をきりしたんの印として説明する。冒頭に、いずれのきりしたんも「貴き御くるすに対奉て、心の及ぶほど、信心を持つべき事、専也」と説く。それは、御主ぜず-きりしとが「我等を科よりのがし給わん為に、かのくるすに掛ゝりたく思し召し玉ふ者」であるからである。ここでは、二種類のくるすの唱えがそれぞれ「本語」と「和らげ」で教えられてる。一つは、「ぺるしなる」（印づける）で、悪魔の働きを祓い除ける目的をもつ。額、口、胸に唱えるので、「三つの文」とも呼ばれた。そのとき申す言葉は、「ぺる　しいぬん　さんて　くるしす【額】で　いにみしす　なふすちりす【口】りべら　なふす　でうす　なふすてる【胸】」（「我等がでうす、さんた-くるすの御しるしを以て我等が敵をのがし給へ」）である。ぺるしなるの説明のなかには、くるすのしるしが祓魔的威力をもつ理由として、天魔（悪魔）はくるすを最も恐れることが述べられる。

くるすの唱えのもう一つは、「べんぜる」（祝別する）で、自らや他の事柄に神の恵みを願う目的をもつ。その所作としては、「右の手を以て額より胸まで、左の肩より、右の肩まで、くるすの文を唱ゆる也」と教えられる。そのとき唱える言葉は、「いん　なうみね　ぱあちりす【額】　ゑつ　ひいりい【胸】　ゑつ　すぴりつ【左肩】　さんち【右肩】　あめん」（「でうす　ぱあてれ　ひいりよ　ゑ　すぴりつ　さんとの御名を以て」）。二つのしるしの意味を説くために、日本語テキストはくるす自体のもつ救済効果のみならず、それによって避けられ祓われる悪についてのきりしたん的見解を多く語る。人間が逃れるべき「敵」については、人間の三つの敵は「世界、天狗、色心、これ也」（この世、悪魔、人間の肉身である）と教える。これらについての詳細な解説が展開され、第二章は『どちりいな』の中でも悪について最も多く語る章となっている。[235]

第三　ぱあてる-なうすてるの事
第四　あべ-まりあの事
第五　さるべ-れじいなの事

第三章から第五章までは、「えすぺらんさ」（「頼もしく存じ奉るべき事」、希望）の善に相当し、「ぱあてる-なうすてる」「あべ-まりあ」「さるべ-れじいな」の祈り（「おらしよ」）を教えている。『どちりいな』によるこれらの「おらしよ」の説明から、デウスやマリアについてのきりしたん信徒の理解のみならず、「おらしよ」そのものに対する彼らの理解も推し測ることができよう。『どちりいな』では、これら三つの祈りを日本語でのみ掲載している。

第三章では「ぱあてる-なうすてる」（主の祈り）について、最初に三つの善を簡潔に説明し、さらに「おらしよ」について、その意味を「おらしよは我等が念を天に通じ、御主でうすに申上る望みをかなへ玉ふ道、橋也」と明示している。[236] 以降、この章では、「ぱあてる-なうすてる」を構成する七か条について、一条ずつ説明を加えている。そして最後に「是にまさりたるおらしよは別になし。是最上のおらしよ也」と述べて、主の祈りの重要性を示し、その理由としては「御主ぜず-きりしと御弟子達に教へ玉ふおらしよなればなり」と結んでいる。[237] デウスに関する重要な章ではあるが、この章では、後に第六章「けれど、ならびにひいですのあるちいごの事」(使徒信条)に見られるほどに、デウスについて説明を深めていない。また、この章で日本語版にのみ見られる追加部分として注記すべきは、すでに上に述べた、他人より恥辱を受けた場合赦すべきか否かに関することである。

第四章と五章では「あべ-まりあ」と「さるべ-れじいな」について語られるが、『どちりいな』はいずれについても各条ごとの説明は施しておらず、この点はポルトガルのオリジナル本と同様である。追加説明の部分も少なく、唯一、「あべ-まりあ」の繰り返しの回数について六十三回(反)か百五十回(反)の違いに関して見られるのみである。すなわち、六十三回唱えるのは御母びるぜん(マリア)の年齢に対し、百五十回は十五のみすてりよ(玄義)に対し唱えるものであるという。[238] この二つの章の内容は明快である。第四章「あべ-まりあの事」では、デウスと人との仲介者としてのマリアに焦点をおき、人間が犯した罪科をデウスがゆるしてくれる「御母の御とりなし」としての立場を説明している。母、父、子供の家族のイメージの中で教えられたマリアの役割は理解しやすい。『どちりいな』では、人間の救済に関するデウスとマリアの立場の違いが明確にされている。デウスは人間の罪科をゆるす立場であり、マリアは人間がデウスに対して罪科のゆるしの願いをかけるとき援助(御とりあわせ)する立場である。第五章「さるべ-れじいなの事」では、この「おらしよ」の言葉そのものの意味の説明はない。祈りの言葉が提示されたのち、「べあと」(聖人)へと話題を移し、きりしたんは「べあと」に対しても信仰を持たねばならないと説く。

第六　けれど、ならびにひいですのあるちいごの事

第六章は「ひいです」（「信じ奉るべき事」、信仰）の善について明らかにするため、使徒信条について語っている。原本であるジョルジェ本と比較すると、原本の第六章と七章とを合わせてこの一つの章にまとめていることが分かる。この章には『どちりいな』独自の追加部分がいくつもあって、全体としては、秘跡について説明をする第十二章に次ぐ長さとなっている。第六章全体で使徒信条を十二の信仰箇条に分け、一条ずつ説明している。箇条の説明には含まれないが全体を統括する重要な部分は「ひいです」（信仰）についての短い説明である。これは、ジョルジェ本にも見られる。『どちりいな』ではそれを「でうす我等に告げ知らせ玉ふほどの事をさんた-ゑけれじやの示し玉ふごとく、堅固に信じ奉るやうに、でうす、きりしたんのあにまに与へ下さる、なつうらをこへたる御恩の光り也(239)」と完結に定義している。ここで言われる、「でうす我等に告げ知らせ玉ふ」また「さんた-ゑけれじやの示し玉ふ」ことこそが、「けれど」（使徒信条）に込められる十二か条の「ひいです」（信仰）の「あるちいご」（箇条）に他ならない。よって、信仰を定義するこの追加部分は、第六章全体の意味を明確にする大切な部分で、まさにこの章によって、きりしたんの信仰の内実が説明されているといえる。第六章における日本版教理書の独自の追加の中で主要なものは、先に紹介した、万物の創造者としてのデウスの属性や、十字架上のイエスの死の理由に関するものである。

第七　でうすの御掟の十のまんだめんとの事

第八九　御母さんた-ゑけれじやの御掟の事(240)

第十　七のもるたる科の事

『どちりいな・きりしたん』の後半では、きりしたんの倫理と信仰実践について説かれている。第七章から十章までは、「かりだあで」（「身持を以て勤むべき事」、愛）の善としてまとめられる。先行する章と比較して、この部分はより具体的な教示となっているが、その理由は、単に扱うテーマだけでなく、原本からの翻訳のスタイルにもあるであろう。ポルトガル語やラテン語（本語）の使用が少なくなり（第十章を除く）、日本語版独自の説明が加えられることで個別の教えが理解しやすくなっている。このグループは、原本からのと日本語独自の教えがうまく調和されている。

この特徴がもっとも顕著なのは、「十のまんだめんと」（十戒）を説く第七章である。まず十の掟を提示したのち、それらはふたつの要点にまとめられると説かれる。すなわち、「一には、たゞ御一体のでうすを万事にこえて、御大切に敬ひ奉るべし。二には、我身のごとく、ぽろしもを思へと云事是也」である。[241] その後、それぞれの戒について一つずつ解説を行っていく。そのうちの七つの戒めについて、オリジナルにはない『どちりいな』独自の説明を追加している。例えば、「第四　汝の父母に孝行すべし」の説明では、親によく従い孝行をつくすことに加えて、「人の下人たる者は、其身の主人、其外司たる人々に随ひ、奉公に緩せなきをもて、このまだめんとを守る也」と、[242] 子が親に孝行することと同様、奉公人が主人に仕えることを教えている。

『どちりいな』は、「さんたゑけれじや」（聖なる教会）の掟の中でも、きりしたんが遵守すべきとりわけ重要な五つの掟を教えている。（一）「どみんご（主日、日曜日）・べあと日（祝日）にみいさ（ミサ）を拝み奉るべし」、（二）「せめて年中に一度、こんひさん（告白）を申べし」、（三）「ぱすくわ（復活祭）にえうかりすちあ（聖体の秘跡）のさからめんと（秘跡）を授かり奉るべし」、（四）「さんたゑけれじやより授け玉ふ時、ぜじゆん（断食）を致し、せすた（金曜日）・さばど（土曜日）に肉食すべからず」、（五）「ぢずもす（十分の一税）・

ぴりみしあす〔初穂〕を捧ぐべし」[243]。これらの掟のうち、とくに（一）、（二）、（四）に詳細な説明が施されている。例えば、ミサで捧げられる「さきりひいしよ」（犠牲）については、その心あて（目的、意味）を、（ぜず-きりしとの）御恩に対する御礼として、自らの科の償いとして、なお一層の御恩を受けるため、の三つを挙げて説明している。[244] 聖体の秘跡は教会の三番目の掟であるが、秘跡の章で詳細に説明がされるため、ここでの解説は短い。

「七のもるたる科の事」では、驕慢、貪欲、邪淫、瞋恚、貪食、嫉妬、懈怠をすべての科の根源となる七つの科として挙げ、それらを「もるたる科」と教える。「もるたる」の意味については「死るを授くると云心也」と説明する。これらは終わりなき「あにま」に永遠の苦しみをもたらす。もるたる科は、より軽い「べにある科」（「赦しやすき」科の意として説明）と区別される。「もるたる科」がゆるされるのは痛悔の秘跡によるのみであるが、「べにある科」は、ミサや「おらしよ」など痛悔の印となる事であれば何であれ、ゆるしを得ることができる。『どちりいな』は、さらに、七つのもるたる科を「退くべき為」に、それぞれに対向する以下の七つの善を挙げる。「うみるだあで」（驕慢に対向）、「りべらりだあで」（貪欲に対向）、「かすちだあで」（邪淫に対向）、「ぱしゑんしや」（瞋恚に対向）、「てんぺらんさ」（貪食に対向）、「かりだあで」（嫉妬に対向）、「でうすのご奉公に勧むぢりぜんしや」（懈怠に対向）[245]。『どちりいな』には、これらの善はポルトガル語の本語でのみ記され、日本語の説明もないことから、通常の日本人の読者や聴衆には難解だったのではないだろうか。

第十一　さんた-ゑけれじやの七のさからめんとの事

この章には『どちりいな』独自の説明がふんだんに盛り込まれており、当時これらの重要な儀礼が日本人にいかに説明されたかを知るうえで大変豊かな資料となっている。また、この章は『どちりいな』の中で最長であることからも、とりわけ丁寧な説明が求められたことがよく分かる。秘跡に関するきりしたんの教えについては、第七章で他の儀礼と合わせ検討する予定である。

第十二　此外きりしたんにあたる肝要の条々

最後の章は、慈悲の行為、キリスト教的道徳の善、聖霊の賜物、「おらしよ」から成る。内容はジョルジェ本と同じで『どちりいな』独自の追加はない。ただし上記の内、慈悲の行為と「おらしよ」のみが意味的に理解可能な形で提示されており、それ以外は原語によるキリスト教用語の音写の羅列に近い。慈悲の行為は、色身（身体）にかかわる七つの事と、「すぴりつ」（精神）に関わる七つの事に分けられる。善は「かるであるのびるつうです」（枢要な善）と「てよろがるのびるつうです」（神的善）から成る。最後に、この章に含まれる「おらしよ」は、「あやまりのおらしよ」「食前のおらしよ」「食後のおらしよ」である。

『どちりいな・きりしたん』や他のきりしたん教理書が印刷され信者の間に普及したからとはいえ、すべての日本人信徒がきりしたんの教えをよりよく理解し、教えに沿った信仰生活を送るようになったと想定するのは難しいかもしれない。多くのきりしたんが、以前から慣れ親しんだその土地の宗教的世界観や慣習を維持しつつ、新たに出会ったキリスト教の象徴を使い、儀礼に参加していたからである。もちろん、新しいメッセージを含むきりしたん信仰が広がっていったことを否定するものではない。統一教理書や他の多くの信心書が印刷されて国内の信徒集団に届けられ、きりしたんの教えが力強く伝播したことは事実だからである。教理書の印刷が開始されて間もない一五九二年当時、『どちりいな』を教える伝道勢力は、イエズス会士百三十名、同宿と看坊それぞれ約百七十名と三百名を数え、全体ではおよそ六百名を数えた。(246)

きりしたん教理書が信者の間に広がるにつれて、本書第二章で見たようなキリスト教象徴の神秘的な力に頼ったスタイルとは異なる、きりしたんの信仰の別の側面が人々に届けられるようになった。この新しい側面の主な特徴は、神々（でうす、ぜず‐きりしと、まりあ等）、人間、および死後の救済について、当時の日本の他の宗派にはない、きりしたん独自の教えが説かれたことである。きりしたん教理の独自性は、これら三つのことがら自体の教理的特質だけでなく、神々と人間、そしてその両者の関係性に基づく救済論的な意味にもかかわる。

残念ながら、一般信徒がきりしたん教理をどう理解したのか直接伝える文書資料はほとんどない。人びとの手による文書資料が限られているのは歴史研究では通常想定されており、「下からの歴史」を試みる場合、避けられないことだ。そもそも、徳川幕府によるきりしたんの殲滅政策の結果、国内のきりしたん文書はことごとく破棄され、ほとんど現存しない。今日我々が参照できる日本語のきりしたん文書は、マカオ、ゴア、ポルトガル、スペイン、ローマなど海外の機関によって保存されていたものか、日本人信徒によって禁教時代を通して秘匿されていたもののみである。

海外に保存されている日本人信徒の手による文書はローマ教皇、イエズス会総長、ヨーロッパ人宣教師個人などに宛てた書簡類である。翻訳文としてのみ現存する文書もあれば、日本語の原文と翻訳文の両方が保存されているもの、また日本語のみの場合もある。ただし、これら書簡の中には宣教師の政治的目的のために書かれたものもあるので、資料として用いるには相応の注意が必要である。

例えば、宣教師自らが日本で宣教活動を継続していることを証明するために、信徒に依頼し作成した文書がある。一六一七（元和三）年、当時イエズス会日本管区長として潜伏活動を続けていた神父マテウス・デ・コーロス（Mateus de Couros, 1569-1632）は、七十五の地域から合計七百五十七名の信徒が署名した四十七通の日本語書簡を集めた。[247] これらの書簡は、イエズス会宣教師が迫害に屈せず宣教活動を続けていることを証言したものだが、書式や内容の類似性から、いくつかのひな形をもとに作成されたことは疑いない。日本語で記された貴重な書簡だが、きりしたん自身の宗教性についてはあまり伝えるものはない。他にも、宣教師が自分たちの願望を叶えるべく、日本人信徒の名前を用いて作成した書簡もある。(248)

これらの書簡がヨーロッパ人の指導者により導かれ書かれた文書である以上、それによって日本人信徒がきりしたん教理をどう理解したか推し測るのは難しい。また、翻訳文のみで現存する書簡に関しても、それが忠実な翻訳であることを証明できない以上、取扱いには慎重にならざるを得ない。それはヨーロッパの翻訳者の力量に対する不安からではなく、むしろ、多くの翻訳書簡のように、印刷された資料は「教化的内容であるべき」との方針をイエズス会がとっていたからである。

このように資料を整理していくと、今日、不干斎ハビアンによる『妙貞問答』（一六〇五年）だけが、きりしたん時代に記された、日本人信徒の教理理解を直接伝える文書資料となっている。もちろん、厳密にいえば、ハビアンはイエズス会士であったので、彼を一般的きりしたん信徒とみなすことはできない。きりしたんへの改宗前にはおそらく禅僧であったハビアンは、イエズス会が日本で獲得した最良の知識人の一人であった。よって彼の作品は、日本人による最良のきりしたん教理理解を示すもので、当時の日本人信徒によるものとして一般化はできない。この点に十分考慮が必要であるが、現在のところ、『妙貞問答』は日本人の教理理解を検討するうえで不可欠な資料となっている。

日本人の教理理解を伝えるもので他に挙げられるのは、ドミニコ会神父のディエゴ・コリャード（Diego de Collado, 1589–1641）が日本人の告解をまとめた *Niffon no cotoba ni yo confesion (Modvs confitendi et examinandi)*(249)（邦題『コリャード懺悔録』）がある。これはラテン語訳が付され印刷された日本人信徒の告解集であるが、この本が編まれた目的は、ヨーロッパ人宣教師が日本での宣教活動に備えて日本語を練習するためであったという。そこに収められた告解は、口語体の日本語で記録されており、編集によってその内容が変更された様子はほとんどない。

直接資料が少ない中で、日本人信徒がきりしたんの教理をどう理解したかを検討するため、次章では、きりしたんの教えを日本の民衆に当時、流布していた宗教思想の広い文脈の中に置き、その意義を考えたい。

第六章　日本の宗教文化における「きりしたんの教え」の意義

日本の宗教事情に考慮し、日本人が理解しやすいように編纂されたきりしたんの教えは、日本の聴衆にはどう聞こえたであろうか。きりしたんの教えは、当時の日本の他の宗教的教えや世界観と同じであったのか、あるいは異なっていたのか。そして、それらの類似や差異はきりしたんの信仰と実践にどのような影響を与えたのか。きりしたん教理を当時の日本の宗教文化の中に位置づけて検討するために、浄土真宗本願寺派（一向宗）と比較しよう。本願寺派は、中世後期から近世初期にかけての日本において、おそらく最も強力な民衆宗教運動であった。とくに本願寺派を有力な宗教集団へと発展させた蓮如の教えに着目したい。

蓮如の教えがきりしたん教理の比較対象になる理由は、その民衆的性格のみならず、本願寺門徒に与えた影響力の大きさにある。『どちりいな・きりしたん』同様、蓮如の御文は、人々に理解されやすいように口語体の日本語で書かれた。『どちりいな』は、イエズス会がキリスト教の教えを日本人信徒に伝えるための基本的教理書であったが、同様に、蓮如の御文も親鸞の教えを一般信徒が理解しやすいように説いて伝えたものである。御文は、写され、加賀、紀伊、伊勢へと広い範囲に伸びた地方のネットワークを通じて、信徒の間に流布していった。蓮如の死後、彼の八十通の御文が聖典（「五帖御文」）としてまとめられた。

蓮如の御文は一四六一年から一四九八年にかけて書かれたもので、イエズス会日本伝道の約半世紀から一世紀前に当たる。しかし一六世紀を通じて信徒の間に広まり続け、民衆を対象とした最も強力な宗教的教えとなっていた。このことは、ヨーロッパ人宣教師の残した報告に現れる一向宗についての詳細かつ広範な記述に明らかである。一向宗は彼らが日本で最も注目した二つの宗派の一つであった。もう一つは禅宗で、それはイエズス会にとって最強の知的対決の相手であった。(250)

これまでキリスト教と浄土真宗との比較といえば、「信仰のみ」の主張に基づいて、ルターと親鸞の比較研究がなされてきた。この背景から考えると、ルター派プロテスタントではなくカトリック教会に基づくきりしたんの教えを、親鸞に基づく蓮如の教えを比較することは、違和感を与えるかもしれない。しかし、きりしたんこそが浄土真宗と歴史的に同じ時間と空間を共有し、その時代に生きた人々にとって実際の信仰の選択肢となっていた。研究者がただ観念的に比較するのではなく、歴史の実際を生きた人々の視点に寄り添い、伝道の受容者の視点、メッセージの受け手の立場から、現実に共存した二つの教えを比べてみよう。

一　救済の場としての「後生」の強調

きりしたん書における「後生の扶かり」の強調

「どちりいなの序」は、最初に、「御主ぜす-きりしと御在世の間、御弟子達に教へをき玉ふ事の内に、とり分教へ玉ふ事は、汝等に教へけるごとく、一切人間に後生を扶かる道の真の掟を弘めよとの御事也(251)」と述べ、「後生を扶かる道」をきりしたん信仰の根幹として表明している。他にも、ポルトガル版では単に「たすかり」であるところが、日本語版になると「後生の」という語が挿入されることが多く、救済の場として死後がより徹底して強調されている。

これはなぜだろうか。「後生」は、きりしたんの救済論に深くかかわり、それを強調することは、きりしたんの教えの特徴であるとともに、『どちりいな』の編纂に関わった日本人の教理理解が反映されているからであろう。そこで、この「後生」が強調された意味を少し掘り下げて検討したい。その際、『どちいりな』以外のきりしたん書にも目を向ける。

まず、『どちりいな』が後生（死後、来世）での救済をどのように強調しているか、具体的に見てみよう。「どちりいなの序」では、きりしたんの教えを「一切人間に後生を扶かる道の真の掟」と説くだけでなく、さらに「是等の事を弁へずんば、後生の道に迷ふ事多かるべし」とも述べている。きりしたん信仰全体の根幹として「後生の扶かり」が提示されているのである。(252) この「序」は日本語版に独自に付け加えられたもので、ポルトガル語原本にはそれに対応する内容のものはない。一方でそれは、『どちりいな』の全体的構成からして、きりしたんの教えを要約しその信仰目的を宣言する大変重要な役割を担っている。「序」で死後の救済が強調されたことは、まさにこの一点を軸にきりしたんの教えを伝えたいと意図されたのであろう。本文においても、「きりしたんにならずんば、後生を扶事有べからず」と、きりしたん信仰を後生での救済に排他的に結び付ける表現がある。(253) そして、「序」と同様、このメッセージも日本語版にしか見当たらない。

死後の救済は、これら日本語テキストが独自に追加したところだけで強調されたのでない。むしろ、原文から忠実に翻訳された部分であっても、「後生」という語が意図的に付加されている箇所は多い。例えば、『どちりいな』の第十一章は「さんた‐ゑけれじやの七のさからめんとの事」と題され、秘跡に関する詳細な説明が書かれている。その冒頭の文章は、全体として原文から忠実に翻訳されているが、「救い」の箇所だけは、「後生の扶かり」と加工されて日本語に訳されている。『どちりいな』訳とポルトガル語原文を比較してみよう。

『どちりいな・きりしたん』訳

後生を扶かるべき為には、今まで示し玉ふ所の、よく物を頼み奉る事、達してひいですを得奉事と、身体をまさしく修むる事、此三ヶ条斗にて、悉皆達するやいなや。[254]

ポルトガル語原文

Ra ja me dissestes, como saberemos bem* pedir, bem crer, & bem obrar: dizeime, basta nos isto pera nos salvar?[255]〔もはやわたくしに、どのようによく祈り、よく信じ、よく行うべきかを言われました。ではわれらが救われるためにこれで十分かどうか仰ってください。〕

*一五六六年版ではbemをbe（eにアクセント・ティル［˜］）と表記。

翻訳の過程で救済が「後生の」と限定されるのは『どちりいな』だけではなく、他のきりしたん書にも共通している。聖書の引用も例外ではない。『サカラメンタ提要』（一六〇五年）は、ルイス・デ・セルケイラ司教（Bishop Luis de Cerqueira, 1552-1614）によって、司祭用にラテン語で編まれた典礼執行の定式書であるが、秘跡に関する部分が日本語に翻訳され、『サカラメンタ提要』本書の巻末に付録として掲載されている。その中で聖書から「信じて洗礼を受ける者は救われるが、信じない者は滅びの宣告を受ける」（マルコ一六・一六、『聖書新共同訳』）の一節が引用されている。この部分は「わが教えを信じ、バウチズモを授からん者は、後生を扶かり、また信ぜずして授からざる者は、扶かるべからず」とあり、「後生」が挿入されて訳されている。[256]

きりしたん教理書が「後生」を中心に救済を説いたことは、これまで見てきたような翻訳書ばかりではなく、日本人が直接著した教理書『妙貞問答』（一六〇五年）にもよく表れている。著者不干斎ハビアン（一五六五―一六二一）はイエズス会イルマン（修道士）であるが、洗礼以前は臨済宗の僧侶としての経歴をもつという。天草の学林で日本語教師をつとめ、宣教師の学習のため同学林で印刷された『平家の物語』（『平家物語』の口語訳本、一五九二年）の編者として序文を書いた人物である。ハビアンは重要なきりしたん版の出版にかかわっただ

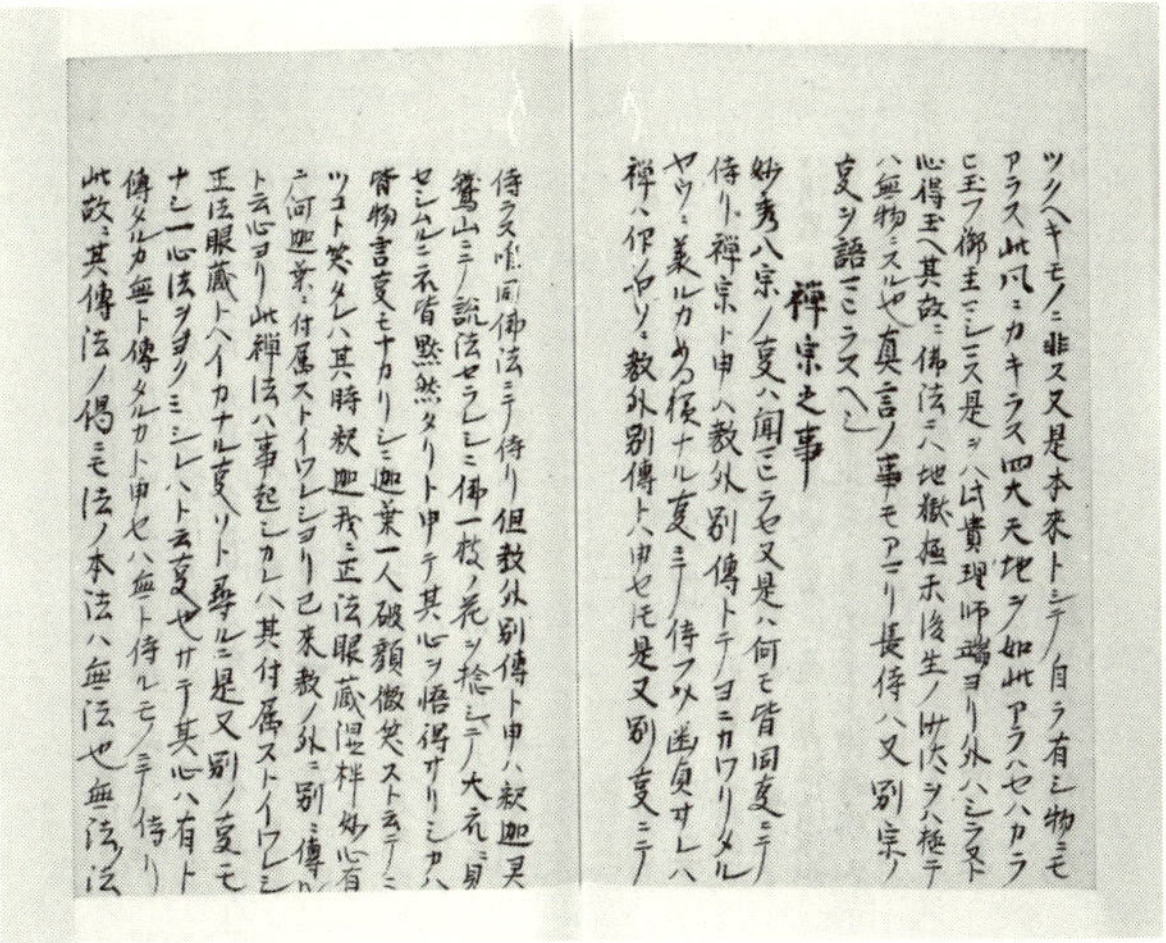

ツクヘキモノニ非ス又是本来トシテ自ラ有シ物ニモ
アラス此风ニカキラス四大天地ヲ如此アラハセハカラ
ヒ玉フ御主ニシニス是ヲハ此貴理師端ヨリ外ハシラヌト
心得玉ヘ其故ニ佛法ニハ地獄極楽後生ノ沙汰ヲハ極テ
ハ無物ニスルゾ真言ノ事モアヽリ長侍ハ又別宗ノ
事ヲ語ニヽラスヘヽ

禪宗之事

妙秀八宗ノ事ハ聞ニヽラセ又是ハ何モ皆同事ニテ
侍リ禪宗ト申ハ教外別傳トテヨニカワリメル
ヤウニ兼ルカめつ様ナル事ニテ侍フ以迷貞サレハ
禪ハ作ノ白ヤツニ教外別傳トハ申セ共是又別ノ事ニテ
侍ラス唯同佛法ニテ侍リ但教外別傳ト申ハ釈迦昊
鷲山ニテノ説法セラレシニ佛一枝ノ花ヲ捻シテノ大衆ニ身
セシムルニ衆皆黙然タリト申テ其心ヲ悟得サリシカハ
皆物言事モナカリシニ迦葉一人破顔微笑ストテニ
ツコト笑タレハ其時釈迦我ニ正法眼蔵涅槃妙心有
ニ何迦葉ニ付属ストイワレシヨリ己来教ノ外ニ別ニ傳ル
ト云心ヨリ此禪法ハ事起シカレハ其付属ストイワレシ
正法眼蔵トハイカナル事ソト尋ルニ是又別ノ事モ
ナシ一心法ヲヨツミシレハト云事セサテ其心ハ有ト
傳タルカ無ト傳タルカト申セハ無ト侍レモノニテ侍リ
此故ニ其傳法ノ偈ニモ法ノ本法ハ無法也無法ノ法

『妙貞問答上巻』（天理大学附属天理図書館蔵、吉95-65）

けでなく、一五九〇年の日本イエズス会第二回総協議会に参加した数少ない日本人イルマンのひとりである。そして、彼が、『妙貞問答』を著した後棄教し、徳川幕府のきりしたん弾圧政策に協力したこともよく知られている。一六二〇年には排耶書『破提宇子』出版し、きりしたん教界に衝撃を与えた。

『妙貞問答』は、いくつかの重要な側面をもつ。中でも重要なのは、きりしたん時代に日本人きりしたんによって書かれた唯一の現存する書物であることだ。この書によって、当時の日本人が、いかにきりしたんを理解し、それを自らの言葉で記したのかが分かる。(257) 徳川時代の殲滅政策の結果、日本人信仰者の教理理解を示す直接資料は、事実上この一冊に限られており、大変貴重な資料になっている。近年、その全英語訳が出版された。(258)

『妙貞問答』は、パードレから直接教えを受けられない由緒ある女性らを対象に書かれており、妙秀尼ときりしたん女性幽貞との問答として展開し、上、中、下の三巻で構成されている。上巻は「仏法之事」とし、仏教各派、とくに天台、法華、真言、禅、浄土宗について詳しく批判している。釈迦、阿弥陀は被造物にすぎず、覚りは空無であるとして、後世（後生）の扶かりは「貴理志端ノ外ニハナシ」と結論付けている。中巻は「儒道之事」、「神道之事」とし、儒教と神道を論駁したものである。
きりしたんの教えそれ自体については、下巻で語られ始める。その内容は目次により概観できるだろう。

・貴理志端之教之大綱之事
・現世安穏、後生善所之真之主一体在マス事
・後生爾生残者ヲ阿爾摩羅志与那留＊与云事
・後生ノ善所ヲパライゾト云イテ天ニ有、悪所ヲバインヘルノト云テ地中ニ有事
・後生ヲ何トスレバ扶リ、何トスレバ扶カラヌト云コト
・貴理志端之教ニ付、色々ノ不審之事

＊阿爾摩羅志与那留（あにまらしよなる）：理性魂、人間の魂。Anima（ラ）、racional（ポ）。

この目次から、ハビアンがきりしたん教理を「後生の扶かり」を中心に説明したことがよく分かる。章が進むにつれて、後生の救済を可能にするデウスから、後生に生き残る人間の霊魂へ、さらには、後生の場所としての天国と地獄へと話題が移り、最後には、後生の救済を得るために人間が行うべき事柄について語っている。

後生の扶かりを強調するきりしたんの教えでは、誰があるいは何が死後救われるのかが、当然、大切な要点になる。ハビアンは、「人間ニハ後ノ世マデ生ル命ガサフラフゾ」と語り、動植物とは異なる人間の死後の生命について説明する。この人間の魂（アニマ）についての教えはきりしたん救済論の鍵概念の一つになる。アニマには動植物のそれを含め三種類あることが教えられた。すなわち、植物のアニマである「アニマ-ベゼタチイバ」

（*anima vegetativa*）、動物のアニマである「アニマ-センシチバ」（*anima sensitiva*）、人間のアニマである「アニマ-ラシヨナル」（*anima rationalis*）である。[259] このうち人間のアニマが最上である。そして、今ある存在の中で、「アニマ-ラシヨナルを具セル人倫〔人間〕ヨリ外ハ、何レモ後生ト申事侍ラズ」と、死後も生きる人間の特性が語られた。[260] このような人間のアニマは、ハビアンの後の排耶書『破提宇子』でも主要テーマの一つとなった。植物や動物のアニマが、「色相ヨリ出デ色相ノミニ当ル用ヲナス精命」であるのに対し、人間のアニマは、これら二つのアニマの能力に加えて、「是非を分別スル」アニマで、「スピリツアル-スヽタンシヤトテ、無色無形ノ実体」である。[261] そしてそれは、「色相ヨリ出ズ。D〔デウスのモノグラム〕ヨリ一身の主ト作リ玉フト云処」が明らかで、「色身トツレテ〔連れて〕滅セズ、後生ニ生残テ、現世ノ業ニ随テ、永劫不退ノ苦楽ニアヅカル者也」と記された。[262]

背景

なぜ、きりしたんの教えの中で、人々の救済の場をこれほどまでに後生に限定する必要があったのだろうか。一つには、キリスト教の救済は死後のみにかかわることと翻訳者が理解し、あえて「後生の」いう語を挟むことでキリスト教救済の意味を明確にしようとした、と考えられるだろう。しかし、当時の日本の宗教世界において、「後生」とは、単に時間的に現世と区別された領域ではなかった。それは、救済の本質にかかわる大変重要な概念だった。

いうまでもなく、日本において、この死後救済の概念は長い間の仏教の思想と実践の影響の下に形成されたものである。当時、死後救済の教えの最も顕著な例として、阿弥陀仏の西方浄土への往生を説いた浄土信仰の教えがあった。中でも本願寺八代の蓮如（一四一五―一四九九）が門徒に書き与えた「御文」（御文章）は、きりしたんが栄えた十六世紀後半にあっても木版により何度も印刷され、一向宗の信仰に大きな影響を与えていた。「御文」の中に次のような教えを見ることができる。

信心をとり弥陀をたのまんとおもひたまはゞ、まづ人間はたゞゆめまぼろしのあひだのことなり、後生こそまことに永生の楽果なりとおもひとりて、人間は五十年百年のうちのたのしみなり、後生こそ一大事なり、とおもひて……(263)

こうして蓮如は、この世の人生は「ただゆめまぼろし」であり、後生こそが「まことに永生の楽果」であり、「一大事」であると説いている。

浄土への往生は、教えとして説かれるだけでなく、現実に実践されたものもあった。最も劇的な例として、観音浄土（補陀落）への往生をめざした補陀落渡海が挙げられるだろう。人は船に乗って、生きながらに遠い南の海上にある補陀落世界へ至ることを目指したのである。渡海とはいえ、実際には海上のどこかで身体に石を縛り付け入水したので、一種の自殺儀礼であり、十名以上の集団でされることもあった。補陀落渡海はとりわけ十六世紀に顕著に行われた。熊野の海岸がその場所（出発地）となることが多かったようだ。「熊野年代記」によれば、八六八年から一七二二年の間に合計二十回の渡海がなされ、そのうち九回が一五三一年から一五九四年に集中している。これらの中には、日本を訪れた宣教師が目撃したものもあった。(264)

死後救済の概念が深く日本人の宗教的情操に根付いていたことから、人間の救済の場としての後生を強調するきりしたんの教えは、明確な「宗教的色合い」を得ることができた。イエズス会宣教師が来航したとき、「後生」とは宗教的イディオム（慣用句）であった。「後生」というイディオムは起源からすれば仏教的色彩、とくに当時の人々の印象からすれば浄土真宗の色合いを帯びたものであったろう。しかし「後生の扶かりのために」という語句がきりしたんの教えの中にちりばめられたとき、きりしたんの教えは、聴く人の耳に、ずいぶん親しみある教えに響いたに違いない。信徒告白の記録である『コリャード懺悔録』の中で、きりしたん信徒は「後生を扶かる為にお水〔洗礼〕を授かるより外別の道が無いところで、誰とてもゼンチョ〔異教徒〕の者共は後生を扶かること曾て罷りならぬ(265)」と答えている。きりしたん信徒にとって、洗礼と後生の救済は、たすかるための手段と目的として明確に結びついていたのだった。

後生の扶かりを強調するきりしたんは、キリスト教の教えを妥協的に日本の状況にあわせたのであろうか。西洋のキリスト教が死後救済の重要性を説いていたことを考えれば、そうではなく、本来の主張をしたに過ぎないとの理解も成り立つ。しかし、いずれの場合であれ、日本人の聴衆の立場から眺めるとどうだろうか。キリスト教と仏教との間の対立を見た後、この類似性は、あるいはより重要なことには、キリスト教が日本の宗教用語をその教えに適応したことは、受容者の心に何を導いたのか。送り手が期待したであろうように、それはただ言葉の問題であり、メッセージそのものは純粋さを維持できたのだろうか。むしろ、キリスト教と仏教は知識人のレベルでは激しく反駁し合っていても、日本語で書かれたり話されたキリスト教の教え——「きりしたん」の教え——に触れた日本人は、両者は相互に大変近いものとしてとらえたのではないか。

彼らの耳には、きりしたんの教えは、それまで親しんでいた仏教の教えに「類似した」あるいは「似せられた」教えと聞こえたのではなかったか。彼らにとっては、日本語で与えられた教えがきりしたんの教えのすべてであった。西洋から伝来したキリスト教の教えが、当時の日本人になじみのある宗教用語——その多くは仏教語——を用いて語られたとき、人々がそれに対し仏教的な印象を受けたのは当然である。そして、このことは、どんな時代や土地であれ、宗教が言葉の壁を越えて現地の言葉で伝えられるときには避けることのできない「類似」であり、伝道者側から見れば「妥協」なのである。

「現世安穏、後生善所」

しかし重要な疑問が残る。それは、上にみた『妙貞問答』の目次にもある「現世安穏、後生善所」という表現である。これは、「是の法（仏の教え）を聞き已って、現世安穏にして後に善所に生ず」（妙法蓮華経[266]）を典拠にした仏教語であるが、ハビアンは、「後生」の救済を明らかに強調する中で、なぜ現世での安楽を語るのだろうか。この点も当時の日本の宗教観と同調しているのだろうか。

「後生の扶かり」を強調する日本人の宗教意識をさらに詳しく見ると、そこには、死後の救済だけではなく、現世での利益（現世安穏）に対する期待もあることが分かる。一般的に、日常の生活の中で病気や貧困などさまざまな困難を経験する人々が、まずはその解決を神仏に願ったのは当然のことであり、死後の救済を最終目標にかかげる宗教でも、現世においてなんらかの救いを与えられなければ、広く民衆が受け入れることはなかっただろう。当時の日本の宗教では、後生の救済が強調される一方で、人々は現世での幸福も当然求めていた。人々が抱いたこの世とあの世での安楽への期待と、それに対する宗教からの応答を端的に表したのが、「現世安穏、後生善所」という言葉に他ならない。

この視点から先の補陀落渡海を再び眺めてみると、なるほど渡海という行為それ自体は観音浄土への往生を目指したものであったが、それは「現世」から切り離されたものではなかった。その実現のためには、船や衣服などさまざまな物質的、金銭援助が必要で、これらを用意したのは、檀那と呼ばれる信徒たちである。その代わり渡海者は、協力した信徒の穢れをこの世から持ち去り、彼らとともに象徴的に観音浄土に赴いたのだった。こうして、補陀落への往生という死後の救済を基礎に、この世での幸福も信徒たちには保障されることになった。渡海が行われた後に建てられた碑文に渡海者と檀那の名前とともに刻まれた「現世安穏、後生善所」という文字は、[267]このような現世・後世二重の救済観を大変よく表している。

それでは、上で紹介したもう一つの仏教的例である蓮如の場合、二つの世の安楽を求める人々の期待にどう応えていたのだろうか。蓮如は、後生のための念仏が現世の幸福を祈ることになると、稲と藁のたとえを用いて説明している。

それ現世をいのる人はわらをえたるがごとし、後生をねがふ人はいねをえたるがごとし、とたとへたり。いねといふものいできぬれば、をのづからわらをうるがごとし。[268]

蓮如はこうして、後生の扶かりを最終的、究極的なものとしながらも、それを祈ることは、おのずと今生の生活にも利益をもたらすと教えた。「現世安穏、後生善所」の教えと同様、後生のための信仰実践が現世においても利益をもたらすとしたのだ。信仰は、いかに後生の大切さを説いても、同時にこの世において病や貧困などさまざまな困難を経験している人々にも訴えるものでなくてはならない。宗教的利益は、現世と後生（当世）の両方で約束されなくてはならないのだ。それは、純粋に神学的（教学的）な立場からすれば、宗教的理想を人々の現実的で世俗的な関心と妥協させることになるのかもしれない。しかし、人びとにとっては、今を生きる力になることが宗教に魅力を感じる主な理由であることは否定できない。

もっとも、ここで後生と現世の救済の連続性は過度に強調すべきではないだろう。なぜなら、連続性の裏側で、二つの世界の救済には歴然とした違いがあるからだ。藁は稲の二次的産物に過ぎない。蓮如のことばには、現世と来世の救いには連続と同時に断絶が存在することが示唆されている。

きりしたん書の中にも、死後救済の概念とともに、救済の場として現世と来世の二つが想定されていること、さらにはその二つの場での救済には連続と断絶があることを見出すことができる。『どちりいな』は、デウスについて「是即我等が現世後世共に、計らひ玉ふ御主也」[269]と説明している。これは、『妙貞問答』にある「現世安穏、後生善所之真之主一体在マス事」と同様、デウスの摂理が現世と後世の二世でもたらされること示している。デウスの「計らひ」の場としてこの世とあの世での連続性が示されているのである。ゆるしの祈りの手引書『こんちりさんのりやく』は、「こんちりさん」（痛悔）について後生の救済に不可欠な罪のゆるしを得るための根本手段として教える。しかし同時に、「現在には勇健息災にながらゐさせたまい、後生においてわ、心にもことばにもおよばん終りなき快楽十満のばらいそを、と丶のゐ置きたもふもの也」と、[270]「こんちりさん」が現世にも利益をもたらすものとして説いている。

きりしたん信仰の意義を「現世安穏、後生善所」と説くハビアンの『妙貞問答』にも、日本人信徒がきりしたん信仰にこの世での利益を期待する記述が当然のように見受けられる。ハビアンは、全体として、後生の救済を中心に明快な構成のもと教理を説いているが、その中にあって、妙貞に「現世ノ寿命福禄、後世の安楽善処ヲモイノリ玉フトアルヲバ知ラデ、キリシタンノ教ヘハ何モカモ打破ラル丶トノミ申ハ、云ハレヌコトニテ侍ル」と語らせ、さらに「二世ノネガイヲバ此D〔デウスのモノグラム〕ヘ掛マイラセン外ハナシトハキマヘテサフラフ」と、彼女が現世と後生の二つの世で扶かりをもたらすデウスの存在に喜ぶ場面を描き出している。[271]

しかし、『どちりいな』では「是即我等が現世後世共に、計らひ玉ふ御主也」と説いた直後に、「此御一体を拝み、貴び奉らずしては、後生の御扶にあづかる事、さらになし」と続いていることには注意が必要だ。[272] これは、人間の救済は「後生」の救済に限定されることを指し、それはきりしたん信仰の目的として説かれた後生の扶かりの主張に他ならない。つまり、蓮如の教えと同様、きりしたんの教えにおいても、現世と後世の救済の間には連続性と非連続性があった。それは、神の「計らい」の場としての連続性と、人間の「扶かり」の場としての非連続性と理解することができるだろう。

二　きりしたんの神々

きりしたんの教えに現れる超越者（神々）の中でハビアンはデウスにその議論をほぼ集中しており、イエスは、わずかに使徒信条から直接引用した中で触れているに過ぎない。[273] このことから、かつて遠藤周作は、ハビアンのイエス理解は乏しいと考えた。遠藤は、ハビアンが最高レベルの知的きりしたんの一人で、最も深くきりしたんの教えを理解したであろうことを考えると、一般的な日本人信徒によるイエスの理解はさらに低かったのではないかと推測した。[274] たしかに、ハビアンの書では、本来キリスト教の教えの根幹であるイエスによる贖罪すら語られていない。彼が『妙貞問答』の中で日本の宗教を厳しく批判し、また、きりしたんの教理を体系的に論じていることを考えると、これは不思議である。

きりしたん教理書を別にすると、日本語で書かれたイエスに関する最も詳しいものは、雪窗宗崔の反きりしたん書『対治邪執論』であろう。彼は、きりしたんの教えそれぞれについて、批判する前にその内容をまとめ記している。このまとめの部分は批判とは切り離されており、きりしたん教理については中立に近い形で説明されていて、他の反きりしたん書に比べると先入観が抑えられている。

雪窗は、『対治邪執論』の中の二か所で直接キリストに言及している。最初の箇所は以下のようである。

泥烏須《でうす》天地を造りてより已来、六千年を歴て後、是寸喜利志徒《ぜすきりしと》生まる。自ら曰く、「我はこれ頗羅夷曽《ぱらいぞ》の主、無始無終の尊、天地を造作し、万物を健生せる泥烏須の化身なり。衆生の後世を救はんがために仮りに世間に降生す。我が教へに随ひて、一たび天主に頼る者は、たとひ罪悪山の如くなるも、すなはち消滅し、天主これに天堂の楽を与へん」と。(275)

二か所目は、キリストの磔刑、贖罪、復活に関するものである。雪窓によれば、

喜利志徒曰く、「我、衆生の後生を救はんがために心を甘なひ身を捨て、十字架に懸り、衆生に代りて苦悩を受け、以てその罪を贖ふなり」と。その後七日を歴て再び活きて種々の奇特あり。これにより諸人恭敬することと限りなきなり。その後、生身にして天上に昇り去る。然るときんばこの法を除きて外に、別に人を救ふの道なし。今生は一夢の中なり。早くこの宗旨に帰すべしと。(276)

これらは、当時の日本人によって記されたイエス・キリストに関する最も詳細なものであろう。雪窓は、「喜利志祖と言ふは是寸喜利志徒立つところの宗旨なり」と述べて、イエスがきりしたん宗の開祖であると理解する。(277)そして彼は、きりしたんの教えは仏教の教えと類似しているとし、キリストが釈迦の教えを学んだ後に異端（外道）を起こしたと主張する。こうして、雪窓のきりしたん批判は、そのような教えを誤って創り出したイエスの批判へと向けられる。

ハビアンがキリストについてほとんど語っていないことから、遠藤を含む多くの研究者は、彼が結局キリスト教全体についてよく理解していなかったとの印象を抱いている。しかし、神学的規範から離れて眺めると、大切なのは、キリストについての語りが不十分であることよりも、むしろなぜデウスに「神々についての語り」が集

中したのかという点であろう。したがって、検討すべきは、デウスが当時の日本人に対してどのように教えられたのか、そして、それは当時の日本の宗教文化の中で何を意味したのかということである。

『どちりいな・きりしたん』は、デウスについて以下の属性をもって説いている。すなわち、天地万物の創造者＝「天地の御作なされ手」、唯一の存在＝「御一体」、自然界、人間世界、人間の運命を支配し司る＝「育て、治め玉ふ」[278]。さらに、デウスは、霊的な存在（スピリツアル-ス、タンシヤ spiritual sustancia）であり、最高の知性（サピエンチイシモ sapientissimo）、最高の慈悲（ミゼリカルヂイシモ misericordissimo）、最高の正義（ジユスチイシモ justissimo）と能力（ヲムニポテンテ omnipotente）を備えているとも教えられる[279]。ここでは、デウスの属性のうち、天地万物の創造者と唯一の存在に着目し、きりしたんの神の排他的な性格について考えたい。

「けれど」（使徒信条）の第一条「真に信じ奉る。万事叶ひ、天地を作玉ふでうす-ぱあてれを」に見られる、世界の創造主としてのデウスは、日本人にとって新しい概念（神観）であった。『どちりいな』が刊行されたとき、きりしたんの間では、「天」や「天主」などの儒教的用語がデウスに代わる言葉としてよく使われていた。『どちりいな』の四年後に出版された *Dictionarivm Latino Lvsitanicvm ac Iaponicvm*（『羅葡日対訳辞典』）には、Tenson（天尊）Tentei（天帝）Tentō（天道）がデウスに代わる言葉として記載されている。また、一六〇三年の *Vocabulario da Lingoa de Iapam*（『日葡辞書』）には、Tenxu（天主）も追加されている。しかし、小堀圭一郎は、全世界の創造者としてのデウスの特性は、当時、日本のどの神々の概念とも異なり、それはデウスの代わりに最もよく使用された「天道」も例外ではなかったという[280]。事実、ザビエルは一五五二年一月二十九日の書簡で、日本人はそれまで世界の創造者については教えられたことはなく大変驚いた、と述べている[281]。世界の創造者（そして人間の魂の創造者）という概念は、日本人には新しく難解であった。だからこそ、『どちりいな』でも詳細な説明が必要だったのであり、創造者としてのデウスをめぐる師弟の間の議論の形にしてまで描かれたのだった。

海老沢有道は、創造者としてのデウスのイメージの独自さと難解さから、「きりしたん」になるかどうかはその理解次第だったのではないか、と考えたようだ。彼は、「日本においては、創造主であり、われらが御親としてのペルソナ（位格）を認識することは、すなわち神儒仏の信仰を否定することであったのであり、それだけで、キリシタンたりうる資格が充分認められたことであろう」と述べている。[282] 小堀も、同様に、人々がきりしたんになれたにも関わらずならなかったときは、「あれ」というだけで事物を無から創造したという創造者が受け入れられなかったからだという。[283] 海老沢が述べるような、創造者としてデウスの教えを受け入れることは自動的に他の神仏への信念を否定することになる、とは西洋の一神教的前提であり、日本のきりしたん信仰を理解するうえで問題がないわけではない。さらに、そのようなデウスの理解だけで、きりしたんとみなされるに十分であったという見解には慎重な判断が必要だ。しかし、海老沢と小堀の見解は、十六世紀の日本の宗教文化における、創造者デウスの教えがもつ独自性と特異性を指摘している点において正しい。

世界の創造者としてのデウスの概念は、きりしたんの唯一神（「御一体」）の教えの根拠となった。そして、唯一神デウスへの信仰は、「まんだめんと」（十戒）に見るように、きりしたん信仰の排他的性格として現れた。こうして、創造という概念がきりしたんの排他的信仰の鍵となった。デウスは唯一の創造者であるから、崇拝すべき唯一の神である。世界中の他のものはすべて被造物である、よって崇拝されてはならない。この論理に従えば、神や仏は被造物であり人間と変わるところがない。この主張がヴァリニャーノの*CATECHISMVS CHRISTIANAE FIDEI*（『日本のカテキズモ』）の中でも展開され、イエズス会が常に日本の神仏を否定する根拠となった。[284]

後で述べるように、唯一の超越的存在という教えが、それまでの日本の宗教思想に全くなかったわけではない。しかし、きりしたんのように、一神教的思想が排他的宗教実践を求めて他のすべての宗教的行為を否定したとき、それは折衷的宗教文化の日本では特異なものとなり、潜在的に他者との衝突を招く。宣教師伝来の前にもその事例は存在した。一例が日蓮（一二二二―一二八二）の教えであろう。日蓮は、法華経の至高性を教え、題目を唱える行為を排他的な宗教行為として唱導した。日蓮は、他の日本の宗教的指導者とは異なり（しかし、きりしたん宣教師と同様に）、他の（仏教的）教えとの対立をその思想の中に取り込んだ。中世末期から近世初期にかけて起こった不受不施運動は、この法華経的排他主義の事例である。ただし、重要なのは、他宗に対し攻撃的で対立的な日蓮の排他主義は日本では特異なままであったことであり、この先行事例によって、きりしたんの排他的姿勢が与えた衝撃の大きさが減じられて理解されるべきではない。

日本の宗教伝統においては、一神教的教えが必ずしも排他的宗教行動につながるわけではなかったことは、まさに蓮如の御文によく表れている。まず、蓮如は信者に対し「ナニノワツラヒモナク、弥陀如来ヲ一心ニタノミタテマツリテ、ソノ余ノ仏菩薩等ニモコヽロヲカケスシテ、一向ニフタコヽロナク、弥陀ヲ信スルハカリナリ」[285]と、他の仏や菩薩には心をかけず阿弥陀に対してのみ信仰をもつよう教えている。しかしその一方で、蓮如は他の「諸神諸菩薩」を無視せよとは説いていない。他の信仰に対する具体的な心構えは、次の御文に明確に読むことができる。

ステニ安心決定セシメタラン人ノ身ノウヘニモ、マタ未決定ノ人ノ安心ヲトラントオモハン人モ、コヽロウヘキ次第ハ、マツホカニハ王法ヲ本トシ諸神諸菩薩ヲカロシメス、マタ諸宗諸法ヲ謗セス、国トコロニアラハ守護地頭ニムキテハ疎略ナク、カキリアル年貢所当ヲツフサ沙汰ヲイタシ、ソノホカ仁義ヲモテ本トシ、マタ後生ノタメニハ、内心ニ阿弥陀如来ヲ一心一向ニタノミタテマツリテ、自余ノ雑行雑善ニコヽロヲハトヽメスシテ、一念モ疑心ナク信シマイラセハ、カナラス真実ノ極楽浄土ニ往生スヘシ。(286)

外面的には他の宗教実践に対し協調あるいは尊重さえする一方で、内面では、最も重要な救済論的課題である極楽浄土への往生のため、唯一、阿弥陀のみに願いを掛ける。このことは、異なる二つの面を使い分けていると説明されがちだが、そのような説明自体がすでに排他的一神教の前提に立つものである。蓮如の教えでは、他宗や社会的権威を誹謗せず受け入れることと阿弥陀を信じることは互いに相反するのではなく、互いに補完し、共存するものである。(287)

文明六（一四七四）年午甲正月十一日の御文で、蓮如は明らかにこの論理を用いて門徒に神や他の仏教宗派を誹謗しないように（「諸法諸宗トモニコレヲ誹謗スヘカラス」）説いている。彼は、神、仏、菩薩、そして阿弥陀如来を二層の階層からなる顕現、すなわち、垂迹の体系によって説明する。具体的には、「神明トマウスハ、ソレ仏法ニヲヒテ信モナキ衆生ノ、ムナシク地獄ニオチンコトヲカナシミオホシメシテ、コレヲナニトシテモスクハンカタメニ、カリニ神トシテアラハレテ」(288)と、まず神とは仏や菩薩の仮の現れであると説く。そしてさらに、そのような諸仏菩薩は阿弥陀如来の分身であるとして、包括主義的な阿弥陀如来観を提示する。「諸仏菩薩ト申コトハ、ソレ阿弥陀如来ノ分身ナレハ、十方諸仏ノタメニハ、本師本仏ナルカユヘニ、阿弥陀一仏ニ帰シタテマツレハ、スナハチ諸仏菩薩ニ帰スルイハレアルカユヘニ、阿弥陀一体ノウチニ、諸仏菩薩ハミナコト〳〵クコモレルナリ」。(289)

蓮如は、日本の神仏習合の伝統の中で、本地垂迹論を援用しながら、阿弥陀仏の究極性を説いた。もちろん、きりしたんの教えは、この論理を意図的に適用して日本の他宗教との対立を避けることはなかった。ヨーロッパ人宣教師が本地垂迹論を理解したか否かは不明だが、仮に理解していたとしても、それを適応してデウスの唯一性について説こうとは思わなかったであろう。

阿弥陀仏とデウスは、同じように、後生の人間の救済を唯一可能にする存在として説かれているが、その実践に関しては、蓮如ときりしたんとの間に大きな違いがあった。日本の折衷的、習合的な宗教土壌において、一つの信仰がそれ以外の宗教に対する一切のかかわりを否定する排他的な実践を要求したとき、それは、ただ新しいだけでなく、異質で危険な思想となる。その結果、他の宗教伝統との間のみならず政治権力との間にも緊張を引き起こした。きりしたんの教えの排他的特徴は、日本社会において常にきりしたんの立場を困難にする可能性を内包していたのである。

すでに見たように、ヨーロッパ人宣教師が日本人の理解を得て日本社会に根を下ろすためには、日本の宗教用語や、教団組織、日本人スタッフ、日本式の生活・文化習慣など、さまざまな日本に既存の「状況」を用いざるを得なかった。さらには、日本人向けに日本語で記されたイエズス会のメッセージ（＝きりしたんの教え）は、ヨーロッパの教理書からは多くの修正を必要とし、日本の宗教や文化の概念を取り込むことも求められた。しかし、それでもなお、彼らのメッセージは当時の日本の他の宗教とは異なっており、その異質性の本質的理由はデウスに対する排他的信仰であった。イエズス会の立場からすれば、そのような排他的思想と行動は、G・エリソンが述べるごとく、日本における「キリスト教勝利主義」の現れであり、キリスト教伝道を阻害するすべての宗教的信念、実践、象徴を打ち砕くためであったのだろうか。(290) 一五四〇年のローマ教皇パウルス三世が勅書 *Regimini Militantis Ecclesiae* で認可したイエズス会の「基本精神綱要」（Formula Instituti）の冒頭で謳われるように、彼らは、「十字架の旗のもとで神に服する兵役につき」、行動したにすぎないのだろうか。(291)

イエズス会の宗教的不寛容は日本の宗教文化の否定と破壊となって現れた。その対象は、婚姻や先祖供養などの民衆の習俗・風習・慣習から、神道、仏教、儒教の神仏、その信仰、実践、象徴、施設にまで及んだ。仏僧、修験者、陰陽師などの宗教者も例外ではなかった。イエズス会は日本の他宗に対する排他的メッセージを実際の行動に移した。一五七七年、平戸にいた司祭たちは、その地の寺院の仏像や経を焼いたという。(292) 一五八二年、島原にいた準管区長ガスパル・コエリョ（Gaspar Coelho, 1530頃-1590）とフロイスは、有馬の僧侶がイエズス会から隠していた仏像を破壊し、積み上げた仏像に火をつけた。(293) また、松田毅一によれば、一五七四年、大村純忠が彼の藩内においてきりしたん教会として使用されていたものを除きすべての宗教施設を破壊するよう命じたのは、コエリョの強い要求によるものであった。(294) 同様の事例は、大名や領主がきりしたんを保護していた九州や畿内にもあったことは想像に難くない。高山右近が明石に領主として移ったとき、彼の高槻でのきりしたん保護政策を知っていた当地の仏僧たちは、仏像を守るため大坂まで移動させたという。(295)

イエズス会士は民衆の先祖供養を否定したので、きりしたんは、先祖の魂を供養する手段を失っただけでなく、きりしたんに改宗していない先祖は地獄へ行ったので救済されることはないと教えられた。日本人にとって、これはきりしたんの教えの中でも大変つらい部分であったに違いない。ジョージ・B・サンソン（George B. Sansom, 1883-1965）は、これは「深く根付いた習慣と異質の概念が対立したとき」に、一般的に生じる結果であると述べている。彼がさらに指摘するように、神学や哲学の思考を備えた宣教師自身は、「対立する論点を個人としてさほど傷つくことなく受け入れられるかもしれないが、組織化された社会の一員としての日本人信徒にとって、彼らの最も重要な行動規範の一つが全く誤りであったと認めるのは不可能に近かった」。人びとにとって、それは、単に馴染んだ習慣の一つを放棄することではなかった。「大切にしてきた信念を失うことの衝撃は、人びとの生活バランスを失わせ、彼らを取りまく社会的秩序に影響を与えるものであった」。(296)

このサンソンの指摘は正しい。それはイエズス会日本伝道に深刻な打撃を与えかねない問題であった。しかし、すべての宣教師がこの潜在的危険に気付かなかったわけではない。ヴァリニャーノは、カトリックの婚姻の教えが日本の慣習と対立する可能性があることを知り、婚姻に関するカトリック教会の規範、とくに離婚の禁止を説く難しさを述べている。例えば、日本人は常に土地や住まいの保障がなく領地を移動しているので無数の婚姻が破棄される。なぜなら領地から追放される夫は妻を連れようとせず、また妻も夫とともに他の土地に行くことを望まないからである。しかし武士は妻なしではその役割を果たせないので、多くの武士が再婚する状況になっている。(297)

このような状況のもと、ヴァリニャーノはキリスト教の婚姻の教えをどう説けばよいのかと困惑する。そもそも最初の婚姻の離婚も再婚も認められないので、きりしたんは最初の妻に戻らなければならないが、日本人は、どんな相手でも離婚できないとは不当であると感じ、それをきっかけに、きりしたん信仰の全体を受け入れないことになりかねない。ヴァリニャーノは、カトリックの婚姻の教義（「学識者たちの一般的意見」）を説くことを深く憂慮した。そして彼は、日本においては、離婚—再婚に際しては、最初の結婚は真実のものではないと（よって、再婚を認めるようにと）決定されるべきであり、すでに再婚した者で「キリスト教徒になった者については信仰を守るためにこれを見逃し、現在のところはこの教義を説いたり弘めたりせず、司祭達は、彼等が異教徒の時に棄てた初めの妻のことを無視して洗礼を授け、告白を聴き結婚させることができるものとする」よう、ローマにおいて決定されるべきであると進言する。(298)

ヴァリニャーノの報告から、彼が、当時のヨーロッパ・キリスト教の一神教的排他主義に拘泥せず、教義を思慮深く慎重に宣教地の実情に合わせて適応しようとしたことが理解できる。もっとも、「適応」とは伝道の「方法」に関することである以上、一神教的デウス観そのものに変化があった訳ではない。彼が他の多くの宣教師と異なっていたのは、キリスト教に改宗させようとした人々の状況について繊細であったこと、彼らの側に立って考えることができたことである。

歴史家は、ヴァリニャーノのこのような例をもってその適応主義に着目し、評価することが多い。しかし、彼の適応主義の目的は最終的には改宗事業のためであり、自らを相対化して現地の宗教文化の価値を評価したものではない。これは彼の『日本のカテキズモ』から容易に指摘できることである。今日、彼が歴史家の好意的な評価を受けることは、第二ヴァティカン公会議以降のカトリック教会の「諸宗教の神学」による、他宗教、他文化の評価の大転換によるところが大きいのかもしれない。「包括主義」的な他宗教観に基づくそれは、インカルチュレーション（inculturation）、ローカル・セオロジー（local theology）といった、伝道地の文化に適応し、根差した伝道の在り方の主張を伴う。また、カトリック教会による積極的な諸宗教の集いや宗教間対話の呼びかけにもつながった。そのような今日のカトリック教会による他者へのアプローチが、きりしたん研究にも投影したと考えることも可能であろう。歴史記述が今日的関心を投影し、語り手の価値とイデオロギーを下地にした歴史観に基づく以上、きりしたん史においても記述者の今日的価値が変化したとき、光が当てられる部分は変わってくるのかもしれない。

一般信徒がデウスを知識的にどのように理解したかを示す資料はほとんどないが、宣教師による排他的言動もあって、デウスを唯一神としてよく理解していた日本人信徒がいたことは想像に難くない。コリャードがまとめた告解の記録には、次のような司祭と信徒のやり取りを読むことができる。

神父：デウスと申すは何でござるか？

信徒：デウスと申し奉ることは万事叶ひ給ふ、万の源、天地森羅万象を作り、それぞれの御計らひ手、初めもない果しもないご尊体御方でござる。
神父：されば、デウスは幾つでござるぞ？
信徒：いやいや、デウスの尊体は只御一体でござる。
神父：どく〔どこ〕で聞きまらするも、その沙汰がござるぬ。とかく三つと聞き及びまらしてござる。
信徒：あう　そのおことでござる。御意の如く、デウスの御理に就いて、三つ、とも御一体とも聞えまらすれども、三つと申す時は、デウスのペルソナの御所に当たりまらする、又御一体と承るは、デウスのヂビニダデと云つぱ〔云うは〕、御尊体にあひ叶ひ給ふとキリシタン皆合点仕る。
神父：然ればその沙汰を細かに語つてたもれ。
信徒：緩怠ながら仰せの如くお前で我等が聞知に随つて導かるる為に申し上げまらせうず。先づデウス無量無辺の御知恵、御計らひ、不退の御安楽御哀憐御柔和、又量りましまさぬ万の御善徳その御尊体に籠り給ふこと、これ又御一体の所もゼンチョにまでも明白ぢや。(299)

まるで教科書にあるような信徒の応答から、この資料が果たして実際の告解を記録したものか疑問に感じられることもあるだろう。しかし、コリャードの告解集全体のきわめて赤裸々な内容を見ると、この一部だけを「模範解答」に変更しなければならない理由は考えにくい。むしろ、デウスが森羅万象の創造者であり御一体であること、さらには「ゼンチョにまでも明白」であるとの表現から、デウスの創造者としての特性と一神教的性格は日本人信徒に理解されていたと、この資料からはいえるのではないだろうか。

三　人間とその救済

人間に関して、『どちりいな・きりしたん』は最初に、「人間は色身斗にあらず、果つる事なきあにまを持也」と、人間はただ肉体のみでなくアニマ（霊魂）をもつことを述べる。そして「此あにまは色身に命を与へ、たとひ色身は土、灰となると云とも、此あにまは終る事なし。たゞ善悪に随て、後生の苦楽にあづかる者也」という。このように、『どちりいな』によれば、この世における人の行為は、その人の死後の状況を決定する最も重要な要因となる。後生の幸福を保証するこの世での生き方は、きりしたんになることである。きりしたんの教えを実践することがアニマが救いを得るための唯一の手段である、と教えられた[300]。

このきりしたん的救済論が成立するための根本的な前提として人間の犯す罪（科）がある。きりしたん信仰の救済は人間と神的存在との関係性にその中心があるが、この関係性の中で、人間とは、何にもまして、救済のために神的存在の恩寵とゆるしを必要とする罪びとである。『どちりいな』もこの点を説くが、その最初の一節は以下のようである。

弟：きりしたんのしるしとは、何事ぞや。
師：右に云しごとく、貴き御くるす也。
弟：其故いかん。
師：我等が御主ぜず-きりしと、くるすの上にて我等を解脱し玉ふによて也。
弟：解脱とは何事ぞや。

師：自由の身となる事也。
弟：何たる人が自由に成ぞ。
師：囚はれ人、すでに奴の身と成たる者が自由に成る也。
弟：さては我等は囚はれ人となる身か。
師：中々、囚はれたる奴也。
弟：何たる者の奴になりたるや。
師：天狗と、我等が科の奴也。〇御主の御言葉に、「科を犯す者は天魔の奴也」と、宣ふ由見えたり。故いかんとなれば、人もるたる科を犯せば、天狗即其者を進退するが故に、奴と成ける者也。然にくるすに掛ゝり玉ふ道を以て定め玉ふばうちずもを授かるか、又はいづれのさからめんとなりとも、受け奉れば、其者に御主ぜず-きりしと与へ玉ふがらさを以て、其人の諸の科をのがし、放し玉ふによて、……[301]

『どちりいな』は人間の罪について、基本的に「おりじなる科」（原罪）とデウスの掟を破る科という二種類に分けて教えている。後者はさらにその程度によって「もるたる科」（大罪）と「べにある科」（小罪）に区別される。これらはおもに道徳に関するものだが、その中にあって、「十のまんだめんと」（十戒）の第一条「御一体のでうすを敬ひ貴び奉るべし」は、唯一神たるデウスのみへの排他的信仰を求め、他の宗教的行為にかかわることを否定する教えであり、とりわけ、日本人信徒が注意深くその掟を遵守することを求めたものである。

「科の奴」である人間は、救われるために科をゆるされなくてはならない。科をゆるされるには犯した科を後悔しなくてはならない。「ぺにてんしやのさからめんと」（ゆるしの秘跡）はそのための儀礼であった。きりしたんは、「こんひさん」（告白）か「こんちりさん」（痛悔）を行えば、科がどれほど深刻であってもデウスによってゆるされる、と教えられた。(302) したがって、人は罪を犯したときでもデウスに対する信頼を失ってはならない。きりしたんは、自らが犯した罪は神への反抗的行為となるので、それを悔いなければならなかった。『こんちりさんのりやく』はこんちりさん（痛悔）について以下のように説明し、デウスに「そむき奉りし所を、専一に悔いかなしむ事、これまことのこんちりさん也」と明示する。

こんちりさんの心あてといふは、科ゆへいぬへる（の）に落つべき事をかなしむにもあらず。又わ科ゆゑば《ママ》らいぞの快楽をうしのふべきといふ事をかなしむにもあらず。其外身の損失をかへりみてかなしむのみにもあらず。

第一歎きかなしむべきあて所といふわ、人に心身にこれを万事にこへて、心のおよび力をつくして御大切におもい奉るべき、広大無辺の御主でうすを限りなく嫌いたもふ科をもつてそむき奉りし所を、専一に悔いかなしむ事、これまことのこんちりさん也。(303)

デウスとは「御大切、御慈悲の御親」(304)であり、人は何事にましてデウスに対し「そむき奉りし」行為を悲しみ、後悔しなければならない。『こんちりさんのりやく』は、このことを「これ孝行なる子の、親の命をそむきてのち、身の科をかなしむに同じき也。これあながち折檻をおそれての事にもあらず。たゞ万事にこゑて孝行をつくすべき憐みの親を、ゆゑなくそむきたりし所を口惜しく悔しく思いて、泣く〳〵其赦免を乞うが如く也」(305)と親孝行の喩をもって説明する。

人間の罪（科）についての教えの背景に、「でうすの我にあたゑたもうふ御恩」の概念があった。『こんちりさんのりやく』によれば、デウスが人間に与える御恩には次のことが含まれている。

（１）「御作な（さ）れしもろ〳〵の有情非情にほどこしたもふ徳義を兼そなゑたまへて」、
（２）「あんじよに似たるあにまを下されしもの也」。
（３）「此あにまに知恵分別ならびに自由の徳義をあたへたまゑ」、
（４）「なを又でうすをわきまゑ御大切に存じ、ぢきに拝み楽しみ奉るべき情をあたゑたもふもの也」。
（５）「科をもって御身をそむき奉りし御罰として、色身にわ死におこないたまい、あにまをばいぬへるの丶、苦患に沈めたもふべき仕合せいくたびにおよぶといふとも、かようの儀をさし置きたまいて、かゑつて現在にわ勇健息災にながらゑさせたまい、後生においてわ、心にもことばにもおよばん終わりなき快楽十満のばら《ママ》いそを、と丶のゑ置きたもふもの也」。
（６）「此君われをたすけたまわん為、人界を受けさせられ、くるすにか丶り死にたまゑ、流したもふ御血の御功徳をもつて、我等を天狗の奴よりのがしたすけたもふもの也」[306]。

『こんちりさんのりやく』によれば、デウスよりこれら数々の御を受けている人間がデウスの意思に反する行動をすれば、悉くそれを後悔するのは極めて当然である。そこで、「これを観じてみれば、たれかわ此君を万事にこゑて御大切に存じ奉らずしてあるべき、たれか此御大切に心の溶けわたりて、そむき奉りし所を、心の底よりかなしまざる事あるべき、たれか今より二たびそむき奉るべからずとおもい定めざらんや」と大変強い調子で後悔の必要性を説く[307]。

このように人が自らの罪を後悔するとき、デウスはその慈悲の故に確かにその後悔を受け取る。『こんちりさんのりやく』は「此御主、御慈悲かぎりましまさねば」と広大無辺なデウスの慈悲を教え、さらに「人のあにまのたすかりにこゑて別に望みたもふ事ましまさず」と、デウスはただ人間の霊魂の救済を望んでいると説く。こうして、人間の罪にもかかわらず、デウスは人を「御大切にもやうされ」（人に対する「愛にかられて」）、人間がそれまでの誤りを悔いて今後は行いを正すと決心すれば、たちどころにデウスは人間を罪科をゆるすとされたのである。(308)

罪人としての人間と、人間の罪をゆるすデウスの関係に焦点を当てるならば、きりしたんの救いの教えの構造は、人間の罪深い性質、デウスの慈悲と慈愛、そしてデウスによる救済によって成り立つ。そしてこの構造は蓮如の説く救済観と著しく類似している。彼の「信心」の定義は、人間の悪と罪の性質、慈悲深い阿弥陀仏、そして阿弥陀の「他力」による人間救済に基づいている。

夫当流ノ安心ノスカタハイカンゾナレハ、マツ我身ハ十悪五逆五障三従ノイタツラモノナリ、トフカクオモヒツメテ、ソノウエニオモフヘキヤウハ、カヽルアサマシキ機ヲ本トタスケ給ヘル、弥陀如来ノ不思議ノ本願ナリ、トフカク信シ奉テ、スコシモ疑心ナケレハ、カナラス弥陀ハ摂取シ給フヘシ。コノコヽロコソスナハチ、他力真実ノ信心ヲエタルスカタトハイフヘキナリ。カクノコトキノ信心ヲ一念トランスル事ハ、サラニナニノヤウモイラス、アラコヽロエヤスノ他力ノ信心ヤ、アラ行シヤスノ名号ヤ。(309)

蓮如の御文は人間の邪悪な性質に繰り返し触れている。人間とは「無始曠劫《こうごう》ヨリコノカタノ、オソロシキツミトカ《罪科》ノ身(310)」であるとも諭された。しかし、それほどの身であっても、人間は「弥陀如来ノ光明ノ縁ニアフニヨリテ、コト〳〵ク无《無》明業障ノフカキツミトカ《罪科》、タチマチニ消滅スルニヨリテ(311)」救われる。きりしたんと蓮如の教えの救済論構造はこのように類似していた。さらに、すでにみたように、きりしたん書が多くの仏教語を用いてその教えを説いたことや、後生善所を救済の場として主張したことも合わせると、これら二つの教えは、それらを日本語で聴いた当時の人々には、似たように聞こえた部分は多かったかもしれない。

しかし両者の間には、類似だけではなく明らかな違いもあった。人間の救済を保障する方法において、きりしたんの場合は多くの道徳的、信仰的規則を遵守して、神に対し反抗的態度をとらないようにしなければならず、さらに、ゆるしの秘跡を受けてそれらの規則を破ったことへの償いをする必要があった。そのためにも、彼らは自らが犯した罪を強く心に留めておくよう求められた。一方、蓮如は人間がその悪しき業について全く心配する必要はないと語った。何か特別なことを求めるのではなく、ただ信心のみが必要と説いた。

ソレ当流親鸞聖人ノヲシヘタマヘルトコロノ、他力信心ノオモムキトイフハ、ナニノヤウモナク我身ハ、アサマシキツミフカキ身ソトオモヒテ、阿弥陀如来ヲ一心一向ニタノミタテマツリテ、モロ〳〵ノ雑行ヲステヽ、専修専念ナレハ、カナラス遍照ノ光明ノナカニオサメトラレマイラスルナリ。コレマコトニ我等カ往生ノ決定スルスカタナリ。(312)

こうして、蓮如は、阿弥陀如来に一心に頼み奉ることで往生が決定すると、人の救済の条件を簡潔に説いた。ただし少々複雑なことに、蓮如の教えを聴く人々は、きりしたんのように罪科を後悔することは求められなかったが、だからといって無為のまま過ごすことが許されたわけではない。彼らは念仏を唱えなくてはならなかったからである。教学のレベルでは、きりしたんの説く「ぺにてんしや」と蓮如の念仏は根本的な違いがあった。同じ救済に関する行為だとはいえ、きりしたんの償いとは異なり、念仏それ自体は救済を約束する行為ではなかったからである。人々の救済は阿弥陀の本願によりすでに確約されており、人々の救済の成就はすでに保障されている。念仏は、阿弥陀仏に後生の救済を委ねる行為であり、阿弥陀の偉大なる慈悲よりもたらされる限りなき御恩に対する感謝の表現であった。それ故、蓮如は次のように教えている。

> サテコノ信心決定ノウヘニハ、タ、阿弥陀如来の御恩ヲ、雨山ニカウフリ《蒙り》タル事ヲノミヨロコヒオモヒ奉マツリテ、ソノ報謝ノタメニハ、ネテモサメテモ念仏ヲ申スヘキハカリナリ。ソレコソ誠ニ仏恩報盡ノツトメナルヘキモノナリ。(313)

果たして念仏が阿弥陀如来による「救いに対する感謝」に集約されるのか、あるいはそれは「救いに対する希求」であるかは、教学的には繊細であっても大切なテーマであろう。ただし、この違いは、念仏を実践した一般信徒にはあまり意識されなかったかもしれない。念仏はとにかく唱えなくてはならなかった。宗教儀礼の目的に「感謝」か「希求」の曖昧性――より積極的には両義性――があることは珍しいことではなく、念仏に限ったことではない。蓮如の信徒の大半は、阿弥陀如来による救済への感謝の心とともに、救済を祈願して念仏を唱えたのではないだろうか。右と同一の御文に現れる蓮如のことばは、そのような念仏の両義的な解釈を認めるものである。

> なにのやうもなくひとすぢにこの阿彌陀ほとけの御袖にすがりまひらするおもひをなして、後生たすけたまへとたのみまうせば、この阿彌陀如来はふかくよろこびましまして、その御身より八万四千のおほきなる光明をはなちて、その光明のなかにそのひとをおさめいれてをきたまふべし。（中略）この光明の縁にもよほされて、宿善の機ありて他力の信心といふことをばいますでにえたり。これしかしながら、彌陀如来の御かたよりさづけましましたる信心とはやがてあらはにしられたり。ゆへに、行者のをこす所の信心にあらず、

彌陀如来他力の大信心といふことは、いまこそあきらかにしられたり。これによりて、かたじけなくもひとたび他力の信心をえたらん人は、みな彌陀如来の御恩のおもひはかりて、佛恩報謝のためにはつねに稱名念佛をまうしたてまつるべきものなり。(314)

こうして、一方では、「後生たすけたまへとたのみまうせば」と、阿弥陀如来に対する救済の希求が促され、他方では、他力の信心を得た人は、阿弥陀如来の御恩に「仏恩感謝」し、そのために称名念仏をするよう勧められるのである。

以上の考察によって、人間の在り方に関する、きりしたんと蓮如の教えの基本的な類似点と相違点が確認できたであろう。最後に類似点として確認したいのは、どちらの教えも罪科を犯す人間を強調すること、そしてそれを前提にデウスや阿弥陀の救済の働きとその必要性が説かれていることである。両者の教理においては、一方に人間の罪深さが、他方に超越者（デウス、阿弥陀）の慈悲や救済の働きが均衡をもって対置されている。人間が罪深ければ罪深いほど、超越者がもたらす救済も大きくなる。そのように理解すると、例えば殉教のときのように、きりしたんが危機に陥りデウスによる救いを最も必要とした際に、人間の罪深さがとりわけ強調されたことの理由が説明されるであろう。(315)

第七章　きりしたんの儀礼

かつて、宗教学者のウィルフレッド・カントウェル・スミス（Wilfred Cantwell Smith, 1916-2000）が名著*The Meaning and End of Religion*（「宗教の意味と目的」）の中で指摘したように、宗教改革および啓蒙主義運動の時代から、西洋の「宗教」概念では教義的側面（belief＝思想的領域。practice＝実践と対比される）が主要な位置を占めてきた。近代の宗教研究も概ねこの影響下にあった。研究者の多くが、宗教がまるで教義によってのみ成立しているかのように記述し、説明してきた。そのような視点からは、儀礼などの実践的側面は軽視されてきた。しかしそれは、ユダヤ教、キリスト教、イスラームの「セム系宗教」（あるいは「アブラハムの宗教」）以外の宗教を研究する場合、多くの問題を含んでいる。日本の宗教生活も例外ではない。神道は基本的に実践の伝統であり、日本への伝来宗教である仏教も、その儀礼の宗教性と神秘性で人々の期待に応え、日本で発展し、日本の文化風土に強い根を張った。日本人の宗教的関心、とりわけ民衆の信仰においては、教義よりも実践に関心が強かったことは、神道であれ仏教であれ、明らかである。

きりしたんは日本の宗教文化の中で展開した宗教であるから、その理解のためには、教えだけでなく実践にも分析の目を向ける必要がある。そこで本章では、きりしたんの信仰実践について検討するが、とくにその儀礼に焦点を当てたい。キリスト教の儀礼、とりわけ秘跡の研究では、文化人類学や心理学の視点を取り込んだ検討がすでに行われており、そこでは、記述的・分析的な儀礼研究と、神学的な典礼学との対話や融合が唱えられてきた。すでに三十年も前に、ロナルド・L・グライムス（Ronald L. Grimes）は、「〔今日の〕儀礼研究の何が新しいかといえば、研究分野の境界を越えて〔儀礼研究という〕領域をあえて試みることであり、そこでは神学や典礼学の規範的意味、宗教史学や宗教現象学の記述的意味、さらに文化人類学の分析的意味が調和されるのである」と述べている。(316) 例えば、秘跡はカトリック信仰において最重要儀礼であるが、その解釈は、あくまで「秘跡」として、つまり神学的に考察することが中心で、秘跡を通して得られる内的で神聖なる恩寵を強調する。しかしこれを「儀礼」ととらえると、統合的な研究の視点が可能になり、その意味は神学的意味や文献的意味に限定されるのではなく、広く文化的なコンテキストの中でも検討することができる。本章はそのような試みである。

日本伝道における適応主義を唱えたオルガンティーノは、第三章で紹介した書簡（一五七七年九月二十九日付イエズス会総長宛）の中で、キリスト教の儀礼が人々を惹き付けている様子を次のように述べている。

経験により、我等は儀式によってデウスの礼拝を昂揚せしめることができれば、日本人は幾百万と改宗するであろう。もし我等が多数の聖歌隊と共にオルガンその他の楽器を有すれば、僅か一年で、都及び堺のすべてが改宗するに至ることはなんら疑いがない。(317)

オルガンティーノは、こうして、日本の宣教活動には儀礼が重要であることを示すとともに、この実情を考慮に入れた適応を提言している。オルガンティーノは、徹底した適応主義と日本人との広いつながりを築いた宣教師として知られている。彼は宣教地の人々とともに生活し、彼自身が「私は〔今や〕イタリア人というよりも日本人です。主は、その恩寵によって私をこの国の人々のひとりに変えられたのです」(318) と述べているほどである。彼はおそらく他のどのヨーロッパ人宣教師よりも日本人を間近で理解したであろう。日本宣教における儀礼の有効性を説く彼の意見は注目に値する。

秘跡、祈り、ミサなどの儀礼は、事実、きりしたんの信仰生活の主要な要素となっており、宣教師は、きりしたん信者のために宣教師が、あるいは信者自らが行った儀礼を数多く報告している。例えば一五九六年のイエズス会日本年報には、その年、日本人信者が受けた洗礼、告解、聖体、婚姻などの秘跡の数が地域別に記されている。四名の司祭と九名のイルマンが滞在していた大村領では、領内約二万名のきりしたんの大半が告解を、また千六百名が聖体拝領を行い、三百八十名が教会で結婚式を挙げ、三百九十三名が受洗した。同様の記録は、有馬の千々石、島原、加津佐や、他の地域についても見ることができる。[319]

本書第六章で見たように、きりしたんの教えでは罪人としての人間の性格が強調されていた。この人間観を背景に、罪科をゆるされ後生に扶かるための教えが、実践とともに成立していた。そして、救済のために必要な「でうすのがらさ」（神の恩寵）を得る方途として説かれたのが「さからめんと」（秘跡）であった。『どちりいな・きりしたん』においても、「よく物を頼み奉る事」「達してひいですを得奉る事」「身体〔進退〕をまさしく修る事」という、きりしたんの三つの徳目が後生の扶かりの条件であり、それらは聖なる「御母さんた-ゑけれじゃのさからめんと」を通して与えられる「でうす」の恩寵によってのみ成就される、と説いている。[320]

とくに重要であると教えられたのは「ばうちずも」（洗礼）と「ぺにてんしや」（ゆるしの秘跡）で、それらは、すでに本書第四章で確認したように、人が罪から解放されるため根本となる「二つの道」であると教えられた。[321]

「ばうちずも」によって、きりしたんの「おりじなる科」（原罪）がゆるされ、それまでの罪科もゆるされる。「ぺにてんしや」（ゆるしの秘跡）によって「ばうちずも」以降に犯された罪や、前の「ぺにてんしや」以降の罪がゆるされた。一六〇〇年に出版されたきりしたん版『おらしよの飜譯』には十一条から成る「もろ〱のきりしたんしるべき条々の事」が含まれており、その第九条には以下の記述がある。

人々ばうちずもをさづかりてより、たとひ如何なる科におつるといふとも、後生のたのもしき心をうしな〔ふ〕べからず。そのゆへは、恩あるじJX〔ぜず―きりしとのモノグラフ〕の御くり〔き〕をもてばうちずものみちより、そのじぶんまで〔を〕かしたる科をゆるし給ふごとく、御身さだめをき給ふ〔こん〕ひさんのさからめんとをもてばうちずもよりこのかたのとがをこうくはいし、その御ゆるしをD〔でうすのモノグラム〕へこひ奉り、いごにはをかすまじきとの心をもてこんひさんを申すか、あるひは、ゑけれじやの御さだめのじぶんに申あぐべきとのかくごをなす〔に〕をひては、ゆるし給ふべきとの御事也。[322]

『ばうちずもの授けやう』は、「ばうちずも」と「ぺにてんしや」の二つの儀礼の意味と手順を説明するために出版されたものであった。きりしたんの教えはこれら二つの儀礼の大切さを説き、日本人信徒は広くそれらを求め、受け入れた。きりしたんの儀礼を考察するにあたり、まずこの二つの儀礼に注目しよう。

一　「ばうちずも」

『どちりいな・きりしたん』では、次の三点を強調して、「ばうちずも」がもつ加入儀礼としての性格を明らかにしている。それは、（一）きりしたんとなるための儀礼であり、他の秘跡を受ける前提である、（二）人々に信仰と聖なる恩寵を受けることを可能にするだけでなく、その者の原罪とそれ以後の罪を許す、（三）それを受けるためには、人は過去の罪を悔い、ぜず‐きりしとの法を守る決意をしなければならない。[323]

『ばうちずもの授けよう』では、人間の罪、とくに原罪に対する効能が強調された。人間はすべて親から原罪を受け継いでおり、成長するにつれて様々な軽重の罪科を犯すので、後生に救われる為には「ばうちずも」を受けねばならない。なぜなら、「おりじなる科斗《ばかり》受くる幼き者も、ばうちずもを授からずして死すれば、苦もなく楽もなき、りんぼといひて、いつまでもでうすを拝み奉る事なき所へ落つる」[324]のであり、重罪（もるたる科）を犯した大人は、「いんへるの」（地獄）で科の軽重により終わりのない苦しみを受けるからである。その一方で、「ばうちずも」を受けた者は、その罪科を許され、罪なくして死後快楽《けらく》にあふれた「ぱらいそ」（天国）に行くことが約束された。このように、洗礼の目的は「科の御赦しを蒙る也」[325]と説明され、その機能的な意味が強調された。そして、すでに第四章で見たように、司祭が不在でも信徒が「ばうちずも」を授けられるように、詳細な手順を記した教理書や手引書が印刷されたのである。[326]

「ばうちずも」の実際の授け方は以下のように教えられた。司祭（役）は、少量の水を受洗者の頭に以下の言葉を唱えながら注ぐ。「ゑご・て・ばうちいぞ・いん・のうみね・ぱあちりす・ゑつ・ひいりい・ゑつ・すぴりつす―さんち・あめん」。万一このラテン語の言葉を唱えることができない場合、日本語で唱えることも許された。「それがし・でうす‐ぱあてれと・ひいりよとすぴりつ‐さんとの御名を以てなんぢを洗ひ奉る也。あめん」。ばうちずもに使用する水は、井戸水、川水、海水のいずれでもよいとされた。[327]

水を注ぐ行為は言葉の唱えと同時にされなければならないと、特別な注意がされている。司祭（役）が水を注いでいる間に唱えの言葉を言わなかった場合、その行為は洗礼にならなかった。唱えの言葉は完全に言わなければならず、もし言葉なく水を注いだり、半分しか唱えなかったり、水を掛ける前や後に言葉を唱えると洗礼としては無効とみなされた。また、唱えの言葉のうち「それがし」、「あめん」、および洗礼を受ける人の名前は、言わなくとも洗礼と認められるとされた。[328]

「ばうちずも」の秘跡の正しい手順と方法遵守する限り、きりしたんであればこの秘跡を行うことが許された。[329]

「サカラメンタ提要付録」には、さらに、「ばうちずも」の前の儀礼的行為とその意味について興味深い説明が見られる。すなわち、「ばうちずも」を受ける前には、天狗に対する祓魔式として、デウスへ祈念し、「ばうちずも」の志願者に塩を口に嘗めさせる。その意味は、「科に口腐らず、デウスの尊き御事を味はひ知らんがため」である。そして、唾で指を湿らし、洗礼志願者の耳と鼻に塗る。これは、聖書に描かれるイエスによる奇跡（ヨハネ九・六）に基づくもので、「今のバウチズモのヒグウラ〔Figura＝象徴〕」という。また、オレヨ〔Oleo＝聖油〕とキリズマ〔Chrisma＝聖香油〕を塗る。その目的は、天狗に敵対する「武士なるキリシタン」になることを思いだし、また、「ゼス-キリシト」の功績を慕い学ぶためである。さらに、白衣を頭にかけ、灯を手に持たせる。白衣により穢れなき清き姿を、灯によって善の光を輝かすためである。(330) この洗礼前儀式においては、塩や白衣による浄化・清浄の象徴的行為が特徴的である。灯にも、その光とともに、火による浄化の象徴性がある。これらの象徴物は以下に紹介する記録『対治邪執論』にも現れる。後に述べるように、「ばうちずも」では水そのものが強い浄化の象徴性をもつが、これらの象徴物は水の象徴性を補完、ないしは強化する役割を果たしている。

きりしたん教理書の「ばうちずも」の教えは、その実施の条件、形態、目的に分けてまとめると、(一) きりしたんの加入儀礼であり、(二) 水にかかわる行為と祈りをその中心的要素として持ち、(三) 罪の許しときりしたん信仰と御寵をデウスから受けることを目的とする、といえるだろう。

きりしたん書によって、当時の人々に書物で教えられた内容が分かるが、儀礼が実際どのように行われていたか具体的に伝える日本側の記録は残っていない。おそらく最も詳しいものとして、反きりしたん文書『対治邪執論』の中の次の記述が挙げられるだろう。それは聖餐式や堅信の儀礼も含み、洗礼だけでなく、きりしたんの加入儀礼の体系全体を伝えている。

この法を説く時、その聴法の人、宗門に帰せんことを請ふ。ここにおいて頗姪連《バテレン》授けの法を行ふ。始め宗徒となるの人の額上に白き手巾を置き、手に蝋燭を持ち、口中に塩を入れて、頗姪連水を取りてその人の頂上に灌ぎ、誦文あり。また頗姪連の室に入り、懺悔を投ず。この時、小麦餅を与ふ。これを受けて食す。また蒲萄酒を与ふ。これを受けて飲む。その後、司頗姪連に逢ふ。その時、司、十文字をその人の額に書し、油を取り、その人の頭に塗り、手を用いてその人の右の面を打つ。(331)

この引用文を、先にまとめたきりしたん教理書の教えに照らして眺めると、第一の加入儀礼については、「その聴法の人、宗門に帰せんことを請ふ。ここにおいて頗姪連授けの法を行ふ」と述べていることから、「ばうちずも」をきりしたん宗の信者になるための加入儀礼として理解しているのは明らかである。第二の水の使用に関しては、この儀礼を「授けの法」と呼んでおり、その名称に「水」という表現を用いてはいないが、「頗姪連水をとりてその人の頂上に灌ぎ」というように、水を注ぐ行為が「ばうちずも」の中心であったことは認識しているようだ。しかし、第三点、すなわち罪の許し、御寵、信仰など、「ばうちずも」の内的意味については、『対治邪執論』は全く語っていない。

「ばうちずも」の最初の二つの意味については、きりしたん信徒もほとんど問題なく受け入れたであろう。きりしたんはそれを「お水」と呼び、(332)また、後世の潜伏きりしたんの記録からも、彼らが新生児に「ばうちずも」を授け、きりしたんに迎え入れていたことが分かる。

教理書の説明に加え、「ばうちずも」と日本の水儀礼との類似性によって、一般信徒は「ばうちずも」を理解しやすくなったと思われる。世界の多くの地域でそうであるように、水の儀礼は日本の宗教文化でも大変馴染みのあるものだった。中でも、仏教の加入儀礼の一つである「灌頂」は、注水の行為からも、また儀礼が行われる意義からも、「ばうちずも」と類似していた。実際、『対治邪執論』は別の箇所で、「灌頂を改め波宇低寸茂と名づけ」と述べており、二つの儀礼を、水を灌ぐという形式からも、さらにそれが加入儀礼であるという目的からも同一視している。[333]

「ばうちずも」と日本の水儀礼の類似性は、両方の儀礼が備える「洗う」象徴論からも指摘できる。「なんぢを洗ひ奉る」[334]という言葉が聖水を注ぐときに唱えられることで、注水行為に象徴的に凝縮された「ばうちずも」の内的意味が明らかにされるが、それは同時に、その行為が、おそらく日本のすべての水儀礼が共有している「浄化」という宗教的エートスに適合していたことを意味する。

しかし、ここで注意しなければならないのは、「ばうちずも」と日本の水儀礼の間の象徴的類似性は、「ばうちずも」全体の教理的意味を曖昧にする危険性も合わせもっていたことだ。そして、これは、なぜ『対治邪執論』がこの儀礼の神学的意味について沈黙したかの説明の一つとなる。日本人信徒が、「ばうちずも」を教理書の教えとは別の、彼らが伝統的に受け継いでいた浄化観念から理解したであろうとも考えられるからである。日本人の清浄観は決して形而上的に、あるいは、高度な観念的概念として発達しなかったといわれる。[335]それは、むしろ五感や感情に訴えるような具体的行為（例えば禊［みそぎ］など）によって表現された。したがって、民衆にとっての浄化儀礼とは、キリスト教でいう罪のゆるしや神の恩寵、あるいは信仰など、超越者の存在を前提に、行為それ自体を越えた「あるもの」を得るための「手段」ではなかった。浄化の行為自体が清浄性の具体的姿であり、その意味は、行為自体の意味に限定されるのである。「ばうちずも」がこうした日本の一般的浄化儀礼の文脈で理解された場合、デウスの恩寵と信仰という、キリスト教の洗礼にとっては不可欠な神学的意味が脱落する可能性は十分にあった。

二　「ぺにてんしや」

水儀礼としての「ばうちずも」が、象徴的行為として信者側の「理解の幅」を可能にしていたのに比べて、「ぺにてんしや」（ゆるしの秘跡）は、罪のゆるしのきりしたん儀礼として、より明確な性格をもっていた。「ぺにてんしや」を説いたきりしたん書は多いが、『どちりいな・きりしたん』は、「ぺにてんしや」を「あにまの病となる科をなをさるゝすぴりつあるの良薬也」と説き、さらにそれは「こんちりさん」（痛悔）、「こんひさん」（告白）、「さしちはさん」（償い）の三種類からなると教えている。そして、それぞれの主要点を以下のように説明する。

弟：真実のこんちりさんをば、何と様に持べきぞ。

師：でうすに対し奉りて犯したる科を真実に悔い悲み、時分をもてこんひさんを申べし。是より後は、もるたる科を犯す事あるまじきとの強き覚悟をすへ、過し科の償ひを致をもて真実に達する也。

弟：こんひさんをば、何と様に申べきぞ。

師：まづ初めて申こんひさんならば、ゞうちずもの以降の科より其時までの事を申べし。一度申て以後のこんひさんならば、前のこんひさんより又其時まで犯したる科の上を思案して、一も残さず申事肝要也。此事の為に右の九ヶ条目（『どちりいな・きりしたん』の「第九　御母さんたゑけれじやの御掟の事」を指す）に現はすべき事を保つべし。

弟：さしちはさんとは、何事ぞ。

師：我等が科の償ひを御主ぜずーきりしとへ調へ奉る事なり。是即我等が後悔、心中の痛みと、ぱあてれより授け玉ふ科送りをもて調ゆる者也。[336]

「こんちりさん」（痛悔）、「こんひさん」（告白）、「さしちはさん」（償い）の中でも、「こんひさん」（告白）は、『ばうちずもの授けやう』において「其ぺにてんしやとは、こんひさんを申事也」と教えられ、[337]また『おらしよの飜譯』では「こんひさんのさからめんと」と表現されたように、[338]最も重点が置かれた。

きりしたん時代、イエズス会士は信徒に、精神的成長のためだけでなく改宗の大切な証として、告白を定期的に行うよう強く勧めた。イエズス会士は、「重大な罪のゆるしを得るためには司祭への告白が必要であるとした中世神学者の見方」を受け継いでいた。[339]宣教師がとくに「ゆるしの秘跡」を強調した背景には、彼らが告白を「新たな人生を始める」方途の一つとみなしていたことにある。彼らには基本的な三種類の告白があったという。すなわち、ミサの最初に行われる典礼的な罪の告白、「ゆるしの秘跡」の中で個人が司祭に対し行う罪の告白、そして「自らをよりよく知り、より強く神に心を向け誤りや害となることを避けるために」聴罪司祭とともに行う自分自身の過去全体を振り返ること、である。イエズス会士はとくに最後の告白を定期的に行い精神的成長の支えとするよう説いた。そして彼ら自身が行うのみならず、一般信徒に対しても、「彼らの改宗の根拠となる証として」求めたのである。[340]

「こんひさん」は、日本人信徒にとって、きりしたん信仰の最もはっきりした表現であったであろう。当時、日本に滞在する司祭の数は絶対的に不足していたので、日本でこの秘跡がヨーロッパと全く同じようにできたわけではない。しかし、それでもなお、非象徴的な日常言語で自らの罪のゆるしの儀礼に参加するという形式自体が、当時、日本の宗教文化では他に例を見ないことであった。悪（悪霊やタタリなど）から身を守る、あるいは悪を取り除く日本人の宗教的エートスは、ことごとく象徴的な言語やモノおよび儀礼行為によって具現化されていたからである。

宣教師の報告書には、地方のきりしたんが彼らの地を訪れた司祭に群なして告白をもとめ、司祭は一か所で数百の告白を聞かねばならない様子が数多く描かれている。例えば、一五六五年、府内のきりしたんは一年半以上も「こんひさん」を行っておらず、司祭に是非とも告白を聞いて欲しいと懇願した。きりしたんの強い要望に動かされ、司祭は、彼らの告白を理解するには日本語の語学力が不十分にもかかわらず、告解を行った。(341) また、一五八九年、あるパードレが下の布教区の村を訪れたとき、彼はきりしたんを集め告白をするよう勧めた。すると、「信徒たちは救済に与りたい一心で」、「いたるところで告白に人々が押しかけてくるさまで」あったという。(342) 同年、長崎とその近郊では、オルガンティーノ神父だけで三千五百以上の告白を聴いた。(343)

しかし、きりしたん時代にあっても、洗礼と同様、告白を聴く司祭が必要なときにいつもいたわけではない。比較的宣教活動が進んでいた豊後や下の布教区でさえ、一年以上、「こんひさん」ができない信徒が大勢いた。また近隣に司祭が居住していた地域でも、臨終間近などとりわけ必要なときに告白が必ずできたわけではなかった。そして司祭の立場からすれば、自ら「こんひさん」の重要性を強調し、日本人信仰者がそれに応え熱心に求めることは、皮肉なことに、聴罪司祭として唯一告白を聴くことができる彼ら自身に大変な負担を強いることになった。一五九二年に長崎で開催された第一回日本管区総会議では、告白を聴くために頻繁に出かけて行かなければならないことが、神父にとってもっとも深刻な労苦の一つであると述べられている。神父は一人の病人の告白を聴くため四―六里も離れたところへ度々出かけなければならない。また、もし病人のもとへたどり着くのが間に合わず、結果的に病人が告白をせず死亡したときなどは、神父は非常な心の苦痛を感じるという。総会では、しかし、「かといってもし神父たちがすべての病者たちの許へ現れようと欲すれば、それは不可能事を実現しようとするにもひとしい」と述べている。[344]
もしこのような問題がイエズス会日本宣教の特徴の一つだったとすれば、それを解決するために採られた方法も、日本的なものといえるだろう。総会議では、三つの解決策が提示された。まず、神父はすべての病者の告白を聴く必要はなく、「キリスト教徒のいる場所が大して遠くなく、直ちに帰れる地に住んでいる教徒の生命が危険に瀕している時だけ、神父たちはかれらの許へ行って告白を聴いてやるがよい」とされた。[345]しかし、告白を聴きに行くべきか否かの判断は容易ではなかったに違いない。なぜなら総会では続けて、「また遠方の地に住んでいる教徒でも、もし告白を聴いてやらなければかれらの霊は大いなる危険にあることが明白な場合は、かれらのところへ行くがよい」とも言われているからである。[346]

神父の負担を軽減する二つめの方法は、神父が居住するところから離れた地域には「適当な誰か賢い者」を決めておいて神父を呼ぶまでに信者たちを指導できるようにしておくことである。これは、地方のきりしたんの指導者の大切な役目で、とくに看坊の任務であった。[347]三番目の方法は、「病者は何をなすべきであり、また看護人をどのようにして役立たせるべきかを狭い紙に印刷しておいて、病者が痛悔を起こして善き死の準備をさせること」であった。[348]第四章で考察した『ばうちずもの授けやう』や『こんちりさんのりやく』などの書物は、とくにこの目的で印刷されたことはいうまでもない。それらは、死にゆく病者が告白や、ときには洗礼も必要なときに採るべき対処方法を指導した書物であった。これらを頼りに、きりしたん信徒は、司祭がいない場合、「こんひさん」に代えて「こんちりさん」によって罪科のゆるしを受けるようにと指導された。[349]自ら行う「こんちりさん」（痛悔）の祈りが司祭とともに行う告白と同じ利益をもたらすと教えられたのである。

『こんちりさんのりやく』は、痛悔について四つの主要点を教えている。（一）自らの罪のゆるしを得るために行われる、（二）病などで生命が危険なときにはとくに必要とされる、（三）（使徒信条に対する）強い信仰がある、（四）「でうす」と「ぜす、」に自らを委ねる。[350]「こんちりさん」を行うときには、もるたる科（大罪）を冒してはいないか、カミやほとけを拝んだことがあるか、きりしたん以外の教えを信じてきりしたんの信仰を失ったことがないか、あるいは「とおのまんだめんと」（十戒）を破る行為をしたことがないか、吟味しなければならなかった。そして、罪を犯した場合には、同じ罪を二度と繰り返さない決意が必要とされた。

しかし、これら記憶にある罪科を悔やむことだけで犯した罪科のすべてがゆるされたのではない。痛悔の手引き書である『こんちりさんのりやく』には、「わきまゑざる科と、失念して思いいださん科を後悔すべし。其ゆゑわ科ありながら、なしとおもいて、其後悔なくんば、いぬへるのに落とさるべきによつて」と記されている。[351]すなわち、きりしたんは忘れてしまった罪、あるいは無意識のうちに犯した罪科も悔い改めるよう求められた。もし罪を犯したにもかかわらず「こんちりさん」によって後悔しない場合には、「いんへるの」（地獄）に落ちると教えられたのである。科を犯した自覚のあるなしにかかわらず、その儀礼をとにかく行わねばならないという考えは信者の間で当然おこったであろう。

また、きりしたんは、司祭が不在のときや司祭が日本語を話せないときには、病人が臨終を迎える前に「こんちりさん」を済ませ罪が許されるように、教理書を用いて指導されたことは、すでに第四章で述べた通りである。

痛悔が、祈りや教理書読みなどに形式化された、きりしたんの自己実践として行われた場合、その儀礼が本来備えている認識的な部分は削がれてしまい、「ゆるしの秘跡」全体が象徴的な色彩を帯び、結果的に非理論的な対象物としての悪に対処できるようになった。このことから、罪科に対するきりしたんの見方と、それに対応する「ぺにてんしや」（ゆるしの秘跡）がもつ重要な側面が明らかになる。きりしたんの罪感覚が、強い倫理的、宗教的性格を持ちながらも、神道の「つみ」また仏教の「業」などをも幅広く含む通俗的な「けがれ」の概念に溶けこんでしまう可能性をもっていたことである。そのとき、人々にとって、罪科を自覚しているか否かにかかわらず定期的に行わなければならないという「ぺにてんしや」の教えは、十分に意味をなしたに違いない。人間の罪が「けがれ」のイメージでとらえられたとき、「こんひさん」や「こんちりさん」の行為は、「ばうちずも」の場合と同様、一種の浄化儀礼として機能することになったのである。

このように、罪科を悔いるというきりしたんのエートスは、「けがれ」の浄化という日本の宗教的エートスへと移しかえることができた。罪科と「ぺにてんしや」の関係は「けがれ」と浄化の関係とパラレルに存在していたのである。実際、きりしたん教理書が人間の科を説明するとき、従来の「けがれ」と「浄化」の概念は単なる比喩以上の働きをしている。例えば、『どちりいな・きりしたん』は次のように説明する。

> さんた‐ゑけれじやよりは度々科に落つるごとく、こんひさんをも度々申せと望み給へども、せめて一年に一度、二度と定め玉ふ者也。其故は、身のしげく汚るゝ度ごとに、清むるごとく、あにまも悪を以て度々汚るゝによて、度々こ（ん）ひさんを申て清むべき事専也。[352]

このようなカテキズムの教えが、浄化を強調する日本の宗教文化を背景に説かれた場合、日本人信徒が告白や痛悔の儀礼を自らの安寧を保証するような、神との平和的関係を維持するための一種の「安全弁」として理解したとしても不思議ではない。実際、『コリャード懺悔録』の中で、ある信仰者は、「デウスの無裏無辺の御憐みに頼みを掛けて、その御掟を背いても大事あるまい、とかく罪科と申せば有っても後悔致さば御慈悲の上より赦しは何よりもいと易いと思うて」、と告白している。[353]

ザビエル上陸後約半世紀を経た一五九六年の日本イエズス会年報には、司祭四十六名が約二十の布教拠点（学林、司祭館など）に分散している様子が記されているが、これら拠点の大半が長崎、島原などの地域に集中しており、他には、豊後、都、大坂などにわずかに見られるに過ぎない。(354) 司祭が常駐していない地方では、洗礼とゆるしの秘跡の儀礼は、司祭よりもきりしたん本人が行う場合のほうが多かったであろう。きりしたん研究では、信徒が自分たちだけで儀礼を実践することについては、司祭との連絡が完全に途絶えた潜伏期以降だけで論じられる傾向がある。しかし、日本に滞在していた司祭に関する統計資料から判断し、また信者たちが自分でできるように秘跡の儀礼の作法を記した小冊子が出版されたことからも理解できるように、きりしたん信仰が保護、黙認されたきりしたん時代にあっても、信徒たちが置かれた実際の状況は潜伏時代と大差はなかったといえる。潜伏時代には水方と呼ばれる立場の者（平信徒）が洗礼を授けた。きりしたん時代でもすでに、信徒なら原則的に誰でも洗礼を授けることが許されていた。司祭と行うべき「こんひさん」も信徒自ら実践できる「こんちりさん」で代用されたのであった。司祭との定期的な接触を持ち得なかった地域のきりしたんにすれば、その習慣が潜伏時代へと引き継がれたと考えるほうが妥当であろう。

三　生活の中の儀礼

『対治邪執論』は反きりしたん書であるが、そこには、きりしたんの儀礼の比較的正確な記述があり、信仰者の日常生活での儀礼についても触れている。

しかる後、日用中の所作・行法、茶飯に逢ふ時、手を以て十文字を画きて飲食す。また背後を打ち血を出

す。この功力を以て罪障を滅す。また朝暮数珠を持ち、於辣諸《おらつしょ》を唱ふ。頸に苦利喜物を掛く。その外、種々の別行あり。(355)

このように、きりしたんが日常的に行う儀礼として、十字架のしるし（「手を以て十文字を画きて」）、鞭打ち苦行（「背後を打ち血を出す」）、そして祈り（「朝暮数珠を持ち、於辣諸を唱ふ」）がとくに挙げられている。その中でも、きりしたんは多くの種類の「おらしよ」を教えられた。すでに第四章で見たように、『おらしよの飜譯』には三十七種類の「おらしよ」が記載されている。それらは、教えを記憶しやすいように、祈りの形式にして編纂されたものでもあった。それは、読み聞かせる教理から唱える教理への変化であり、教理のおらしよ化である。さらに、ゆるしの秘跡が「こんちりさんのおらしよ」によって行われたことは、儀礼のおらしよ化ともいえるだろう。

繰り返し祈ることは、信徒組織（コンフラリア）の活動の一部であった。組にはさまざまな規則があったが、その多くは祈りを唱えることに関係していた。例えば、イエズス会の「世須、乃御組」の規則（一六二一年）は、組員はコンフラリアの会合を去る前に、煉獄で苦しむ魂のために「ぱあてる・なうすてる」（主の祈り）と「あべ・まりや」を五回ずつ唱えなければならないとある。組員は朝夕に祈りを唱え、また年末にも「あべ・まりや」を唱えるよう求めらた。(356)

一六一七年、教皇パウロ五世（教皇在位一六〇五―一六二一年）は大聖年の大赦を発布し、すべてのキリスト教徒に罪の後悔を求めた。教皇は、免罪の精神的効能を宣言し、迫害に苦しむ日本人信徒を慰める書簡も付け加えられた。宣言書は一六二〇年に日本に到着し、コーロスは、それを直ちに翻訳して、国内の信者に回した。(357)教皇の免罪は、きりしたんの信徒組織の会則に盛り込まれ、前述の「世須、乃御組」の規則にも現われる。そこに

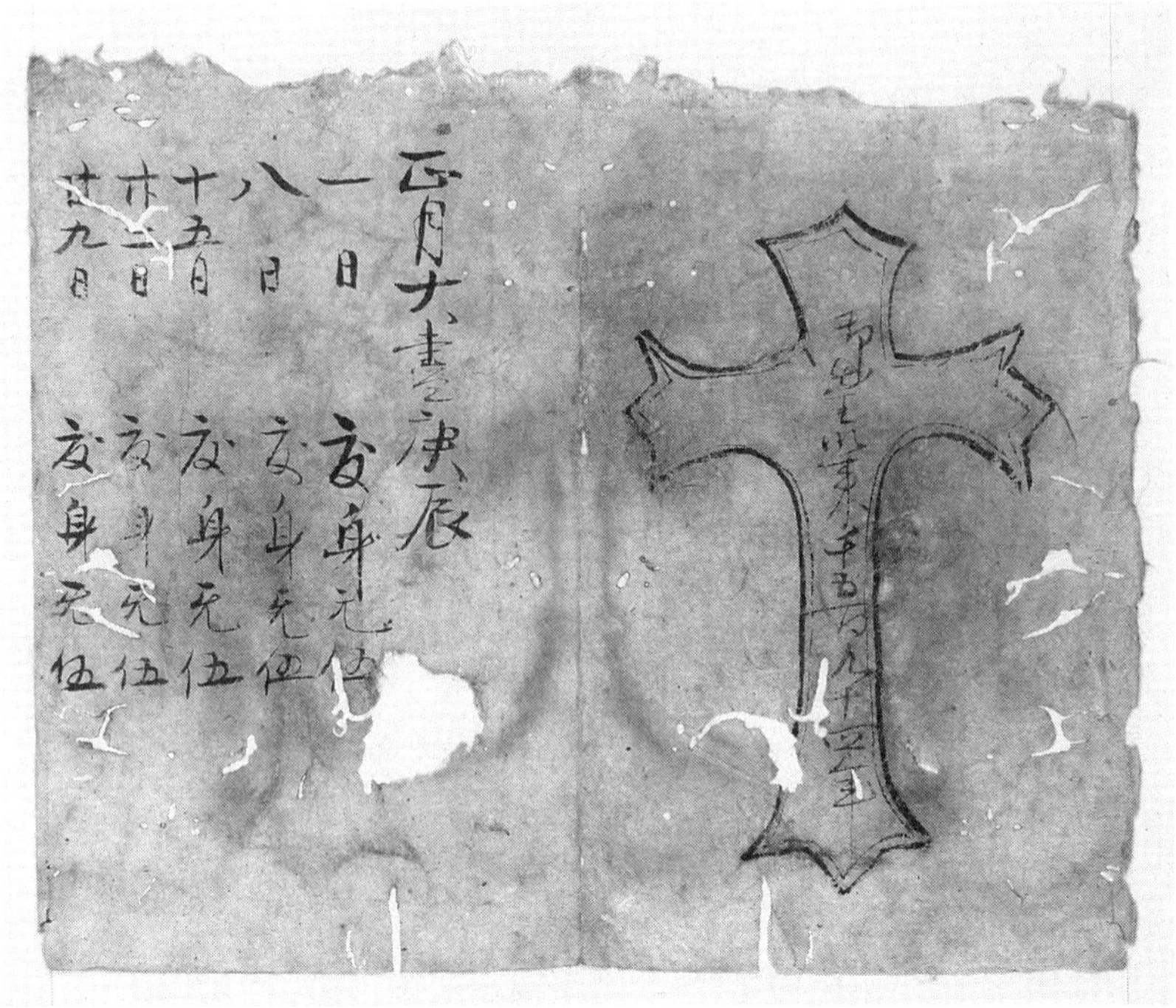

「吉利切支丹暦」（重要美術品、天理大学附属天理図書館蔵、198.2-イ39）

は、祈りを含めた信仰実践ごとに得られる免罪が具体的に記されていた。免罪に関して合計八項目が記されており、例えば、そのうちの最初の三項目には、もるたる科に落ちた者のために「ぱあてる・なうすてる」と「あべ・まりや」をそれぞれ十五回ずつ唱えると部分的な免罪が与えられること。イエズス会の神父に告白を一回行い、「世須、〔ぜずす〕」のご受難について祈るごとに完全なる免罪が与えられること。そして、異教徒を一人きりしたんに改宗させ告白に導くごとに完全なる免罪とゆるしが与えられること、が記されている。(358)

第二章で見たように、日本人信徒は従来の儀礼に代わるものをきりしたん儀礼に求めたが、日本の教会の指導者たちも、日本への適応政策のため、従来の日本儀礼に代わるものを信徒に与えようとした。例えば、一五九九年―一六〇一年の日本イエズス会年報によれば、きりしたんは、新年の祝いを非きりしたん的儀礼であるとして行っていなかった。しかしこれは他の日本人を刺激し、きりしたん信仰は極めて厳格であると印象付けてしまい、宣教のためには不都合なこととなった。日本の習慣をすべて排除することは困難であることを知ったヴァリニャーノは、日本の伝統的儀礼の代わりにきりしたん儀礼を用いて、新年を祝う行事を行うことを考えた。きりしたん的儀礼を用いる限り、日本人信徒が新年を祝うことを禁じるものではないと示そうとしたのである。(359) セルケイラは、日本の暦（太陰暦）に基づいて、新年に荘厳な儀礼をすることにした。聖母を日本の守護者とし、元旦を「お護りのサンタ・マリア」の日とした。教会としては、これによって日本人がそれまでの伝統的儀礼を忘れて、新年の喜びを聖母の祝いに向けることを期待したのである。(360)

きりしたん儀礼に対する信徒の理解は、カトリック典礼としてのキリスト教の神学的説明と、日本の民衆的な儀礼理解との間でかなり柔軟に揺れていたと考えられる。きりしたんは、それぞれの儀礼の神学的意味を、宣教師や、『どちりいな・きりしたん』、『ばうちずもの授けよう』、『こんちりさんのりやく』などの手引き書から学んだであろう。しかしその一方で、同じ儀礼をそれまで慣れ親しんでいた宗教伝統を通して理解する自由も、彼らにはあった。この場合、従来の宗教儀礼に対するのと同様に、洗礼やゆるしの秘跡を浄化儀礼の観点から理解したり、祈りのもつ神秘的功力を信じた。イエズス会が適応主義の姿勢をとったことからも、日本人信徒は、宣教師がヨーロッパからもたらした様々な儀礼を柔軟に理解できたであろう。

もちろん、すべての日本人信徒が、日本の宗教伝統というレンズを通して、きりしたんという新宗教を受け入れたわけではない。神学的モデルから忠実に説明できる信仰実践も多くあるに違いない。しかし、他の日本の宗教伝統と同様、きりしたんにとっても儀礼は非常に包括的で、さまざまな意味と機能を込めた信仰実践であった。第四章の「おらしよ」の部分でも触れたように、教理体系さえも祈りの形に儀式化して、儀礼的実践へと変容し取り込んでいったのであった。

儀礼はすでにきりしたん時代にあって信徒の信仰生活の中心であり、潜伏期を経て現在まで伝られてきた「きりしたん伝統」の根幹であった。儀礼重視の傾向は、指導者による教理伝達が行われなかった潜伏期と、現在のきりしたんの信仰においては一層顕著である。この時期のきりしたんとは、ほぼ儀礼のための集団と考えてよいだろう。一九世紀初め、天草のきりしたんは、きりしたん暦に基づいて「どみんご」（安息日）を守り、「ぜじゅん」（大斎）を行い「おらしよ」を唱えた。その多くは今日のきりしたんまで受け継がれている。

四　きりしたんの葬儀

伝道者が伝道のそのとき、その土地で葬儀をどう行うかは、異文化へ適応を表す指標になる。逆に受容者にとって、すでに特定の宗教が定着している地域であれば、新しく伝えられた宗教で葬儀をすることは、その信仰を受け入れた証の一つになるであろう。日本でも新しい信仰、新しい宗教で葬儀をするのは、大きな信仰表明になる。それは葬儀そのものが日本の宗教文化において大変重要だからである。当時の日本人も葬儀を重視した。宣教師は、「彼らは葬儀を非常に大切にする」、「彼らは死者のために祈願し葬儀を行うのにきわめて熱心である」、「〔日本人が〕非常に大切にし幸福の大半をかけていることの一つは、死後の葬式の豪華盛大さ」と伝えている。(361)

日本イエズス会第一回協議会の議題第九には、「この住民〔長崎を中心とした西九州地区のきりしたん〕がもっとも信仰に励むことの一つは、我々の埋葬式である」とある。(362)伝道開始後三十年を経たころには、埋葬式や葬儀がきりしたん伝道と信徒の信仰向上に小さからぬ役割を果たしていたのであろう。十七世紀初めには、「日本人は死者の埋葬をきわめて大切にするので、万人を深く感動させ、死者の地位に応じて相応しい盛儀で行うよう努めること」と、日本イエズス会の服務規程に明記されるに至った。[363] 葬儀を大切に、盛大に行うことがイエズス会の日本伝道の方針として確立されていたのである。葬儀は一般社会との接点として大きな役割を果たし、いわばきりしたん信仰普及の一つの鍵であった。

きりしたん以前――日本の葬送儀礼

きりしたん葬礼の実際を見る前に、きりしたん以前の日本の葬送儀礼を確認しておきたい。背景を知ることによって、きりしたんの葬礼がなぜそのような形で行われたのかを知る手がかりになるであろう。第三章で、適応主義を唱えるオルガンティーノの書簡から、「欺まんの礼拝の師匠達は、その儀礼と華麗な寺院によって我等が（採るべき）道を示しており、真理（の教え）の奉仕において、儀礼こそはもっとも効果的（布教）方法であることをご承知ありたい」[364]を引用した。この報告には着目すべき点が二つあった。一つは日本では儀礼活動が非常に重要であること、そして、もう一つはすでに仏教が行っている儀礼を考慮に入れた適応主義的な方法が必要だということだ。「欺まんの礼拝の師匠達は、その儀礼と華麗な寺院によって」というのは、仏教の僧侶と仏教寺院を指し、仏教がどのように日本で成功しているのか語っている。第三章では、ここからとくにイエズス会の適応主義について考察したが、本章においては仏教が提供した儀礼それ自体に着目したい。宣教師たちが渡来した十六世紀中頃までに、仏教が儀礼とくに葬儀を通してどのように人々の間に浸透していたのか概観したい。

葬儀は日本の民俗を背景にし、死後も生き続ける人格を前提にしている。「生者が死者を弔うという行為の基礎には死後にも存在し続ける人格（霊魂、精霊など）があり、この民俗を無視しては葬祭が成り立たない」[365]。ではこの死後も生き続ける人格・霊魂の特徴は何か。日本では死後の魂は、遊飛し、分化し、また（死場所、位牌、遺体・遺骨、所在地などに）遺留するものと考えられている。そして生きている私たちが十分に慰霊や供養をしなければ、祟りがあったり障りが起ったりする。だからこそ慰霊・供養が必要になる。死霊は供養し慰霊すると次第に浄化し、やがて生前の個性を失い神となって祖霊化していくというのは、有名な柳田國男の『先祖の話』に出てくる日本の神観念である。日本の民俗には非常に古い時代から死後も存在し続ける霊魂（タマ）があった。

葬儀とは人の死後、その遺体と魂をどう扱うかにかかわるといえよう。日本固有の葬送儀礼が具体的にどのようなものかは分からないが、仏教以前に存在した日本の葬送儀式に仏教儀礼が加えられていったと考えられる。つまり、古来からタマとよばれた死者の魂を取り込んで、仏教の教義と接合させながら日本独自の仏教形式による葬儀を生み出した。民俗においては死霊が慰霊・供養を通してカミになっていくが、仏教の場合は死霊がカミではなく仏になっていく。例えば、禅宗の在家葬儀の没後作僧（もつごさそう）とは、文字通り、亡くなった後に僧として授戒し僧として送り出すことをいう。

貴人など身分の高い人の葬儀と、民衆の葬送とでは異なった。貴族は立派な葬儀を出すことができ、埋葬方法には土葬の場合もあり、火葬の場合もあった。日本において火葬は、文献上、七百年頃から始まったようだ。最初は道昭という仏僧が火葬され、翌年持統天皇が同じように火葬されたということが知られている。しかし、葬儀には大変な費用も人手もかかるので、民衆の場合は、弔うといっても風葬が中心で、決まった場所に遺体を置いて帰るというものだったという。とくに経済力の無い人々は遺体の処理にずいぶん苦慮した。貧者で身寄りの無い人たちになると路上に放置されたままという場合もあったらしい。貴族の豪華な葬儀の様子と、それとは対照的に墓穴を掘る人手すらままならず遺体の扱いに苦労した庶民の姿があった。[366]

そこに仏教がどのように関わっていたのか。貴族の場合、「大僧正」など立場のある僧侶の名前も記録に出てくるが、庶民の弔いはだいたい遁世僧と呼ばれる人々がしている。彼らは当時の体制外の仏教者といわれる。聖（ひじり）という言葉が最も一般的だが、他にも三昧聖、禅僧、律僧、念仏僧なども同じ遁世僧に含まれる。さらに、「毛坊主」とよばれた半僧半俗の人々がいた。彼らは、どちらかというとグループのリーダー的な性格で、誰かが亡くなるとその人を中心に葬式が行われた。こういう人たちが民衆救済の布教活動として積極的に葬祭儀礼にかかわるようになった。フロイスの『日本史』にも、「貧しい兵士や寄るべなき人々が死ぬと、普通、見棄てられ下賤の者とみなされている聖と称する人々が遺骸を運んで焼却するのが日本の習慣である」[367]との記述を読むことができる。フロイスはここで聖を下賤の者と表現しているが、聖が本当に下賤の者であったかどうかは断定できない。しかし少なくとも、例えば空也聖など、「聖」という名称で資料に現われてくる人たちは、葬儀のみならず、今日でいう福祉活動にもさまざまな形で携わることで、庶民の間に仏教の信仰を広めていったと思われる。彼らが仏式葬祭の普及にめざましい役割を果たした結果、仏教は民衆仏教として社会の主流に定着していった。[368]

仏教の葬儀が定着した要因として、聖を中心とした仏教の側からの働きかけと同様に重要なのは、戦国期から幕藩体制の確立にいたる時期に、農村の自立・安定とともに共同体が徐々に成立してきたことだ。共同体が形成されるにつれて、葬儀や追善供養を行う僧侶の土地への定着が求められた。実際、現在村落にある寺院の多くは中世末から近世初頭（十六―十七世紀）に創建されたものであるといわれている。また、弔いのための互助組織がこの時期にできてきて、人々が葬式を行いやすくなった。このような、後期中世から初期近世にかけての仏教、民衆、共同体の相互の関連性から、仏教が葬祭にかかわるようになった社会的・文化的背景が説明できるだろう。そして、のちに徳川幕府による反きりしたん政策の一環として仏僧による葬儀が義務付けられる中で、仏教と葬儀は政治制度的に不可分の関係になっていく。

では、宣教師来航の頃、仏教の葬儀は具体的にどのよう行われていたのか。フロイスは、身分の高い人のためと思われる都での埋葬方法を報告している。彼はまず、「日本人が非常に大切にし幸福の大半をかけていることの一つは、死後の葬式の豪華盛大さにある」と述べている。そして、以下の具体的な記述が続く。その葬儀では、死者を墓地へ送る前に、知人多数が晴れ着を着て墓地で待っている。死者の多数の親戚がやってくる、その中でも身分の高いものは豪華な輿に乗ってくる。大きく高い輿に乗り、錦の衣をつけた僧に二、三〇人の白衣を着た僧が続く。葬列は、松明に火をともして、その中に百人から二百人の仏僧が鐘を鳴らしながら、死者の尊崇した聖者の名を唱えながら進む。墓地に着くと仏僧は大声で偶像の名を繰り返し、人々はこの祈りに参加する。墓地には家と同じくらいの大きさの空間に幕を張って入り口を設ける。そして遺体が火葬され、翌日灰を集めて埋葬する。[369] 以上が、十六世紀後半の日本で、明らかに貴人のものと思われる仏教の葬送儀礼の一例である。

きりしたんの葬儀

十六世紀の宣教師たちは、葬儀に対する日本人の特別な関心に注目した。そして、宣教師の行う葬儀は司牧活動の基本問題の一つとなった。彼らが執行する葬儀は未信者にとって大きな関心事であったばかりでなく、きりしたんの教理を教える機会となったからである。もちろん、このような意識が伝道の最初から宣教師にあったわけではない。逆にこの問題を軽視した初期の頃は、日本の葬儀を異教徒の習慣として否定したのではないかとさえ思われる。多数の日本人は宣教師が死者の葬儀を行わないと思ったが故にきりしたんになることを拒否した、あるいは、きりしたんとなる者が最も捨て去り難かったのは異教徒の頃行っていた葬儀だった、という報告がある。[370] すでに触れたように、死後の霊・タマをどのように供養すべきかに人々の大きな関心があった。死者を葬ってくれることは、きりしたんという新しい信仰に対する彼らの関心と信頼の出発点となり、葬儀は改宗の大きな動機付けとなったであろう。

きりしたんの葬儀・埋葬式の例を宣教師の報告から見てみよう。特徴的と思われるものを選び、引用するか要点をまとまる。

（1）一五五五年、ザビエルの上陸から六年後、ガーゴによって記録された埋葬方法がある。これは、埋葬の規則として定められていたのではないかと思われる。

誰かが死に瀕すると、先ず訪問し、臨終で覚悟すべきことを教誡し、そして死後キリシタンが多数集まり遺体を棺に納めて絹布で覆い、四人がこれを運び、白上衣を着た一イルマンが十字架上のキリスト像を掲げて前に進み、聖水と一冊の書籍を携えた青年一人が連禱を誦え始めると、キリシタンがこれに答え、火をともした多数の提灯を携える。異教徒はこのようなことに深く感動してキリシタンの教えのようなものは他にない、と語る。家を出る前に私はある祈（主禱文を三度び）誦え、キリシタンもこれを誦える。遺体を墓穴に納める前にも同様にする。(371)

（2）一五六一年のフェルナンデスの情報の要点をまとめる。それによると、「貧しき者も富める者も凡ての人々がきわめて盛大に埋葬されている」。きりしたんの信徒組織、具体的には慈悲の組が経費を援助した。祭儀の部分では、棺を教会の中央部分に置き、立派な絹布で覆い、白い十字架一基と周囲に蝋燭を立てる。死者が出たことを鐘で知らすと、手の空いたきりしたんが集まる。全員が埋葬に赴く。宣教師は白上衣を着て埋葬に参列する。常に説教が行われる。大きな十字架が行列の先頭を行き、宣教師は連禱を誦えきりしたんが応える。こうして墓地まで進んでいく。(372)

（3）貴人の葬儀（一）

次に貴人のために行われた大きな葬儀の例がある。フロイスの『日本史』に描かれた、きりしたん結城左衛門の葬儀（一五六五年）であるが、非常に豪華に行われた様子が分かる。

〔左衛門殿のキリシタンの〕葬儀は、初めて盛大に挙行される公式のものであって、どれだけ重要であるかを心得てもいたので、彼〔ヴィレラ師〕はその〔葬儀の〕際、緞子の香マントを着用して朱の漆塗りの輿に乗り、大勢のキリシタンが〔同行した〕。〔彼らは〕まるで仏僧たちのように頭髪を剃っており、あるものは短白衣を、ある者は長白衣をまとい、彼らのうちの幾人かは、仏僧たちが肩から脇下にかける袈裟の代わりに〔教会の〕祭壇布を懸けていた。そしていっそう華麗にするために、先頭に十字架を高く掲げ、蝋燭を持った人たちが〔それに〕従い、鈴が鳴らされ、被いのあるミサ典書、聖水器、灌水器、墓所用の別の小さい十字架、祭壇用の救世主の額絵、その前に蝋燭が燃えている燭台、御受難の玄義が描かれている多数の絹の旗、その他多くのそれらに類した品〔が持ち運ばれた〕。それらは秩序正しく一定の間隔で配置され、街路に大行列が展開された。そして使者は棺で〔運ばれ〕、ついで墓所に収められ、その上に高価な絹布〔がかけられ〕、燃えているおびただしい数の提燈がその前に〔置かれた〕(373)。

フロイス自身が「まるで仏僧たちのように」と表現しているように、この例には仏教式葬儀の応用が、すべてではないにしろ、非常に顕著である。行列に参加したきりしたんは剃髪をし、白衣を着、袈裟の代用品まで作り使用していた。

（4）貴人の葬儀（二）

最後にフェルナン・ゲレイロ（Fernão Guerreiro, 1550-1617）による有名な細川ガラシャの葬儀（一六〇〇年）の報告を見てみよう。それは、オルガンティーノが神父が執行した。同地区（大坂）のパードレ、イルマン、同宿全員を招集し、教会を美しく飾りつけた。大きな棺台を作って棺の上にグラシアの霊名を書いて、棺の周囲には大量の蝋燭と松明を一面に立てた。同夜には、葬儀の晩課、翌朝には朝課が歌われ、続いて荘厳なミサが挙行された。遺体はきりしたんが大坂に所持していた墓地に葬られた。一周忌はとくに盛大に行われた。教会は、その一部が山口から運ばれた豪華な幕数張を飾る以外には、日本風に飾り付けられ、天井と壁にはきわめて美しく描かれた花鳥画のある色彩豊かな檀紙が一面に張られていた。(374)

結城左衛門の場合がきりしたん時代初期の貴人の葬儀であるならば、細川ガラシャの葬儀は貴族レベルの葬儀の一つの到達点といえるかもしれない。

イエズス会の意図からすれば、仏教の儀礼的形式は適用しながらも葬儀そのものはキリスト教独自のものであり、仏教の葬儀とは、その意味において歴然たる違いがあった。しかし、これはあくまで宣教師側の論理であって、その区別は、一般信徒に必ずしも理解されていなかったかもしれない。例えば、信徒は、仏僧に以前「故人と同じ衣服・武具・馬が与えられ（中略）故人の霊のために念仏が唱えられるように、別に布施を（した）」ように、きりしたん改宗後も、葬儀を行う司祭に「同様な供え物を教会にもって来て種々の食物や金銭を献上し、故人の霊のためにミサ聖祭の犠牲が執行されるように願って来（た）」。(375)このような寄進の扱いにイエズス会士は苦慮した。もしミサのためや死者のために提供される信徒からの謝礼を断れば、彼らに躓きが生ずる恐れがあり、だからといって清貧の請願を立てた宣教師が容易に金銭を受け取ることはできない。信者による寄進自体が、故人の霊魂救済にとって「呪術的」価値をもつことになるのかどうかも論議された。[376]

日本準管区長フランシスコ・パシオ（Francisco Pasio, 1554-1612）が定めた『服務規程』は、ミサの報酬として与えられた寄進は、イエズス会士は受け取らず、信徒の中から一人代理人を立てて、イエズス会士への捧げ物としてではなく、貧者に対する供え物として受け取って分配するよう指示している。一方、司祭への寄進は報酬や謝礼ではなく、仏僧に対する慣習にすぎないことから容認した。その理由として次の点が挙げられている。故人が使用していた衣服などを仏僧に贈るのがこの国の習慣であり、仏僧が埋葬しなくても贈り物はされることから、それは聖役に対する謝礼の意味ではなく、仏僧が仏僧であるがゆえに行われたこと。そもそも宣教師は何も求めず、富者、貧者を問わず埋葬するのであって、報酬は関係ないこと。そして日本の慣習では、命日の仏僧への寄進も同様に行われていること、である。[377]

先に挙げた、きりしたんの葬儀例の一つであるフェルナンデス報告の中に、「貧しき者も富める者も凡ての人々がきわめて盛大に埋葬されている」とあった。また、フェルナンデスは別の報告書で、「十字架を掲げ、嘆願の祈禱を唱えて、多数のキリシタンとともに死者を葬ったが、日本人は貧窮なる者を犬のように一切儀式なしに埋葬する習慣があったために、このような葬式を見て感激した」と書いている。[378] 川村信三はここに葬儀と埋葬を行う信徒組織の存在を見ている。

信徒組織は、とくに民衆の葬儀をする上で大きな役割を果たしていたようだ。フロイスの『日本史』には、一五八〇年頃、高槻領主高山右近の父で自らもきりしたんであった飛騨之守は、貴賤男女のきりしたん信徒とともに二人の貧民の死者の棺を担い運び、丁重に埋葬したと記されている。[379] ここにもやはり信徒組織の存在がうかがわれるが、当時、都にはこのような信徒組織がすでに七つから八つあったのではないかと推測されている。[380] 川村も指摘するように、彼らとともに領主の父が二人の貧民の死者の棺を担いで運んで埋葬を手助けしたのであれば、それは一層大きな社会的衝撃を与えたであろう。

信徒組織が葬儀に携わっていたことは、組組織（コンフラリア）の規則からも知ることができる。「被昇天の聖母の組」という組織が大村にあり、その組の規則が一六一八年に宣教師によってポルトガル語で記され、川村がその現代語訳をしている。その中から関連部分を引用しよう。

〔一・一三〕もしも大組の会員のだれかが亡くなれば、一つの「ころわ」あるいはロザリヨの三玄義の一つを唱える。小組については、その埋葬に参列すること。もしも、死者が組親のうち誰かであったり、その夫人である場合は、二回の「ころわ」の祈り(381)か、あるいは三つあるロザリヨの玄義の二つを唱えること。

〔一・一七〕人が亡くなった後は、組がその埋葬に付き添う。そのときその死者に棺を用意するのは組である。それは日本の習慣にしたがってそうする。もしも亡くなった人が貧しいのであれば、組の役職者がその役職の義務として全くおなじようにおこなってやらなければならない。(382)

こうして信徒組織が葬儀に大きな役割を果たしていたことが分かるが、なかでも規則〔一・一七〕の中の「それは日本の習慣にしたがってそうする」という言葉に注目したい。ここにきりしたんの信徒組織と世俗の共同体との関係を読むことができるからである。おそらくこの規則が書かれた頃には、きりしたん信仰が村の宗教として、いわば共同体の宗教としてすでに根付いていたであろう。個人の信仰より共同体の宗教としてきりしたん信仰が成立していた。とくに集団改宗の進んだ九州では顕著であった。この時期、ザビエルの上陸から六十年以上を経ている。一六一七（元和三）年頃にまとめられた「コーロス徴収文書」は、迫害中にもかかわらず宣教師は司牧を続けていることをきりしたん信徒の側から証明している。第六章で指摘したように、その内容については慎重な判断が必要であるが、それを見ると、庄屋、肝煎、乙名などの村役の名とともにきりしたんの洗礼名が記されており、世俗の組織と信徒組織が重なり合っていることは示唆的である。きりしたんは共同体の信仰となっていたのである。

葬儀では、看坊とよばれた平信徒指導者の役割も重要であった。彼らは、集会を組織し、会堂をまもるだけでなく、すでに見たように臨終近い人々に「ばうちずも」や「ぺにてんしや」を授け、さらに死者の埋葬も指導したであろう。その役割は毛坊主と比較されることもある。(383) 死者が出るたびに必ず神父やイルマン（修道会士）がいたわけではない。むしろ多くの場合、きりしたん信徒は神父不在のまま最後を看取り、埋葬しなければならなかった。そこでは信徒の中での指導者がその組組織を束ねていた。葬儀の場合もその役割はたいへん重要であった。

きりしたんにとって葬儀はどのような役割をもっていたのか。最後に、その現代的な評価を見ておきたい。ロペス・ガイは、「葬礼は遺族と悲しみを共にするための一ときではなかった。それは信仰を表明する機会であった」と述べている。(384) これは、宣教師のみならず、葬儀に参加した信徒についてもいえることであろう。ガイはさらに、「多数の異教徒が殺到した葬礼が宣教的教理問答的な絶好の機会を提供した」とも言い、葬儀が、きりしたん以外の異教徒への教理伝達の機会であったことも指摘している。その理由は、「来世と霊魂不滅の主題が日本の準備福音宣教の中心問題の一つとなっていた」からであり、それゆえ「葬礼ほどこの主題に相応しい機会はな〔かった〕」のである。(385)

葬儀は人々の関心が肉体と霊魂に凝縮されるときであり、死者の肉体が消え行くことへの絶望と同時に、その人の霊魂、霊的な存在への関心が一気に高まる瞬間である。きりしたん信徒であるなしに関わらず、人々には死者の霊魂の供養に対する関心があった。宣教師や信徒が死者のために行う葬送儀礼は、未信者が彼らに信頼をよせ、改宗する動機になった。とくに霊魂の不滅と死後の救済を強調するきりしたんの教えからも、葬儀は、説教に最もふさわしい機会を提供したと同時に、信仰を表明する機会となっていたことは理解しやすい。

第八章　棄教・潜伏・殉教
――禁制ときりしたん信徒（一六一四年～）

一　禁制の背景と展開

十六世紀の日本では、きりしたん信仰の自由は最初から保障されたものではなく、宣教師たちが地方の大名や領主との交渉の中で獲得したものであった。九州の大村純忠、有馬晴信、大友宗麟、あるいは畿内の高山右近や織田信長など、有力大名の庇護を受けられる土地ではきりしたん信仰が繁栄する一方、それ以外の地域では疑い、軽蔑、迫害の対象となることが少なくなかった。

イエズス会は、きりしたん教界の不安定な立場を明確に理解していた。それゆえ、地方の有力者と友好的で緊密な関係を築く努力を怠らなかった。とくに織田信長からは、一五七二年に布教上長カブラルが謁見を許されて以来厚遇を得るようになり、一五八二年の信長の死までに幾度となく引見を得、その間、セミナリオ建設用の土地を安土に獲得し、巡察師ヴァリニャーノが京都と安土で面会を果たしている。

十六世紀後期から十七世紀にかけて、地方の戦国大名勢力により分割されていた権力は、しだいに統一政権に集約されていくが、これはきりしたん信徒にとって大変重要な意味をもっていた。なぜなら、国内のすべての信仰者としての命運が、一人の支配者の手に委ねられるようになったからである。

歴史はきりしたんにとって不運に流れた。豊臣秀吉は一五八七年に伴天連追放令を発布した。これは国家の実権を握る権力者から出された最初の総合的な反きりしたん令で、それまで地方や都の一部で宣教師やきりしたんが蒙っていたものとは、その激しさの程度と地域的広がりにおいて全く異なっていた。秀吉が始め、徳川幕府が強化し、一六一四年以降、厳格に国内全域に適応されたきりしたん禁止令は、国内の宣教師ときりしたんの存続を完全に否定する、きりしたんに対する過酷な迫害と弾圧の制度であった。迫害下、きりしたんの信仰と実践は大きな影響を受けざるを得なかった。禁教という困難な社会状況の中にあって、信徒は指導を受ける宣教師からも厳しい宗教的要求を突き付けられた。これら外在、内在の状況の変化によって、きりしたんの信仰はどう変わったのだろうか。

伴天連追放令

きりしたん教界に対する中央権力の姿勢は、国内すべての軍事、政治、経済、および宗教の権力をその支配下に置き、国内統一を果たす戦略の一部であった。きりしたん禁令は、為政者に挑むような、きりしたんの脅威を軍事とイデオロギーの両面で打ち消そうとしたものである。

一五八七年、豊臣秀吉は、伴天連追放令（天正十五年六月十九日交付、「六月十九日付定書」）を発令した。その要点は次のようである。日本は神国であるから、きりしたん国から邪法を伝えることは許さない（日本ハ神国たる処きりしたん国より邪法を授候儀、太以不可然候事）、〔宣教師の指導やきりしたん大名の命令で行われた〕改宗活動や寺社の破壊は前代未聞である（其国郡之者を近付門徒になし、神社仏閣を打破らせ前代未聞候）、伴天連〔宣教師〕は二十日以内に日本から退去せよ（今日より廿日之間ニ用意仕可帰国候）、黒船など商売船はきりしたんとは別であるので今後も活動してよい（黒船之儀ハ商売之事候間各別候之条年月を経諸事売買いたすへき事）、仏法を妨げない者は、商人であれきりしたん国からであれ、だれでも渡来してよい（自今以後仏法のさまたけを不成輩ハ商人の儀ハ不及申、いつれにてもりきりしたん国より往還くるしからす候条、可成其意事）、などが含まれていた。

追放令は、それまで秀吉と良好な関係を築いていると信じていたイエズス会にとって大きな衝撃であった。事実、追放令発布前年の三月、秀吉は日本布教の責任者である準管区長コエリョを大坂城に招き、彼の求めに応じて国内の布教許可を与えていたのだった。[386] 宣教師と秀吉の――少なくとも表面上の――友好関係は、追放令発布の四日前、コエリョが秀吉に最後に謁見したときまで続いていた。

秀吉の追放令発布の理由については諸説があるが定説はなく、複数の要因が関連しあった結果といえるだろう。直接の動機としては、イエズス会の知行地となっていた長崎の教会領の存在、きりしたんと一向宗（本願寺）との類似性、きりしたんの扇動的で破壊的な活動、秀吉の「天下意識」や「神国思想」、秀吉の反きりしたん側近の策動などが挙げられている。中でも重要だったのは、秀吉がきりしたんの問題を一向宗との類推でとらえていたことだ。追放令発布の前日（天正十五年六月十八日）に交付された「六月十八日付覚朱印状」は、追放令の背景となる秀吉の論拠を探るのに貴重な資料であるが、この「覚」の第六条で、伴天連門徒（きりしたん信徒）は、一向宗よりも結束が固いと述べている。秀吉にとって、その一向宗とは、領主に年貢を納めず、加賀の国一国を門徒にし、領主を追い出し、一向宗坊主に知行権をあたえ、それればかりか越前までも掌中におさめた、まさに「天下之さはり」に他ならなかった。[387] きりしたんは、秀吉が統一政権を確立するうえで、彼ら以上に異質で独立性の強い障害とみなされた。

秀吉の主張の背景には、先に触れた、一五八〇年と一五八四年にそれぞれ大村純忠と有馬鎮貴（晴信）によりイエズス会に譲渡され、教会領となっていた長崎・茂木（大村）と浦上（有馬）のことがあった。教会領とはいえイエズス会はこれらの地区の独立領主ではなく、大村純忠がイエズス会の上級領主として権限を維持していたが、秀吉は一五八七年の追放令発布とともにこれらの土地を没収し、公領化した。中世的な在地領地性を解体し、中央集権的体制を確立するためには、領主層の給料地に対する恣意的支配を排除し、領地、領民を統一政権に帰属させる必要があった。[388] 長崎を管理するイエズス会は、南蛮国やローマにつながる団体であり、秀吉との主従関係は存在していなかった。イエズス会、キリスト教は、「属人的にも思想的にも秀吉の知行体系や宗教の外部に位置を占めていた」。[389] こうして、長崎領が、秀吉の天下統一の障害として立ち現れてきたのである。なお、追放令が交付されたタイミングについても諸説あるが、九州の有力なきりしたん大名としてきりしたん教界の後ろ盾であった、大村純忠（天正十五年四月十七日）と大友宗麟（同年五月二十三日）の相次ぐ死去の直後であったことも注目されている。[390]

伴天連追放令は政治的に動機づけられたものだが、秀吉はそれを宗教的に正当化した。彼は国内における自らの権威を正当化するだけでなく、日本からの宣教師追放を正当化するためにも宗教を用いた。それは彼が自らの力と権威を宗教的言語で象徴化しようとしたともいえるし、宗教的言語によって自らの神的権威の創造を試みたともいえよう。ヘルマン・オームス（Herman Ooms）は、これについて、「制圧のための直接の道具である軍事力が、神聖なるものと結びつくことで、宗教的特徴をもつ政治的権威へと内的転換を遂げた」と述べている。[391] 秀吉は、吉田神道の神国イデオロギーを採用し、神道の象徴を用いて「外国人と対峙する際の日本を表そうとしたのみならず、国内における自らの権威を高めようとした」のである。[392]

国内における自らの権威を表すためには、秀吉は「天」の概念を用いた。これは宇宙の秩序をつかさどる原理であり、この天の原理を守ることで、人間社会においても秩序をたて維持することができた。この概念は、さらに、行為に対する正当な対価や見返りを意味した。人が正しく生きるなら、それに見合う恵みがあると。いうまでもなく、「天道」はきりしたんがデウスの代わりに用いた称号であったが、それは「天」が含意する主宰者的意味を押し出す言葉として使用したものと思われる。信長は、古い社会秩序を破壊し、統一された国と新しい社会秩序をもたらす彼の行動を支える概念として「天道」を用いた。秀吉も「天道」を使用したが、他に、日本全体を支配する政治体制を「天下」、すなわち天の下にある領域と呼んだ。天の意志は人民の意志に反映されるとの考えから、秀吉は、天道と天下において彼が行う国家統一に向けての活動は人民の意志の反映であるとした[393]。しばしば指摘されるように、このような秀吉の意図が現れているのが、追放令において彼が「天下」である国を治め人民を守る者として語る以下の部分である。

　其國郡之者を近付門徒になし、神社佛閣を打破らせ前代未聞候。國郡在所知行等給人に被下候儀者、當座之事候。天下よりの御法度を相守、諸事可得其意処、下々として猥義曲事事。

　秀吉は、「天」の概念を用いて国内の自らの権威を正当化する一方で、神国の概念を用いて、きりしたん国を含む外部世界に対する日本を意味づけた（追放令第一条「日本ハ神國たる処きりしたん國より邪法を授候儀、太以不可然候事」）。きりしたんは、ヨーロッパ人宣教師によって指導されている点において他の宗教集団とは根本的に異なっていた。宣教師が日本社会に対して試みた様々な適応策にも関わらず、また、人々の折衷的な信仰受容にも関わらず、日本の支配者から見れば、きりしたんは依然として瑞々しくヨーロッパ的であり、異質であった。きりしたん集団は、宣教師を介して他国の政治権力と繋がり、外国商人を介して他国の経済と繋がっていた。きりしたんの異質性と他者性は為政者による排除の理由となった。

　追放令は、ヨーロッパ人宣教師が日本に来て邪悪な教えを広め、信徒を獲得し、寺社を破壊し、人々を惑わし堕落させて、日本の秩序を破壊したと主張した。秀吉は、十年後の一五九七年にフィリピン長官に向けた書簡の中で同じ主張を行っている。彼は、神の徳により自然界の規則と秩序が保たれているが、伴天連が悪魔の教えを説き、人民の宗旨を乱し、心を惑わして政治を破壊していると述べた。[394]

追放令発布後に加えられた禁圧は、畿内と長崎を中心に九州西南地域に限定されていた。畿内では、京都の南蛮寺、府内の学林、臼杵の修練院の他、京都、大坂、堺にあったセミナリオや司祭館など、きりしたん施設の多くが没収あるいは破壊された。秀吉は、大坂城内の女性信者を追放、一部のきりしたん武将に棄教を迫り、きりしたん大名高山右近は改易された。九州では、大村、有馬らきりしたん領内の主な教会堂が破壊され、長崎には代官が置かれその支配にあたった。[395] ただし、追放令に見たように、秀吉はきりしたん信仰自体を禁止しておらず、一般のきりしたん信徒は信仰を続けることが許された。また、秀吉のきりしたん家臣には小西行長、黒田官兵衛など政権統一に不可欠の人材が多く含まれていたため、そのすべてを追放することはできなかった。

追放令の発令後、イエズス会宣教師は秀吉の命令に従わず、きりしたんの指導のため日本に残留することを決意する。小豆島と豊後にそれぞれ数名ずつ潜伏したものを除く全員が有馬、大村、天草などのきりしたん領主の下に潜伏した。このうち、有馬領はとくに多く、七十名の司祭とイルマン、七十三名のセミナリオの学生が移住した。[396] 宣教師は表立った活動は控え、地道な司牧活動に専念するようになった。彼らは、秀吉に対し従順な態度を示す限り、強制的に退去させられることはなく、伝道を継続できると判断したのである。[397] 追放令によって活動地域を限定した結果、布教の成果は上がり続けたことは注目に値する。日本人信徒に対するきめ細かい司牧が可能となり、彼らの信仰を深める結果となった。これは後に徳川幕府による迫害が強化されたとき、この地に多くの殉教者や潜伏信仰者を生むことにつながる。こうして、イエズス会は九州で静かに宣教活動を続けて成果を上げていた。

一五八八年度のイエズス会年報では、宣教師が下（シモ）に集中した結果、信徒のより良い指導ができると記され、その翌年度にも、同地域のきりしたんは一層栄えていると報告している。この時期、合計百十五名以上の宣教師がその地方の約十五万人の信徒の司牧に携わっていた。[398] 一五八八年から一五九〇年の間に下地方で三万人以上が「ばうちずも」を授かり、その後一五九二年までに、さらに二万人以上が受洗したという。[399] イエズス会は、表面上の平穏を保ちながら、九州においてその教線を着実に伸ばした。大規模集団改宗が一五九八年から一六〇〇年にかけて、きりしたん大名小西行長（一五五八―一六〇〇）の知行地である肥後で行われた。きりしたん教理書の出版は一五九一年に加津佐で開始されていた。一五九八年の秀吉の死後、日本のきりしたん教会は、一六一四年に徳川幕府がきりしたん禁制を強化しすべての人々のきりしたん信仰を禁じるまで、発展を続けたのであった。[400]

一方、秀吉には、きりしたん宗団が恭順の姿勢を示す以上、ことさらに禁止令を徹底して実施する必要はなかった。また、商教分離を目指しながらも、宣教師の仲介なくポルトガル商人と貿易を続けることが事実上不可能である以上、宣教師を追放できず、彼らの日本滞在を看過せざるを得なかったのである。一五九一年、巡察師ヴァリニャーノがインド副王の使節として秀吉を訪問した際、秀吉はポルトガル商人との貿易を仲介するように長崎に十名の宣教師の滞在を許可した。[401] また、一五九三年、スペイン領フィリピンから来航していたフランシスコ会のペドロ・バウチスタ（Pedro Bautista, 1542-1597）と他三名の宣教師に京都に留まる許可を与えたが、それは、イエズス会士がマカオとの貿易には不可欠と考えられたのと同様に、フランシスコ会士がマニラとの貿易を引き込むうえで有利になることを期待したからであった。

しかし注意すべきは、宣教師の国内残留と伝道が黙認される一方で、追放令は決して取り消されたのではなく、いわば保留状態に過ぎなかったことだ。きっかけさえあれば、いつでも発動される状態にあった。一五八七年以降、きりしたん教界をとりまく政治環境は、このような迫害と寛容の微妙なバランスの上に成り立っていた。
　秀吉はイベリア半島からの商人との貿易から上がる利益を念頭にキリスト教の布教を黙許していたにすぎないが、イエズス会士は、秀吉に対して従順な態度をとり、彼の「神経に触れない」限り、引き続き宣教活動をすることは認められると考えていたようだ。一五八七年以降の一連の記録から、イエズス会が更なる迫害は恐れつつも本来の宣教活動について引き続き考える余裕があったことが分かる。[402]しかし、イエズス会のこの繊細な態度はフランシスコ会に共有されなかった。フランシスコ会は、「秀吉による滞在許可を額面通りに受け取り、それを最大限に利用して公然とミサを行い、普段まるでローマにいるかの如くに振舞っていた」。[403]
　その致命的な結果のひとつが一五九七年の長崎の二十六聖人殉教であった。迫害と黙認のバランスが崩れたとき、この事件が生じたといえよう。秀吉死去の前年のことである。この事件は、一五九三年にフィリピン総督使節として来日してから京都で公然と布教したフランシスコ会に対し、一五九六年のスペイン船サン・フェリペ号事件をきっかけに、秀吉が下した制裁であった。フランシスコ会士六名、日本人イエズス会士三名に加え、同宿など平信徒身分の日本人十七名を含む合計二十六名が、一五九七年二月五日、長崎の西坂で磔刑に処せられ殉教した。処刑の宣言文には、使節と称して来日して京に留まり、禁教令下にもかかわらずきりしたんの教えを説いたため、その教えを信じる信徒とともに磔刑に処する。今後もきりしたんの布教を許さず、これを破るものは血族とともに死罪に処する旨が記されていたという。[404]

「伴天連追放之文」

　徳川家康は、公式には宣教師の滞在は禁止としながらも、貿易のため彼らの滞在と布教活動を黙認する秀吉の政策を引き継いだ。チャールズ・ボクサーの表現を参考にするなら、家康も宣教師の日本滞在を「しぶしぶ大目にみていた（reluctant tolerance）」といえるであろう。[405] イエズス会、フランシスコ会に加えて、一六〇二年にはドミニコ会とアウグスチヌス会の宣教師もスペイン領フィリピンから来日し活動を始めた。家康は一六〇八年頃までは宣教師にさまざまな便宜をあたえ、宣教師に迫害は事実上終わったと思わせるほどであった。事実、家康はセルケイラ司教（一六〇六年）、イエズス会準管区長パシオ（一六〇七年）、ドミニコ会日本上長モラレス（Francisco de Morales, 1567-1622）（一六〇八年）を引見するなど、きわめて寛容な態度を示した。フランシスコ会に対しても同様で、一六〇六年には同会に対し浦賀に滞在して教会を建てる許可を与えた。[406] 宣教師ときりしたんに対する家康の態度は地方の大名にも影響し、宣教師を自領で優遇する動きが活発となった。

徳川初期のこの一見平穏な状況も、秀吉のときと同様、微妙なバランスの上に成り立っていた。一つのきっかけで禁教・弾圧の引金がいつでも引かれる状態に変わりなく、事実、きりしたんを取り巻く環境は、全面禁制に向かって確実に動き出していた。経済面でいえば、家康にとってヨーロッパ人宣教師の存在意義は幕府とポルトガル・スペインの貿易を仲介するという経済的な貢献以外にはなかったところに、一六〇〇年以降、日本に進出したオランダ、イギリスの商人にはキリスト教宣教への関心は薄く、貿易のみを求めていた。家康が彼らを主な貿易の相手と考えるようになったのは当然であろう。宣教師の介在を必要とするイベリア国との貿易は縮小し、家康にとって宣教師の存在理由は薄れていった。家康は、一六一〇年のマードレ・デ・デウス号事件と前後して、一六〇九年と一六一二年にそれぞれオランダとイギリスの商人に朱印状を与える一方で、一六一二年には、ポルトガル船の入港を長崎に限定した。この間の移行を象徴するものとして、一六一一年、秀吉、家康の知遇を受け通訳者として活躍していたポルトガル人イエズス会士ジョアン・ロドリゲス（通辞ロドリゲス、João Rodrigues Tçuzzu, 1561-1633）が罷免され、代わりにイギリス人航海士ウイリアム・アダムス（三浦安針、William Adams, 1564-1620）が外交顧問として登用されたことが挙げられる。

経済面以外では、きりしたん信徒の数は秀吉と家康の黙許政策の下に増え続け、一六一三年までに約三十七万人に達して当時の日本の人口の一・五％を占めた。[407] きりしたんの存在は畿内と西九州でとくに顕著となっていた。信徒でない者でさえも、十字架やロザリオなどの宗教的物品を身に付けようとした。人々は南蛮からの品物、食料品、衣服、装飾品などを目にして、たとえそれらが宗教的な物品でなくとも、きりしたんを連想し、彼らの存在を実際以上に感じたのではないだろうか。さらには、大坂方に残る武将に多くのきりしたんがおり、宣教師が彼らの精神的世話を行っていたことは家康にとって憂慮すべきことであった。

きりしたんの全面禁制と弾圧は、一六一二（慶長十五）年二月の岡本大八事件を契機に始まった。大八事件はその二年前（一六一〇年）、長崎で生じたマードレ・デ・デウス（Madre de Deus）号事件[408]に端を発している。デウス号事件は、肥前のきりしたん大名有馬晴信（一五六一―一六一二）の朱印船の乗組員が、以前、ポルトガル領マカオで官憲に射殺されたことに対する、晴信側の報復事件である。マカオの司令官アンドレ・ペッソア（André Pessoa）の乗ったデウス号を長崎入港後に攻撃し爆沈させた。岡本大八（一六一二年没）は、家康の駿府政権の実力者であった本田正純の与力であった。デウス号事件で功績のあった晴信に近づき、当時佐賀鍋島領となっていた旧有馬領の還付をデウス号撃沈の恩賞として斡旋すると持ち掛け、幕府への運動資金として晴信から多額の金品をだましとろうとした。晴信から幕府への問い合わせによって大八の詐欺事件が発覚するが、一方の大八は獄中から晴信が長崎奉行長谷川左兵衛の暗殺を企てたと訴え、両者対決のすえ、大八は火刑、晴信は甲斐に流され死を命ぜられた。大八事件が幕府にとって重大視された理由として、封建的主従関係の基礎たる知行問題が幕府の旗本と西国領主のあいだで取引の対象とされたこと、そして幕府の直轄地に出向した幕府の家臣が暗殺の対象となったことが指摘されている。[409] そして、大八と晴信の両者がきりしたんであったため、家康によるきりしたん禁制断行に発展していった。

一六一二（慶長十七）年三月には駿府の家臣団からきりしたんが追放され、駿府、江戸、京都、長崎の幕府直轄地におけるきりしたん信仰が禁止された。五野井によれば、このときの幕府による弾圧はまだ限定的であり、例えば京都では、家康の許可なく建てられていたとしてイエズス会のレジデンシア（住院）とフランシスコ会の修道院が各一か所破壊されたにすぎない。[410]五か月後、八月六日、きりしたん信仰の禁止は、「伴天連門徒御禁制也、若有違背之族者忽不可遁其科事」（伴天連門徒は御禁制なり、若し違背の族あらば忽に其科を遁《のがれ》るべからざる事）との文言で発せられた。[411]これは、徳川幕府による国内に対する最初の公式なきりしたん禁制の宣言であった。

そして、一六一四年一月（慶長十八年十二月）、きりしたん信仰の全国的禁止令である「伴天連追放之文」が、禅僧の金地院崇伝により起草され、将軍秀忠の朱印とともに「日本国中の緒人がこの旨を存ずべき掟として」発布された。[412]厳密にいえば、この法令は、一五八七年に秀吉により発布されて以来、維持されていたものの再宣言、再定義、再施行である。しかし、それは徳川幕府による公式なきりしたん統制の宣言であり、その後全面的に施行され徳川祖法の一つとなった。そして何よりも、その対象は宣教師や武士など一定身分以上に限定されない、日本（日域）のすべての人々を対象とした包括的で殲滅的なものであった。

この法令は、「乾為父、坤為母、人生於其中間、三才於是定矣」（乾を父と為し、坤を母と為し、人その中間に生じ、三才これに定まる）と語り始め、続いて「夫日本者元是神国也」（それ日本は元これ神国なり）と述べ、さらに「又称仏国。不無拠」（また仏国と称す。拠《よるところ》無きにあらず）と主張する。この国は仏が神の姿をして現れる「神明応迹国」であり、「大日」の本国である。したがって、「神与仏其名異而其趣一」と、神と仏は名称は異なっても「その趣き」は一つであるという。一方、きりしたんについては、たまたま日本に来た「吉利支丹之徒党」が貿易だけに集中せずに、邪法を弘めて本来の宗教的教えを乱し、日本の政治を変え、わがものにするつもりだと述べて、その政治的野心と宗教的な禍を指摘し、禁制の必要性を説く。ここでの「吉利支丹之徒党」とは、その文脈からヨーロッパ人宣教師を指していることが分かる。

爰吉利支丹之徒党、適来於日本、非啻渡商船而通資材、叨欲弘邪法、惑正宗、以改城中之政号作巳有。是大禍之萌也。不可有不制矣。（爰《ここ》に吉利支丹の徒党、適《たまたま》日本に来り、啻《ただ》に商船を渡して資材を通ずるに非ず、叨《みだり》りに邪法を弘め、正宗を惑はし、以て城中の政号を改め、巳が有と作さんと欲す。是れ大禍の萌なり。制せずんば有るべからざるなり。）(413)

では、そのような彼らに対してどう対応し、その活動を制すべきか。ここにおいても宗教的権威が根拠として提示される。「伴天連追放之文」は、先の引用部分に続いて、「日本者神国仏国而尊神敬仏、専仁義之道、匡善悪之法」（日本は神国仏国にして神を尊び仏を敬ひ、仁義の道を専らにし、善悪の法を匡《ただ》す）と、神仏儒の権威と教えをもとに善悪を判断すると宣言する。そして、入れ墨、鼻そぎ、脚きり、断罪、炮烙（火あぶり）などの具体的な処罰を語る。注目すべきは、後年、きりしたん弾圧で行われた残忍な処罰方法の多くが、すでにこの短い排耶文に記載されていることだ。この文はきりしたん弾圧の端緒に位置することを考えれば、ここに記載されている刑罰は戦国時代から続く刑法であり、それらが後年きりしたん弾圧にも適応されたことが分かる。この刑罰の宗教的特徴は、「有罪之疑者、乃以神為証誓」（罪の疑ひ有れば、すなはち神を以て証誓を為す）、「五逆十悪之罪人者、是仏神三宝、人天大衆之所棄損也」（五逆十悪の罪人は、これ仏神、三宝、人天大衆の棄損するところなり）などの表現にもよく表れる。

その後、「伴天連追放之文」は排斥の対象を先の「吉利支丹之徒党」から「伴天連徒党」と名称を変えて、その問題性をさらに羅列的に述べ強調する。「吉利支丹之徒党」が宣教師のイメージであったのに対し、伴天連徒党は、むしろ日本人信徒を含意するようで「伴天連門徒」のイメージに近い。

彼伴天連徒党、皆反件政令、嫌疑神道、誹謗正法、残義損善。見有刑人載欣載奔、自拝自礼。以是為宗之本懐。非邪法何哉。実神敵仏敵也。急不禁後世必有国家之患（かの伴天連の徒党、皆件の政令に反し、神道を嫌疑し、正法を誹謗し、義を残《そこ》なひ善を損なふ。刑人有るを見れば、載《すなは》ち欣び載ち奔り、自ら拝し自ら礼す。是を以て宗の本懐と為す。邪法に非ずして何ぞや、実に神敵仏敵なり。急に禁ぜずんば後世必ず国家の患い有らん）[414]。

「伴天連追放之文」において、きりしたん排斥の根拠としてその宗教性を問題にしていることを強調したい。「伴天連徒党」による日本の神道・仏教への攻撃と、その邪法的内容を挙げて、「急不禁後世必有国家之患」と言い切る。「正法」とは正しい教えであり具体的には仏法を指す。それに対して、きりしたんを「邪法」と呼んで「実神敵仏敵也」と神仏信仰と対比させている。

自国の宗教への攻撃を、きりしたん排斥の根拠とする。その理由は、まさに宗教的なるものを語ることで、幕府の政治的存立の理論的、思想的根拠としているからに他ならない。この点は、一五八七（天正十五）年六月十九日の「伴天連追放令」の第一条と軌を一にするが、「伴天連追放之文」においては、それは論理的根拠として一層徹底されており、終始一貫している。文の終盤においても、天下の号令としてきりしたんを制しなければ天譴を蒙るだろうとし、日本の隅々において「速掃攘之」（速やかにこれを掃攘せん）と命じるが、その一方で、日本を治める者（幕府）は、「今幸受天之詔命、主于日域、秉国柄者、有年於兹」（いま幸ひに天の詔命を受け、日域に主《つかさど》り、国柄を秉《と》る者、ここに年あり」と天命によって日本を治めていることを述べ、さらに外には仁・義・礼・智・信の五徳を見せ、内には釈迦の教えを守っており、これらの故に「国豊民安」であると主張する。そして、「現世安穏、後生善処」（妙貞問答では「後生善所」）という当時定番の救済用語も語られるのである。

この「伴天連追放文」は将軍秀忠により日本国中に発布された。それ以降、国内において宣教師の滞在は許されず、きりしたん信仰は禁止された。きりしたんは民衆も含め違法者として探索され捕えられるようになった。宣教はもちろん信仰自体が違法行為となり、禁を犯すものは犯罪者とみなされるようになった。彼らは、拷問を受けて棄教を強要され、棄教しなければ死罪に処せられた。こうして、きりしたん信徒は、信仰か生命かの選択を迫られることになったのである。

そして、一六一六年四月の家康の死後、同年八月、きりしたん禁止令「伴天連宗門御制禁奉書」が将軍秀忠により発布され、「伴天連門徒之義、堅御停止之旨、（中略）下々百姓以下至迄、彼宗門無之様可被入御念候」（伴天連門徒の儀、堅く御停止の旨、（中略）下々百姓以下に至るまで、彼の宗門これ無きよふ御念を入れらるべく候）と、きりしたん信仰は、すべての社会階層において厳しく禁止されることが改めて公示された。(415) 一五八七年の秀吉による「伴天連追放令」が専ら宣教師の行動を問題とし信徒の信仰は容認されたのに対して、徳川幕府のきりしたん禁制はきりしたん信仰そのものを取締の対象とした。これはきりしたんにとっては決定的な意味をもった。

さらに、一六一六年の禁止令の発布で、きりしたん禁制は家康の治世の期間に限定するものでなく、一貫した幕府の方針であることが明確にされた。事実、それは二代将軍秀忠（在位年一六〇五―一六二三）を経て三代将軍家光（同一六二三―一六五一）の時代まで、文字通り、きりしたんの「殲滅」を目指して一層強化、徹底されていったのである。最初は、宣教師を国外に追放したり、信者を一般の罪人と同様に遠隔地に流刑にするなど比

較的穏やかな措置であったが、やがて徐々に厳しく残虐さを増していった。(416)

二　禁制下のきりしたん信仰と実践

徳川幕府のきりしたん禁制でも宣教師が最初の迫害の標的となったので、国内に残留する彼らの数は減少していった。一六一四年十一月、九十六名が長崎に集められ、マカオ、マニラ、およびインドシナへ追放された。(417)しかし、国内には宣教師四十五名が法令を無視し密かに潜伏した。潜伏した宣教師の大半は九州にいたが、イエズス会士の場合、一六一七年までには京都、大坂、堺、および奥州に戻って洗礼を授け、信徒の告解や霊的指導に当たった。彼らはさらに、畿内、四国、中国、北陸、江戸、駿河、尾張に点在する二十一の地域のきりしたんと接触を保った。東北地方に進出したフランシスコ会など、イエズス会以外の修道会の宣教師も国内に留まった。(418)

きりしたんの町長崎では、探索の対象は宣教師に集中した。宣教師の本格的な捜索は一六一八年に始まったが、一六二二年、当時の探索が宣教師に集中している様子について、ロザリオの組の信徒は「諸国ニ貴理志端の法度、稠《しげ》敷候へ共、長崎中ハ、出家宗耳《のみ》御法度ニ而、宗門にハ、さして御かまひ無之候」と報告をしている。同じ資料は、長崎では信徒の探索がされていないのを知った信徒が「こんひさん」を求めて、あるいは棄教した信徒が信仰を回復させるために諸国から長崎に来るが、「出家衆」（宣教師）の探索が他の地域より厳しいので長崎には宣教師はおらず、きりしたんが来ても望むようにならない様子を伝えている。(419)

宣教師の中には、取締から逃れるため、床下の地面に掘った穴に身を隠してその上を板やござで覆ったり、便所の後ろのわずかな隙間に一日中身を隠す者もいた。(420)地方の信徒を訪ねる際には商人や修験者にさえ変装したという。禁制下にあっても、一六四三年までには約百名の宣教師が密かに日本に入国していたが、自主的に日本から退去した二十三名を除いて、国内で発見された者はすべて追放あるいは処刑されるか、棄教を強要された。これらの宣教師の数は徐々に減少し、遂には、一六四四年のイルマン小西マンショ（一六〇〇―一六四四）の殉教以降、国内には一人の宣教師も残らなかった。(421)

長崎で最初に取締の対象になったきりしたん信徒は「宿主」と呼ばれた人々であった。彼らは宣教師が潜伏して活動を続けられるように、かくまい衣食を施しているとみなされた。宿主の最初の殉教者は、一六一七年に処刑された二名で、その二年後、宿主の殉教者の数は家族も含めて十五名に上った。(422) 宿主以外には、追放された宣教師が密かに戻ったり、新しい宣教師が上陸するのを助けていた「船主」も取締の対象となった。幕府が目指したのは、国内で宣教師が潜伏し生き延びる方法を断ち切ることだったのである。一方、京都では一六二二（元和八）年、伴天連門徒は死罪に処す旨の触書が出された。さらに、同触書には、伴天連門徒を発見した場合には、速やかに申し出て褒美を得ることや、もし門徒を秘匿して他人がそれを報告した場合には門徒と同罪に処されることが書かれていた。(423)

きりしたんに対する幕府の政策は、基本的に、まず彼らを見つけ出し、次に棄教させ、最後に棄教した元信者を、家族も含め子孫にわたり監視するというものだった。棄教に応じない場合、信徒は処刑された。きりしたん探索のため、隣保組織である「五人組」が利用された。五人組とは、住民による年貢納入と犯罪防止の連帯責任の制度で、一六二〇年代以降全国に広げられた。本来、きりしたん信徒のみならず、大坂方の浪人や一般の犯罪者の発見を意図していたが、やがてきりしたんの摘発が主な目的となった。(424) 幕府はこの制度によって組内の一軒一軒に相互監視させ、きりしたんがいない責任を負わせたのである。

一六一九年、長崎では、パードレ（神父）一人につき銀四十枚の懸賞金がかけられた。パードレを摘発することの方法は一六二二年に京都、翌年には江戸へと広がり、一六三三年以降、神父のみならず他の宣教師を発見するための有力な手段として全国に広まった。一六二二年、長崎の信徒による資料は次のように語っている。

はてれ之御宿を見立、住〔注〕進仕候者にハ、過分之銀子を可被遣との御触相始候而より、貪欲邪見之悪党共、日夜朝暮御出家衆を尋、さまの手たてをたくミ、少も不審なる所へハ、即時ニおし入、屋さかしを致し候事、無絶間候へハ、出家衆をかくし可申道、絶果たる計之躰ニ候事。[425]

この証言は宣教師（出家衆）の探索の場合であるが、「少も不審なる所へハ、即時ニおし入、屋さかしを致し候事、無絶間候へハ」とあるように、懸賞金制度がいかに人々を宣教師探しに駆り立てていたかを伝えている。後年、懸賞金の対象はイルマン（修道士）、同宿、信者、また棄教を覆した元きりしたんへと拡大されていった。彼らの発見が難しくなるにつれて、懸賞金の額も上り、一六八二年の長崎では、パードレ、イルマン、同宿、棄教を覆した元きりしたんの懸賞金はそれぞれ、銀五百枚、三百枚、百枚、三百枚に上ったという。[426]

棄教を宣言したきりしたんは、その証拠にイエスや聖母などの像を踏む「絵踏み」が強要された。この方法は本来、棄教を確認するため一六三〇年頃から始まったものだが、同じ方法がきりしたんを棄教させたり、また信仰を秘匿する信徒を探索するためにも利用されるようになった。これは、表面的な棄教の態度に惑わされることなく信仰者を突き止めるため考案されたものだが、信仰的象徴に対するきりしたんの愛着を逆手に利用した方法といえる。

絵踏みの際、検察者は、きりしたんの信仰を表す徴候があればどんな些細なものでも見逃すまいと、絵を踏む人々の様子を凝視し観察したようだ。大目付井上政重によるきりしたん穿鑿の心得『契利斯督記』の中の「宗門穿鑿心持の事」では、「うば並びに女などは、デウスの踏絵をふませ候へば、上氣さし、かぶりものを取捨て、息合あらく、汗をかき、又は女により〔ては〕人の見ざる様に、踏絵をいたゞき候事も之ある由」(427)と注意を促している。

もちろん、聖像を踏むという信徒の外的行為が、聖像が象徴する存在に対する彼らの内面での否定に直ちに結び付くとは限らない。心で信じていることこそが大切であって、外面上の行為は二次的なものに過ぎず、場合によってその不一致はやむを得ない、との主張は成り立つ。しかし、そのような「精神主義」はきりしたんには許されていなかった。彼らは言葉にも行動にも自らの信仰を表さなければならなかった。殉教を説いたきりしたん書も、棄教の行為はたとえ表面的でも深い罪となると教えている。深い罪を背負った者は死後「ぱらいぞ」（天国）に行くことはできなかった。このような棄教の教えをきりしたんの穿鑿者が熟知していたことは、「宗門穿鑿心持の事」に表れる穿鑿者自身の知識から間違いないだろう。

宗門改めによる幕府の改宗政策、信徒の摘発、棄教を迫る拷問などの結果、大勢のきりしたんが信仰を放棄した（きりしたんを棄教することは、当時「転ぶ」といわれた）。しかし、よく棄教者は信仰を回復させたので、為政者はこれを防ぐ対策を立てた。その一つが転び証文、すなわち棄教の誓約書であり、その最初期のものが豊前、小倉藩の記録に見られる。藩主細川忠興は一六一四年にきりしたんの取り締まりを命じ、棄教を誓う証文を徴収した。その中で、下毛郡湯屋村の源右衛門による誓約書(428)では、「今度はてれんもんと御改ニ付、ころび申候て、則一向宗ニ罷成、長久寺へ参申、ころひ申上候」と、きりしたん信仰を棄て、一向宗の信者になり、長久寺の門徒となったと表明している。源右衛門の転び証文には、さらに、庄屋による証文（俗請）が添付された。のちに、きりしたんの転び証文には、彼らが檀家となった寺からの証文（寺請）も出されるようになった。

転び証文の形式はさまざまであり、棄教を宣言するだけの簡単なものから、起請文と呼ばれる、神仏にかけて誓約する複雑なものまであった。詳しい形式になると、棄教の宣言とその理由、新たに門徒となる仏教宗派と寺名、そして、誓約を破った場合に罰をあたえる神仏の名前を通常二つ以上含んでいた。中でも興味深いのは「南蛮誓詞」と呼ばれる誓約文である。この誓約では、転びきりしたんが、「でうす」、「ひいりよ」、「びるぜんまりや」など、すでに棄教したはずのきりしたんの信仰対象（きりしたんの神々）に対し誓いを行っている。

南蛮誓詞の一例を『大村藩古キリシタン資料』に見ることができる。一六三七年、大村藩千綿村の中村半左右衛門が管轄していた十家族三十九人が集団で棄教を宣言し、長崎奉行に提出された誓詞は次のようなものであった。

> 我等数年きりしたんにて御座候得共きりしたんの教へ承候程まほうの教へにて御座候第一後生の事にとりなしばて連の下知を背候ものゑすたむにやん〔excomunhao, 破門〕をかけいぬへるの〔Inferno, 地獄〕へをとし可申と教へ候事何として人間が人間をいぬへるのへをとし可申哉かやうの事にてばて連もひつきやう他の國を取る謀事にて御座候通承届きりしたんをころび法花宗眞言宗一向宗に罷成り候女房も右同宗に罷成夫に付而御奉行様え書物差上申候以来立上り申事有間敷候其上心ともきりしたんの宗旨の望を含み申間敷候此旨少も相違御座候いしてうずばて連〔Padre, 父〕ひいりょ〔Filho, 子〕頃〔須?〕ひりつさんと〔Spirito Santo, 聖霊〕を始め奉りさんたまりやも〔ろもろ〕のあんしよ〔anjo, 天使〕へやと〔beato, 聖人〕の御罸を蒙りしうたす〔Judas, ユダ〕のことくたのしみをうしない五かいの一念も氣さずして結句人々のあさけりと罷成り終とんし仕りいぬへるの丶くぐんにさめられうかぶ事有御座間敷者也仍かとうりか〔Catholica, カトリックの〕ゑけれんしやう〔Ecclesia, 教会〕しゅらめんと〔juramento, 誓い〕如件[429]

この誓詞は、棄教者が、信仰を棄てたはずのきりしたんの神々（父、子、聖霊、マリア、天使、聖人など）に対し、しかも最後にあるようにカトリック教会の誓約として起請している点において、その目的と内容が矛盾していることはいうまでもない。もちろん、起請文を含め転び証文はたいていの場合すでに定められた文面があったと考えられるので、厳密にいえば、起請文にきりしたんの神々をあげることは棄教者自身の発案というより、むしろそのような誓詞を考案した者の考えであったといえる。[430]

しかしなぜ、棄教した信徒はそのような誓詞を受け入れたのであろうか。片岡弥吉は、「転び、絵踏したキリシタンにとっては、理屈ではなく、感情としてこの誓詞の神文に恐怖を感じ、再び立ち返ることができないと失望する、と為政者は考えたのであろう」と説明している。[431] もしそうであれば、誓詞を作成した側は、きりしたんの神々が依然として棄教者の心の中に力をもって生き続けていたことを、暗黙に認めていた、あるいは知っていたことになる。きりしたんの神々は人々の宗教的世界観にすでに力強く根をおろし、信仰を棄ててもなお超越的存在として、古来の伝統的な神仏よりも現実的な存在として感じられるまでになっていたに違いない。南蛮誓詞が現れた一六三〇年代、それまできりしたんが栄えていた地域では、集団改宗による地域ぐるみの信仰が数世代にわたり実践されていた。きりしたんの神々が伝統的な神仏に代わって宗教世界を語ることばとなっていたのである。

また為政者の側でも、絵踏みなどの外面的行為にもとづく棄教の表明は、たとえそれがカトリックの教えでは信仰の全面的放棄を意味しても、きりしたんが実際に信仰を止めたことには必ずしもならないことは、十分に了解していたのである。事実、潜伏きりしたんの例から明らかなように、非常に多くのきりしたんが表面上は棄教しながらも、密かにその信仰を実践し続けていたのだった。この背景をもとに理解するならば、一見矛盾するように見える南蛮誓詞は、転びながらも依然きりしたん的表象に価値と力を感じていた人々には、大変効果的な起請文であったといえるかもしれない。

最後に、すでに触れたように、きりしたん信徒は自らが棄教したことを寺院の檀家になることで証明しなければならなかった。そして、寺院の側からは、棄教したきりしたんが確かに自分の寺の檀家になったことを保証する身分証明（寺請証文）を出すようになった。この方法は、京都所司代板倉勝重（一五四二―一六二四）によって一六一四年に京都ではじめられ、一六五〇年頃には、幕府はこの檀家制度を元きりしたんだけでなく一般の人々にも適用することにした。[432]それは、すべての住民がどこかの寺の檀家でなくてはならないことを意味した。寺請を発行するのに必要な宗門調査である「宗門改」は制度化され、寺院は定期的に檀家の宗門調査を行う役目を担うことになった。

仏教寺院が「檀家がキリシタンでないことを監視し、保証する責任を負わされた」[433]制度（寺請制度）には、仏教が幕府の反きりしたん政策に組みこまれた以外にも重要な意味があった。一つは、日本における葬儀の仏教化である。前章でみたように、中世後期以降、仏教の聖職者が死者の身分の上下を問わず葬儀・埋葬に積極的にかかわる例は多く、それは宣教師の記録にも現れる。しかし、江戸時代に幕府により制度化されたことは決定的な意味をもった。それ以降、死者の葬儀・埋葬には必ず檀那寺の僧侶がかかわり、僧侶の立ち会いなく住民だけで納棺、自葬することは厳しく禁止されたのである。寺請制度のもう一つの重要な意味として、寺の作成した宗旨帳が、きりしたんでない（すなわち檀家である）ことを証明する寺請帳であると同時に、人口調査のための人別帳ともなっていたので、今日の戸籍簿や住民票と同様の機能を果たしたことが挙げられる。例えば、人々が転居する際には、仏寺が「送り状」を発行して、その者や家族の氏名、出生年、宗旨、檀那寺名などとともに、きりしたんでないことを明記し、証明した。

以上のような、きりしたんを取締り、仏教徒に改宗させる幕府の政策は、きりしたん教会を破壊する一方で仏寺を建立する動きを生んだ。顕著な例を長崎にみることができる。長崎では一五九八年から一六四二年の間に三十七もの寺院が建てられたが、中には取り壊されたきりしたん教会の跡地に建てられた寺院さえあった。例えば、一六二〇年、日蓮宗の本蓮寺がサン・ジュアン・バチスタ教会の跡地に建設され、一六四〇年には、臨済宗の春徳寺がトードス・オス・サントス教会の跡地に建立されている。(434)まさに、一五七〇年代に大村で見られた全領内きりしたん化の逆の動きをこの時期に確認できる。

殉教のすすめ

徳川幕府によるきりしたん殲滅政策に信徒はどのように対応したのか。まず、信徒の行動の背景として、彼らが教会から受けた指導を概観しよう。

弾圧下の信仰者には殉教の栄光が説かれた。後年、浦上きりしたん最初の集団検挙となった「浦上一番崩れ」（一七九〇―一七九五年）のとき、長崎奉行所は一群の文書を没収した。その中には殉教に関するものが含まれていて、後年、姉崎正治が『切支丹宗門の迫害と潜伏』で翻刻、紹介している。翻刻にあたり姉崎は、「此の文書は徳川初期から傳はつて秘密にして来たのを、寛政一番崩れで没収されたとふ断案を得る」(435)と述べている。ここでは、これら殉教関係文書の中でも『マルチリヨの勧め』と『マルチリヨの心得』と仮題がつけられた文書を中心に検討して、迫害に対する当時の教会の立場を理解したい。

『マルチリヨの勧め』では、まず、きりしたんが迫害を受ける理由を説明している。この部分は、日本人によってしばしば掲げられた「もしデウスが全能であるならば、なぜきりしたんを迫害から守らないのか」という問いに答えるものでもある。きりしたんを厳しく穿鑿した幕府宗門改役の井上筑後守政重も、きりしたんの教えを攻撃するための「糾明の論点」としてこの問いを使った。(436)『マルチリヨの勧め』では、きりしたん迫害の理由として神義論的答えが述べられている。すなわち、迫害はデウスが真のきりしたんと偽りのきりしたんを見分けるため、またデウスの力を見せるために、敢えてもたらすのだ、と説かれる。さらに、きりしたんの教えの正しさを証明するだけでなく、デウスや、長い航海をかけて人々を救うため教えを伝えた宣教師の恩が理解できないきりしたんを罰するためのものだ、と説明する。(437)

この説明は迫害を受ける二番目の理由の説明においてさらに展開される。それは「なぜきりしたんに困難をもたらす異教徒はデウスの罰を受けないのか」との問いに対するものである。この問いに対する答えの基本は一つ目の説明と同様で、異教徒への罰はデウスが用意し、その意思によってなされるのであり、デウスの深い意図によるという。デウスの深い意思の故に、真のきりしたんは天国の栄光を得るために鍛えられる一方で、検察者は神の罰を一時的に免ぜられているに過ぎず、最後は神罰を逃れることはできない、とも教えている。(438)

次に、迫害に屈して転ぶことは重大な罪であると説く。「ころぶ者は、即ち天魔の奴こ、陰ヘルノの薪となり」、地獄において極限の苦しみを逃れることはできず、また死後だけでなく、現世ですでに「アニマ色體の上に数多の損失を受け始むる」と説かれる。なぜならば、ゼジュン（断食）やヂシピリナ（鞭打ちの苦行）などで得た功力のすべてと、洗礼を通して得たデウスのガラサ（恩寵）とカリダデ（愛）、そしてスピリトサント（聖霊）からのドウネス（賜もの）を失ってしまうからだという。(439)

『マルチリヨの勧め』の後半では、丸血留（マルチル、殉教者）の栄光が讃えられ、殉教が勧められる。そこでは、キリストの受難とその美徳が語られ、きりしたんがその信仰に徹し殉教した後は、犠牲の報いとして天国での栄光が保証されていると説く。そして、昔よりいかに多くの丸血留が生まれ、人々に尊敬されてきたかが語られる。そして最後に、きりしたんが殉教の覚悟をするように、次のような具体的な項目を挙げている。殉教はデウスの御力によってのみ可能であるので、謙虚な心でいること。もるたる科（大罪）がある場合は、告白しておくこと。神の恩寵と力を得られるよう祈りを捧げること。家族や回りの人に美徳と信仰をすすめ、またデウスの数々の美徳と限りなき恩恵、そしてキリストの受難（御パッション）を伝えること。最後に、十字架のキリストを観想する祈りで『マルチリヨの勧め』は締めくくられている。(440)

迫害に直面する信者に対して、教会はこのように殉教を説いた。殉教が正当化される根拠のひとつに、殉教者が受ける天国での幸福があった。しかし、殉教の教えが一般の信仰者に説得力を持ち得たとすれば、その対極としての体験、すなわち殉教せず転んだときに地獄で被る、残酷で果てしない肉体的苦痛が語られたことにも要因があったであろう。殉教者の経験する迫害と死に比べると、棄教者が受ける終りなき苦しみの方がはるかに大きいと教えられたのである。『マルチリヨの勧め』の一節を見てみよう。

紕明と苦しみを恐るまじき為に、御扶手の御言を聞け、相かまへて色身の命をころしてアニマをころす力を持たざる人を恐るべからず。只アニマ、色身、共に陰ヘルノの火穴に抛ち玉ふ御方を恐れ奉れと宣ふなり〔注：マタイ一〇・二八からの引用〕。眞〔に〕世界にある程の苦みを一つにして、彼の果てしなき陰ヘルノの苦患に比ぶるに於ては、大海の一滴にも異ならず。然ば御主に對し奉てわづかなる苦を堪え難く思はば、ころびて陰ヘルノに落ち、彼の終りなき苦みをば何と様に堪ゆべきぞや。(441)

殉教者がこの世で被る肉体的苦痛が「わづかなる苦」であるのに対して、転び者が地獄で被る苦痛は世界中の苦しみを集めても大海の一滴にもならぬほどの「終りなき苦み」と表現されている。すなわち殉教と棄教は、肉体的苦痛という、ある意味で一般信徒に大変分かりやすい指標に置き換えられ、両者の違いは肉体的苦痛の程度の違いとしても説明されたのであった。殉教の意味がこのように具体的なイメージで語られたとき、信徒に殉教か棄教かの選択の余地が残されていたとは考え難い。殉教こそが、合理的に考えて当然とるべき道となったのである。

きりしたん信仰の目的は「後生の扶かり」と教えられていたので、殉教を勧めることは、教理の上からは道理にかなっていた。しかし、信仰者にとっては、まさに生死の問題である。このような究極の選択を突きつけられては、迫害を避けつつ同時に教会からも認められる方法を模索したのは当然だった。「一時的に」棄教宣言して迫害を逃れることは、そのような手段の一つだった。

しかし、『マルチリヨの勧め』はこれをきっぱりと否定する。「眞實よりころびたる者も、面向きばかりにころびたる者も、御罰にへだてはあるべからず[442]」と説いたのだった。これは、単に「言葉にも身持ち〔行動〕にも」信仰を実践するという理念からだけではなかった。『マルチリヨの勧め』は、「嗚呼、いくたりの人か、汝が如く、頓て立揚がらんと思いしかども、其望を遂げずして、陰へルノへ落ちたる者、其數を知らず[443]」と、一旦棄教した無数の者が元の信仰を取り戻せず地獄へ落ちていったのだ、と警告するのである。

『マルチリヨの勧め』が殉教の意義をきりしたんに教えた一方で、『マルチリヨの心得』は迫害下にきりしたん信仰を遵守する方法を具体的に指示している。まず、きりしたんはイエスの教えを信じ、必要なときは、言葉にも行動にもそれを表さねばならないと教える。デウスは人間に肉体と霊魂（アニマ）を与えたのだから、その両方で信仰を示さなければならず、霊魂では心で教えを信じ、また、肉体では自らの信仰を表明すべく行動に表さなければならないとされた。これは、すでに指摘したように、表面的な棄教を認めない理由としても理解できるであろう[444]。

『マルチリヨの心得』では、迫害下にきりしたんが犯しがちな行為のいくつかが重い信仰的罪となると警告している。例えば、内心で信仰を棄ててそれを口にすることは当然もるたる科（大罪）となり信仰も失う。また、口上で棄教しながらも心では信仰を続ける場合には、信仰は失わないがもるたる科は避けられないと教えた。迫害に対する恐怖から異教徒のように振る舞うことは戒められており、数珠などきりしたん信仰以外の象徴を用いたり、神仏を拝むなど異教人の儀礼や参拝を行うと、きりしたんの信仰は守っていても、もるたる科を犯すとされた。他にも、取り調べで信仰者であることを認めないことも罪となった。重大な科を犯した場合には、きりしたんは直ちにそれを悔い、許しを乞い、棄教しないことを誓い、告白をし、信仰を回復しなければならなかった。[445]

信仰を守るため捕らわれるのを避けて土地を移ったり、居場所を変えたり、隠れたりすること、またロザリオ、功力もの、あるいは聖像などきりしたん関係の事物を隠すことは、異教人のように振る舞わない限り許された。そしてきりしたん信徒が実際このような手段をとっていたことが、宗門改の手引書「宗門穿鑿心持の事」から確認できる。この手引き書によると、聖像などきりしたんの信仰象徴を隠すことについては、「ちゐさきイマゼウ〔像〕〔を〕脇指の柄頭へ掘入れ、又イマゼウ、伴天連の骨灰などを枕の内に入れ、焼物香箱の内、ねり薬などの中へ入れ置く事あり、心付べき事」と注意が促されている。[446] また、取り締まりの厳しい土地を移ることについても、「生國、亦〔は〕久しく住居いたし候所、之を相尋ぬべく」とされ、出生地や長年の居住地を確かめることを求めている。[447]

最後に『マルチリヨの心得』は殉教の条件を示している。まず、殉教には、処刑、流刑死、獄死を問わず「辛労難儀の道より死たる」ことが不可欠であり、[448] それは無抵抗の死でなくてはならなかった。そして、当然のことながら、信仰者の死が殉教とみなされるには、その死罪の理由がきりしたん信仰に関係なくてはならない。具体的には、本人がきりしたんであったこと、他人にきりしたん信仰を勧めたこと、きりしたんゆえに神仏を拝まなかったり異教徒のお守りを使わなかったこと、きりしたんの教えを説いたり他人に勧めたこと、死に瀕する信者を勇気づけたり支えたこと、殉教者の死体を埋葬したり遺骨や遺物を崇拝したこと、宣教師をかくまったこと、取り調べのとき他の信徒や宣教師を明かさないこと、などが挙げられている。[449]

迫害下において「きりしたん」であるとは、教会の教えからすれば、「丸血留」（殉教者）になることを意味した。きりしたんであるためには宗門改で信仰を表明せざるを得ず、転ばない限り、それは殉教に結びついたからだ。棄教することは、表向きであろうとなかろうと大罪とみなされ、後生に永遠の苦しみが待っていた。教会の立場からすれば、きりしたんであることの方途は殉教にしか残されていなかった。いくら熱心に教えを学び、祈りを唱え、また信仰者として愛徳の行為に励もうとも、きりしたんとしては不十分であった。迫害下において、きりしたんが信仰的に救われる唯一の必要十分条件は、殉教だったのである。

これは、我々が「きりしたん」の信仰と行動を理解する上で重要な示唆を与えてくれる。すなわち、「きりしたん」を「きりしたん」たらしめた普遍的な要件は存在せず、むしろ、彼らが生きた時代の教会の内外の制約のもと、相対的で限定的な信仰と実践の条件を満たしながら存在せざるを得なかったということである。迫害期に限らず、十六世紀中葉、日本語による正確な教理伝授も困難であった日本宣教初期に信仰者に求められたこと、その後、宣教師の日本語教育や邦人伝道士の育成、あるいは教理書の印刷などの伝道手段が整えられた十七世紀初頭の信仰者に求められていたこととは、当然異なる。きりしたんは、彼らの生きた時代の教会内の伝道条件の下で、さらには、日本国内の政治、社会的環境において、信仰を実践していたのだった。きりしたんの信仰世界を知るには、彼らが生きた時代のさまざまな文脈をとらえて、彼らの信仰表現の意味を読み取る必要がある。

棄教・潜伏・殉教

徳川幕府の迫害によって、少なくとも五千人以上のきりしたんが信仰のため命を落としたであろう。[450] 今日、各地に残された徳川期の弾圧側の記録、あるいはレオン・パジェスの『日本切支丹宗門史』などの歴史書の中に、何百という殉教者の名前を数えることができる。姉崎正治が述べたように、これら殉教者の大多数は社会の下層民であり、彼らは棄教の誘惑や死の恐怖、さらには身体への拷問に耐えて死んでいった。彼らの信仰は単純であっても誠実であったであろう。また、死後の天国と地獄での世界を、教会が教えたように、実態的な現実として信じていたことだろう。(451)『吉利支丹心得書』の中には、「天のはらいぞ〔パライソ〕のこうりや〔グロウリヤ〕の事」(天国の栄光の事)と題された一節がある。冒頭部分を引用する。

　天上はらいそ〔に〕おいてそなわる無量のよろこびの御善徳、けらくぢうまんの有様ハ此世界にてうかゝいはかる道なく、とゝのゐ申事なければ、あらわすへきことば御さあらぬ。此善所ニハなやむ事、くるしみ、つかれ、くたびれ、さむいあつい、かつゆる、のとかわく、おそれ、おとろき、一切しんらうといふ事さらになし。(452)

同教理書は、「ぱらいそ」の快楽と「いんへるの」の苦しみの違いに匹敵するほどの違いは世界にはないと説く。「いんへるの」の苦しみには「ぺいなせんすゝ」(poena sensus)という感覚的な苦しみによる罰が含まれる。それは、

　寒熱のせめをうくる事。此火のあつき事を世界の火にたとうるに、只世界の火ハ、ゑにかいたのごとく……。いんへるの、火ハつミ科をいましめおこなわるゝかし〔や〕くの〔せ〕め〔の〕道くなれハ、罪人、其火にくべ〔られ〕て、火ゑん《焔》の内にもえこがれ、ずいしんにとぼくるしみハ、いかほどの事あるへきや。……それのみならす、寒苦をうくる事、是も世界の雪、こほりのやわからなごとくでわなし。こつずいき

るゝがことく、さむくつめたきとくかん《毒寒》のこほりにとぢつけられ、しゝむら《肉叢》たちまちさけやふるゝを、又引はなひてふうく《風火》にせめらるゝ。[453]

多くのきりしたんは、このような身体的で感覚的な描写によって、天国の安寧と地獄の苦しみをとらえたのではないだろうか。殉教者の記録は、それが宣教師であれ一般信者であれ、多くの読者の胸を打つ。しかし、弾圧下において、きりしたん信者が選んだ道は殉教だけではなかった。彼らには、他に二つの選択肢があった。きりしたん信仰をやめること（棄教）、そして棄教を宣言しながら密かにきりしたん信仰を続けること（潜伏信仰）である。実際には、最も多くのきりしたんが棄教した。次に多かったのが潜伏信仰者であったことは疑いなく、殉教者は最も少なかった。

『マルチリヨの心得』が説いたように、宣教師の立場からすれば、殉教こそが迫害下で認められうる唯一の道であり、日本人信徒にも同様のことを求めた。棄教は、たとえ表面的で便宜上に過ぎないものでも容認されなかった。したがって、外面的に棄教を表明し、異教徒のように振舞って信仰をカモフラージュしようとする潜伏信仰を認めていない。教会にとって、きりしたん信仰を棄てると表明した者はすべて転び者だった。すでに述べたように、迫害下にあっては、あくまでも信仰を表明し、その故に殺された者だけが「きりしたん」と呼ぶに値したのである。きりしたんとは殉教者を意味した。きりしたんであるためには、きりしたん信仰を明確に外部に表明することが求められた。一六一四年以降の日本において、それはただ殉教によってのみ成就されるものであった。きりしたんであることとは殉教者であることであった。

しかし、弾圧の側に立つ為政者の見方は違った。教会の区別が本当のきりしたん（殉教者）とそれ以外（潜伏者・棄教者）であったなら、為政者の区別は、本当の転び者（棄教者）とそれ以外（殉教者・潜伏者）だったのである。棄教を宣言した後も隠れて信仰をしていた者は、教会の定義では棄教者だが、為政者からみれば依然きりしたんであり、取り締まりの対象となった。

多くのきりしたんが、表面上は棄教し仏教徒になることで、反きりしたん政策に対処しながらも地下に潜り、信仰を続けた。我々は、今日、彼らをどのように理解したらよいのだろうか。教会がみなしたように棄教者だったのか、それとも為政者が考えたように依然としてきりしたんだったのか。

ひそかに信仰を続ける信者自身は、迫害者の理解と同様、自分たちをきりしたんと考えていたであろう。表向きであれ転びさえしながら隠れて信仰することは、彼らには最も理の通ったことであったかもしれない。なぜなら、それが、現世において自分たちの信仰を続けるための唯一の方法だったからである。棄教と殉教のいずれを選ぼうとも、彼らはもはや現世において信仰を維持できなかった。生きてきりしたんの信仰と実践を続けるため、転んでも信仰は捨てないという第三の選択を自ら作り上げたのだ。この選択は教会の教えに逆らうもので、真の棄教と同じであった。しかし、きりしたんがこの世で信仰を続けるため、すなわち、弾圧下においても彼らなりの「きりしたん」であるためには、理にかなう現実的な結論だったのである。

きりしたんがこの世での信仰実践を求めた背景として、近世初期の日本では共同体生活が大変重要になりつつあったことが指摘できる。すでに十五世紀の終盤以降、宗教を実践する主な社会基盤は、家族や氏などの血縁集団から、村や町の地域共同体へと拡がっていた。人々の生活は、農業社会の経済的発展、荘園制度の崩壊、および大名の領土支配の結果現れた共同体の力によって影響を受けるようになった。集団で行う宗教的な実践は共同体生活の重要な役割を担うようになり、とりわけ、共同体を維持し強化するうえで大切な機能を果たした。

地域共同体は、人びとが労働、宗教、水や他の資源や共有地を分け合う基本的な社会的、政治的単位になった。共同体の結びつきが強固になったのは、都市部と地方の共同体の自治と権力が増大した結果であり、それを可能にしたのは、急速な経済成長であった。コウゾウ・ヤマムラによれば、一五五〇年から一六五〇年頃にかけての、灌漑施設の急激な発達と新しい農耕技術の発明によって、農耕地は倍増し、生産高は劇的に上昇した。この生産性の向上はほぼ同様の割合の人口増加を伴い、農地耕作のための労働力も大幅に増大した。(454)これらの発展によって農産物の生産量が飛躍的に増加しただけでなく、それがさらに商業活動の対象となる市場の拡大へと繋がって、商業の大幅な発展も促す結果となった。

地域共同体の力は地方の戦国領主の支配との関係によって決定づけられた。十五世紀には日本の村落は政治的自治を獲得し始め、多くの村落が「惣」という発達した自治体へと発展していた。独立した政治体制でない場合でも、十六世紀の地域共同体は一般的に自らの行政体系を備え、「公共の作業、共有資源の利用、犯罪者の処罰、税の取り立て、共同体の代表者の選出」などの日常の共同体に関する事柄を規程していた。(455)

共同体のために行われる宗教活動としては、当然のことながら、共同体へ利益をもたらす行事、とりわけ雨乞いや虫除けなど農事に関する儀礼が行われた。そのような村落の儀礼の場所には寺社の空間が提供され、民衆の間には共同体の絆が強められていった。(456)また、一四七三年から一五七八年にかけて各地で生じた一向一揆に関しても、仮に本願寺門徒の信仰が個人の信心として実践されていたならば、集団蜂起にはならなかったかもしれない。本願寺派の広がりは、地方において村落が共同体的力を急速に高めた時期と重なった。この力は強力な結束力を伴っており、この結束力を高め維持するうえで宗教は重要な役割を果たしていた。本願寺門徒は、同じ信仰を共有する者としてだけではなく、同じ村落の住人としても相互に繋がっていたのである。こうして、講と呼ばれた彼らの宗教的集団は、惣と呼ばれた彼らの世俗共同体と重なり合っていた。(457)

当時の共同体が宗教と世俗の両面において結束を保ったことを考えれば、宗教的関心が世俗的関心とが相互に織り込まれていたのは当然であろう。宗教の力と世俗の力は互いに支え合いながら、宗教と世俗の両方の目的を達成しようとしたのである。本願寺門徒の場合がまさにこれに当たる。彼らが戦に関わったのは、彼らの信仰は共同体の信仰であったからである。それによって、地方の政治権力に対抗できる強固な道徳的で内的な結束が生み出されていった。したがって、門徒の一揆参加は宗教的動機からのみならず共同体的責任からであった。参加を拒否した場合には、村八分などの共同体的制裁を受けた。(458) そのような共同体からの圧力を考えれば、村人にとって戦に出るほかはなかったといえるであろう。本願寺派門徒の事例によって、当時の人々の宗教実践に対して共同体がいかに影響力をもっていたか分かる。そのような共同体の力はきりしたんの信仰に対しても強い影響力を与えたのである。

これら共同体組織の発展と宗教との関係は何を説明するのか。きりしたんの教えの救済論的焦点は後生の救いにあった。しかしながら、きりしたん信仰が家族の宗教、村落共同体の宗教として実践される中で、現世で暮らす人々の生活にしっかりと根付いたのは当然のことであった。きりしたん信仰は、この世での人々に関わりを持ち、現世の生活の中でその役割を果たしていたのである。

「南蛮誓詞」が出現した理由としてすでに触れたように、主に九州地方において一五七〇年代までにきりしたん信仰が伝わった地域では、徳川幕府の禁教令が出されたとき、少なくとも数世代にわたって信仰が実践されていたことになる。『契利斯督記』、第七文書「宗門穿鑿心持の事」には、「おつと吉利支丹にて女房の事、獨子吉利支丹にて親事《ママ》、父母吉利支丹にて子の事、大形十が七八までは吉利支丹にて之あり候事」(459) と、きりしたんが発見された場合、家族の他の構成員も同様に信徒であることが多いので注意する旨が記されている。これは、きりしたんが家族の信仰として定着していたことを端的に示している。

事実、信徒の探索は世帯ごとに行われ、転び証文に署名された名前も家族ごとにまとめられたものが残されている。同じことが殉教者にもいえるだろう。かつて領主大村純忠によって「きりしたん化」がすすめられた大村藩では、弾圧下、多数の殉教者が出た。その記録の一部が『大村藩古切支丹研究資料』に収められている。この資料から、大村領内のきりしたんの多くが家族ごと牢に収監され、牢死あるいは、火罪、斬罪によって処刑されたことがあきらかである。一例のみ挙げるならば、一六五八年、次郎左衛門と妻、ならびに二人の息子夫婦の合計六名の家族が、斬罪に処せられている。(460)

信仰は家族を通して受け継がれていたことから、幕府は、寛永年間（一六二四―一六四三年）に、きりしたん、転びきりしたんとその親族の宗門の調査である「類族改め」を開始し、その後、一六八七年に制度化した。きりしたんや転宗以前に生まれた子供のみならず、彼らの親族は終生注意深く観察され、移住の禁止を含むさまざまな規制を受けたのである。きりしたんの死後も、その直系の子孫は男子七代、女子四代にわたり監視され続けた。その記録である切支丹類族帳には、きりしたん本人一人につき、三、四世代にわたり、合計二十名以上の親族の名前が記載されている。(461)

すでに指摘したように、多くの地域で、きりしたん信仰は地域の共同体の宗教にもなっており、きりしたん組織が、庄屋、乙名、肝煎などの行政責任者を含む村落の社会組織と重なり合っていた。一六一七年の「コーロス徴収文書」では、肥前の有家村の場合、三人の庄屋と七人の乙名が十人のきりしたんの指導者（組親）とともに、信徒として署名している。組親だけでなく、庄屋と乙名の全員がきりしたんであったことは、この文書の性格や、さらには、彼らのきりしたん名も付記されていることから明らかである。興味深いことに、本文書では村の行政責任者である庄屋や乙名が組親より先に署名しており、世俗の行政組織だけでなく、きりしたん組織においても、彼らの方が高い地位を占めていたことがうかがわれる。(462)

弾圧の時代、村の行政責任者は、村内できりしたんを探索する責任を負っていた。一六二三年、大村藩は、「私領公領によらずきりもいりに可申渡事」として、藩内の肝煎を対象にきりしたん取り締まりの通達を出している。その内容には、村内で「きりしたんの出家」（宣教師や伝道士）や、俗人でも「きりしたんのすゝめを仕候もの」を見つけた場合には、直ちに捕らえなければならないこと。旅人が村で宿を求めた場合には、肝煎がその知らせを受けて、まず、旅人がきりしたんでないか穿鑿しなければならないこと。万一、領内できりしたんが見つかった場合、肝煎はそれを密かに奉行所に知らせなければならず、これを怠った場合には、肝煎もきりしたんと同罪の処罰を受けることなどが含まれていた。[463]

これまでも、潜伏きりしたんの研究では、きりしたんの信徒共同体と世俗の村落共同体の一致が強調されてきた。弾圧にもかかわらず信仰を維持できたのは、為政者の目から村全体を護り、匿し得たからといわれる。相互監視と連帯責任を課した「五人組」の制度にしても、組内の住人がすべてきりしたんでお互いかばい合えば、機能しなくなった。また、行政指導者である庄屋や肝煎が同時にきりしたんであれば、信徒を発見しても、自らの立場を利用してかくまうことができた。きりしたんが迫害期に信仰を維持できたのは、そのような聖と俗の二つの共同体が重なり合い、信仰の隠匿に好都合に働いたからだ、という主張が行われてきた。[464]

しかし、そもそもなぜ彼らが禁教を犯し、生命を賭けてまで他の村人とともに信仰を守らなければならなかったのか、その動機や背景は何だったのかが問われなくてはならない。そこにこそ潜伏時代のきりしたん信仰の意味があると思われるからだ。きりしたん信仰は、家族の信仰、村の信仰であったこと、そして家族・村の信仰として機能するためには、個人が後生で救われるだけでなく、家族や村全体の現世に生きる人々のためにも機能していたこと、だからこそ殉教でも棄教でもなく、この世できりしたん信仰を存続させることのできる潜伏信仰が続けられたことが強調されなければならないだろう。

きりしたん信仰をその共同体的側面から考えると、信徒の殉教の意味についても再考が迫られてくる。なぜなら、潜伏信仰や棄教について共同体として一緒に決めたのであれば、殉教の決意も村人一致でなされた可能性が否定できないからである。村落共同体に個人の生活基盤がゆだねられた状況において、仮に村全体が密かに信仰を続けようと決意したとき、一人だけ棄教の決意をすることは困難であったろう。これは、後年の資料から間接的に知ることができる。例えば、十九世紀、浦上のきりしたんが検挙、弾圧された「浦上四番崩れ」に関する資料は、きびしい取り調べを受け棄教した者が、村に戻っても村人に受け入れられず、生活の方途を失い、棄教を撤回したことを伝えている。(465)「浦上四番崩れ」では、こうして信仰を回復させたきりしたんも含め、最終的に六百六十四名もが殉教へと進んだ。

残念ながら、これら資料は潜伏期末期十九世紀のものであり、「きりしたん時代」に、家族や村落共同体の力がいかに個人の殉教への決意に影響を与えたかを直接明らかにするものではない。類似した状況は、十七世紀にもあったことと想像できるが、推論は避け、結論は直接資料が発見されるまで待たねばならないであろう。

おわりに

十六、十七世紀の日本できりしたんという新しい信仰が成長するには、宣教師と信徒の双方の努力と協働が必要だった。送り手と受容者の両方が、きりしたん伝道の担い手であり功労者であった。宣教師は、適応政策によって、彼らがヨーロッパから移植した信仰の日本的受容を可能にし、信徒は、新しい信仰をさまざまな身体的、精神的問題の解決に用いることで、生きた、力のあるものにした。

宣教師ら信仰の送り手を中心にきりしたん史を描いてきた従来の研究に対し、本研究では、記述の中心を彼らの宣教活動の反対側にいた人々の方に置き、きりしたん受容史という歴史観のもと、きりしたん信仰を受け入れ実践した彼らの信仰世界を描いてきた。この受け手中心の歴史記述においては、宣教師らの活動は、人々に何がどのように伝えられ、教えられたのかを説明する、受容者の信仰の背景的説明とした。

受容者の信仰世界を理解するにあたっては、比較宗教学の立場から、さまざまな信仰のあり方を信仰のレベルの違いとしてではなく、すべてが同じ価値をもつタイプの違いとしてとらえ、類型的にまとめた。それぞれのタイプの解釈と説明には、文化人類学的な象徴論や儀礼研究の視座も援用し、また、神観、人間観、救済観などの概念を用いて日本の宗教との比較を行った。

「おわりに」にあたり、これまでの考察によって明らかになったきりしたん受容史の内容を確認し、きりしたん研究におけるその意義を明確にしたい。

一　きりしたんであることの意味

近世初期の日本の「きりしたん」を、一元的あるいは普遍的なイメージでとらえることはできない。「きりしたん」であることの意味は信仰や実践の目的によって異なり、また、きりしたん教界内外の状況により条件づけられていたからである。それは、そのときに彼らが何をどのように学び、受け取り、実践したかを慎重に見つめることによって現れてくるものであった。本書では、きりしたん時代を初期、発展期、禁制期に緩やかに区分し、その特徴を描いた。

ザビエルからカブラルまでのきりしたん時代初期（一五四九～一五八〇年）、言語的制約のもと十分な教理伝達が限られた中で、きりしたんのメッセージの中心は、神秘的で神聖な力で日本人を惹き付けた象徴や儀礼だった。この時期、人々は聖水や十字架などの象徴を保持し用いることで「きりしたん」たり得たといえるのだ。この象徴（象徴により成り立つ儀礼も含む）型の信仰はきりしたん時代の初期に特徴的であるが、その後の発展期、禁制期においても消滅することはなく、いわばきりしたん信仰の基層部分として、潜伏時代も通じて、今日まで残り続けたものである。さらに、象徴を通して初期きりしたんの信仰世界をみると、そこにはきりしたんという新しい信仰の象徴と、きりしたん信仰以前の宗教的象徴が折衷的に存在していたことが明らかになった。これは、信徒が主体的に救済の体系を組み立て、新旧の宗教的象徴を取り込んだ姿であると解釈した。

ヴァリニャーノの改革から始まる発展期（一五八〇～一六一四年）には、セミナリオ、修練院、学林の教育制度が整い、「かてきずも」を含むきりしたん教理書や、『日葡辞書』に代表される語学用教材が多く印刷され、日本語による信徒の教化が大いに進んだ。その結果、「きりしたん」であるためには、教理に通じていることも必要になった。信徒は、象徴を使用し儀礼に参加するだけでは十分ではなく、きりしたんの「神々」に関すること、罪科や人間性に関すること、神による救済論、倫理的行動等の知識が求められた。彼らに日本語で与えられたのは多くの本語と仏教語を含む教えで、オリジナル版と比較しても日本人読者・聴衆のために著しい追加がなされたものである。そのことから、日本語で提供された「かてきずも」はヨーロッパのそれとは異なる独自の教理書である、との理解が必要である。

また、これら教理的な内容が「おらしよ」として祈りの形式にもまとめられ唱えられたことは極めて重要であった。本来思想的で認識的なことがらが、定式化された唱えの儀礼として実践的行為へと変換されたのである。これによって、初期にみられた象徴型信仰に儀礼化された教理が追加され、きりしたんが象徴物と実践による信仰体系としての形も備えるようになった。教理が実践に変貌することで、後にくる、宣教師との接触が絶たれた禁制下においても、信徒だけによる潜伏信仰として生き続けることができた。

教理的説明には、洗礼やゆるしの秘跡などの「さからめんと」を含む数々の儀礼の神学的説明も含まれ、そのために『どちりいな・きりしたん』や『ばうちずもの授けやう』などが印刷された。儀礼はきりしたん時代初期から当然存在したが、発展期になってきりしたん儀礼の教理的意味も詳細に説明されるようになったのである。ただし、当時の宣教師の数や地域的分布を考慮すると、さまざまな儀礼を意図されたように実施するのは困難であったことも明らかになった。本来司祭とともに行われる「ぺにてんしや」(ゆるしの秘跡)の「こんひさん」(告白)も、司祭の不足から信徒自ら行う「こんちりさん」によって代用せざるを得なかった実情があり、結果的に日本の強い宗教的エートスである浄化儀礼の一つとして機能したことも否定できない。

徳川幕府による伴天連追放之文の発布以降、幕府の弾圧政策下において、きりしたん信仰は取り締まりの対象となり、信徒は信仰か生命かの選択を迫られるようになる。この政治的状況下に、宣教師からは殉教の意義と美徳がきりしたん信徒に説かれるようになった。幕府による弾圧が厳しさを増すにつれて、殉教の意義が強調され信徒にも勧められた。このきりしたん時代の最終段階において、日本の政治条件ときりしたん教界の指導の結果、「きりしたん」であることは殉教という究極の形で表現することが求められたのである。このような極めて過酷な状況下に人々は、棄教、潜伏、殉教の選択肢の中から一つを選び取った。この中で、とくに潜伏した信徒については、国内の為政者と教会（宣教師）では理解が正反対に異なった。為政者にとって、潜伏きりしたんは実質上棄教しておらず依然きりしたんであった。一方、宣教師の教えでは、彼らは表面的であれ棄教を口にし絵踏みを行った以上、棄教者（転びもの）に他ならなかった。なぜきりしたんは潜伏を選んだのか。本書での答えは、生きてこの世できりしたんの信仰を続けるためである。その背景に、きりしたん信仰がすでに数世代を数え家族の信仰であり共同体の信仰となっていたことを挙げた。

「きりしたん」のありよう――「きりしたん」であることの意味――は、このように決して一元的ではなく、信徒が生きた時代の宣教状況や日本の政治・社会的環境など教会内外の具体的な「歴史条件」によって変化した。本書で繰り返し述べてきた、きりしたん信仰のタイプ（類型）の背景には、このような条件が横たわっている。

歴史条件の変化による意味の変化は、彼らが携わった象徴、儀礼、教理などの様々なきりしたん的事物にも当てはまる。例えば、同一の象徴（イコンなど）であっても、時代が変わるとその意味も変化していった。初め、満足な教理説明もなかった頃の日本人信者にとって、聖母のイコンは神秘的で神聖な力の象徴であったろう。やがて教理書が普及し伝道士の教育が向上するにつれて、同じ聖母のイコンが罪人と神とを仲介する神的女性の肖像として敬意の対象となった。しかし弾圧の時代になると、そのイコンは禁止された宗教の信者であることを示す印となり、さらには信徒にとって、それを踏むか否かが自らの生死を分けるほど重大になったのである。

宣教師の立場から

上記のようにまとめられるきりしたん信仰を、宣教師の立場から眺めるとどうであろうか。宣教師は一神教的主張を保持しながらも、日本に既存の習慣や儀礼のみならず仏教用語さえをも媒介としつつ伝道を展開した。その一方で、従来からの多元的、折衷的宗教観の中で仏教、神道、道教的要素と並存させながら、キリスト教的要素を摂取した日本人信徒の主体的な受容もあったのは、すでに確認したとおりである。したがって、近世初期の日本で人々にもたらされ、彼らが実践したきりしたん信仰は、ヨーロッパのキリスト教に比較すると、日本の実情に合う柔軟なものだったといえるだろう。この柔軟さは、一つには宣教師が適応政策によって意図したものであった。彼らは、地方大名の政治的権力に着目して、大名を促し、領内の集団改宗を進めた。少数の指導者が、集団で生み出された信仰者一人ひとりにきめ細かい司牧をほどこすことは不可能であり、信徒の信仰実践に多様性が生じることは宣教師も承知していたに違いない。また、日本の社会、文化への適応政策のもと、イエズス会は積極的に日本の礼儀作法を採用したりもした。これには、国内における宣教師の立場の安全を図り、日本人と日本人信徒に対して宣教師の社会的立場と役割を明確にする目的があった。宣教師たちは、適応とはあくまで外面的なことで、カトリック教会の教えの内的純粋性にかかわるものではないと考えていた。

しかし、現実には、適応はその意図した範囲をこえて起こったと言わざるを得ない。ザビエルのカテキズムのアンジロー訳、あるいは『どちりいな・きりしたん』の考察からも明らかなように、本来なら妥協は許されないであろう「教え」の部分でも、結果的に日本独自の修正が多く施された。信徒の側を考えても、キリスト教の象徴や儀礼を自らの宗教的欲求に応じて理解したことが分かる。きりしたんであることの意義を、精神世界よりもむしろ、病気の治癒など世俗で日常的なことがらの中に見出していたことも否定できないであろう。彼らには、問題解決の手段として、新しい信仰を彼らなりに求める自由があったのだ。

ヨーロッパ人宣教師の立場からすれば、キリスト教が日本的宗教文化の様相を踏襲するような宗教（きりしたん）に変容することは、好ましいことではなかったであろう。それは、キリスト教宣教師に限らず、異文化伝道に取り組む伝道者であれば皆同じであるに違いない。しかし、この柔軟さこそが、日本におけるキリスト教伝播に有利にはたらき、急速にひろまることを可能にしたのではないか。キリスト教は人々の求めに応えるように受容され、彼らを身体的にも精神的にも支えたのである。

「きりしたん」の信仰体系には、ヨーロッパからもたらされたキリスト教独自の要素もあれば、当時の日本に既存の宗教文化から取り込まれたものもあり、新旧様々な要素から成り立っていた。きりしたん信仰の体系に包まれて、カトリック信仰からくる特性や独自性は、必ずしも明確ではなかったと判断せざるを得ない。したがって、きりしたん＝カトリック信仰としてとらえて、そのカトリック的独自性を主張する立場には困難さも伴う。むしろ、その信仰体系から判断すれば、きりしたんは当時も今もかわらない「日本宗教」の特徴を踏襲していたといえよう。日本宗教は、日本文化を基礎として、宗教的に日本に固有な要素と外来の要素の間の相互作用によって形成された伝統であり、人々はそれに部分的にあるいは全体的に参加して共通の世界観を作り上げている。(466)

もちろん、宣教師がヨーロッパからもたらした信仰が完全に日本の宗教実践に溶け込み分解したともいえない。きりしたん信仰の中には、信仰の言葉としてちりばめられたポルトガル語やラテン語の本語、創造主の教えにもとづく一神教的排他主義、「こんひさん」の秘跡のユニークさなど、日本の他の信仰には還元できない要素も含まれていた。さらにはヨーロッパ人宣教師の姿やさまざまなヨーロッパ伝来の象徴物などもあった。これらは、きりしたんを日本の他の宗教伝統と区別する要因となった。

以上のことから、きりしたん信仰の独自性とは、信徒自ら主体的に構築した信仰体系の中に新旧の宗教的要素をそれぞれの役割とともに取り込み世界観を創り上げ実践した、そのありようにこそ求めるべきである。

二　受容史によるきりしたん通史への展望

本書で展開したきりしたん受容史は、一五四九年のイエズス会士来航から現在のかくれきりしたんまで続く大きな〝きりしたんの全体史〟の中で、どのような貢献ができるのか。きりしたん信仰の受容者に焦点をあてて眺めると、これまで、きりしたん時代、潜伏時代、かくれきりしたん時代と分割されて語られてきた三つの歴史が、ひと続きの「きりしたん通史」として統合される可能性をもつ。そこで本書の結びとして、受容史を基礎とした「きりしたん通史」の可能性を述べておきたい。

通常、きりしたん伝統の史的研究は、きりしたん時代（一五四九〜一六四四年）、潜伏時代（一六四四〜一八七三年）、かくれきりしたん時代（一八七三年〜現在）の三つの時代区分を前提にしている。このうち潜伏時代の信仰は、「変容」という否定的な含みをもって語られることがある。宣教師との接触が絶たれて、きりしたんの信仰が土着化し、本来のカトリック信仰とはかけ離れてしまったという主張である。しかし、きりしたん時代の受容者の信仰を整理していくと、すでに仏教語で教理が語られたり、現世利益を目的として聖水や十字架が使用されたり、教理についても、「おらしよ」として口頭儀礼化したりと、そこにはすでに潜伏時代の「変容」の特徴であり指標となる事例が多く見出せる。そうであれば、潜伏時代の「変容」を語る場合、それは何と比較しての変容で、どう異なっているのか、変容と同義で使われる土着化・日本化は潜伏期において始まったのかなど、種々の疑問が湧いてくる。

潜伏時代の変容論はなぜ成立するのか。その根拠をさぐるため、変容論の背景となる歴史記述とその背後の歴史観を、きりしたん時代と潜伏時代に分けて考えてみよう。本書の冒頭で指摘したように、きりしたん時代の記述は、通常、偉大な宣教師や国内の為政者など社会的高位の人物の思想と行動に焦点を当てた偉人伝的歴史観にもとづく「上からの歴史」であり、伝道という点では〝送り手中心〟の歴史である。これは教会史家による偉大な宣教師の研究にとくに顕著で、記述される歴史には、イエズス会を初めとする四修道会の動向と布教方針、日本の地方および中央権力との交渉、あるいは、貿易による経済活動などがある。このような、偉人の思想と行動に焦点をおき、文献を資料とする伝統的な〝送り手〟中心の歴史観は、キリスト教伝道史に限らず、宗教伝道の歴史研究に一般的である。

これに対し潜伏期時代の研究は、「崩れ」「異宗事件」などの一連の信者発覚事件、その資料にもとづく潜伏信仰の様態の解明と記述を主な内容とし、同時にそれは、後の「かくれきりしたん」の研究に資する「かくれ」の起源の探求ともなっている。潜伏時代の記述対象は、きりしたん時代のような宣教師や偉人、知識層エリートではなく、きりしたん信徒（潜伏集団での指導者も含む）であって、それは「下からの歴史」である。伝道という点では〝受け手〟の地平でとらえることのできる信仰世界である。

このように、きりしたん時代と潜伏時代では歴史観とそれに基づく歴史記述の対象が異なっており、この違いが変容論を導いたのではないだろうか。宗教集団は、どの時代であれ、どの宗教であれ、一元的、単一的な信仰様態をとらない。宗教集団内には必ず宗教的エリート部分とそれから区別されるポピュラー部分が存在する。いうまでもなく、本書での議論ではそれらは送り手と受け手（受容者）に呼応する。ここでは図式化しやすいように、エリート部分を上層部、ポピュラー部分を基層部に分け、後者の信仰体系を基層構造と表現しよう。これまでの研究では、きりしたん時代の歴史記述は上層部のみに焦点を当てていた結果、基層部は実際には存在していたにもかかわらず、あまり語られていなかった。

きりしたん集団が上層部と基層部に区別されれば、潜伏時代との比較対象が定めやすい。そもそも潜伏時代の信仰が変容であるならば、それは何からの変容なのか。以下の四つの可能性が考えられるだろう。(1)ヨーロッパから宣教師によりもたらされた後期中世のキリスト教(カトリック信仰)、(2)きりしたん時代に日本語で与えられた教理と実践、(3)きりしたん時代の受容者の信仰実践、(4)現在のカトリック信仰。

このうち、通常、変容論が比較の対象としているのは、(1)後期中世ヨーロッパのキリスト教あるいは(4)現在のカトリック信仰ではないかと思われる。それは上層部に属するものである。仮に、変容論が基層部に着目して、(3)きりしたん時代の受容者の信仰実践を比較の対象とした場合、「変容」を主張するには、きりしたん時代の受容者の信仰はまだ変容していない、「純粋」のものでなくてはならなくなる。では、この場合、変容していない「純粋な」信仰とは何か。これは、「はじめに」で述べたように、歴史的具体性にもとづくよりも、教理に教えられる神学的理念によって語られるものではないだろうか。

きりしたん時代の受容者の信仰が「純粋」であったことは、この時期に宣教師がいたことを根拠に主張できるかもしれない。しかし、この主張が成立するには、当時伝道者が伝えようとした信仰がそのまま信徒にも映されていることが必要になる。もし歴史家がこの点を無批判的に前提にするとしたら、それは歴史家が上層部の信仰を基層部の信仰に投影していることになってしまうだろう。従来の変容論には、このような論理的困難さに加え、実際の宣教師の数と彼らの居住地の地域分布など、その主張を支持できない要因が多く存在している。

上層と基層を区別する図式にもとづくなら、宣教師の追放と禁制を契機に生じたのは、きりしたん信仰が変容したことではなく、宣教師ら上層部が消滅し基層部だけが残ったことといえよう。すなわち、きりしたん時代よりすでにあった基層部が潜伏によって残り、それが崩れなどの事件で露出したととらえるべきである。潜伏信仰とは、きりしたん信仰が許されない時代に、宣教師ら送り手としての指導者を失い、信徒らきりしたん信仰の受容者の信仰様式が、信徒の命がけの努力でひそかに保たれた姿をいうのである。それを変容したと理解する従来の主張は、一六四四年を境目にして歴史記述の視点をずらしてしまい、それ以前の上層部とそれ以降唯一存在した基層部分とを比較したと考えざるを得ない。

きりしたん時代と潜伏時代を比較するのであれば、ふたつの時代が共有する基層部分に視点を合わせたものでなくてはならない。その枠組みの中で、受容者が主体的に保持した世界観、象徴理解、儀礼実践、集団形成などさまざまなテーマについて、ふたつの時代の間で類似と差異を比較検討し、そのうえで、「変容」ということばで表せるものがあるかどうかを改めて吟味する必要がある。

そもそも、基層部の信仰を上層部と比較して異なり、それを変容と呼ぶのであれば、それは、本書で明らかになったように、すでにきりしたん時代に起こっていたことである。この点を強調するならば、きりしたん時代と潜伏時代に通底するきりしたん信仰の特徴が基層部分には存在したといえる。

そして、かくれきりしたんの信仰が潜伏時代の延長線上に位置するのであれば、この「基層部＝受容者」に焦点をあてたきりしたん史の記述は容易に三つの時代区分を貫き、ザビエルから現在のかくれきりしたんに続く、きりしたん通史として現れる。このようにきりしたん受容史は、日本人が初めて宣教師に出会ったときから今日まで途切れることなく続くきりしたん信仰の姿を再構築する可能性をもっている。

受容史という新たな視点からきりしたんの全体史を眺めなおすことで、固定化された三つの時代区分では見えない一つの流れが浮かび上がる。そのときそれは、より広い意味での日本におけるキリスト教信仰の受容の理解にも貢献するのではないだろうか。

註

はじめに

（1）Georg Schurhammer, S.I., *Franz Xaver. Sein Leben und Seine Zeit* 1-2(1)(2)(3)（Freiburg, Herder, 1955–1973）; Josef Franz Schütte, S.J., *Valignanos Missionsgrundsätze für Japan* 1-2（Rome: Storia e Letteratura, 1951–1958）. シュールハンマーやシュッテの著作はいずれも英訳されて、今日、ザビエルとヴァリニャーノの基本的研究書として参照されている。Georg Schurhammer, *Francis Xavier. His Life, His Times* 4 vols.（Rome: The Jesuit Historical Institute, 1982）; Josef Franz Schütte, *Valigano's Mission Principles for Japan*, 2 vols.（St. Louis: Institute of Jesuit Sources, 1980–1985）.

（2）河野純徳訳『聖フランシスコ・ザビエル全書簡』東洋文庫579-582（平凡社、一九九四年）。松田毅一他訳『日本巡察記』東洋文庫229（平凡社、一九七三年）。『日本巡察記』は、ヴァリニャーノ研究に不可欠の、Jose Luis Alvarez-Taladriz, *Sumario de las Cosas de Japon*（Sophia, 1954）（ヴァリニャーノ「日本諸事要録」〔一五八三〕の翻刻および解説）、José Luis Alvarez-Taladriz, *Adiciones del Sumario de Japón*（Sophia, 1954）（ヴァリニャーノ「日本諸事要録補遺」の翻刻及び解説）に基づく翻訳と、一部上記シュッテによる研究書の引用翻訳により構成されている。

（3）*The Myōtei Dialogues: A Japanese Christian Critique of Native Traditions*, Edited by James Baskind and Richard Bowring（E.J. Brill, 2015）.『破提宇子』の英文全訳はすでに一九七三年に刊行されている（George Elison, *Deus Destroyed: The Image of Christianity in Early Modern Japan*. Harvard University Press, 1973）。

（4）他に、五野井隆史による『徳川初期キリシタン史研究　補訂版』（吉川弘文館、一九九二年）、『日本キリシタン史の研究』（吉川弘文館、二〇〇二年）など一連の重厚な著作は、きりしたん信仰の社会政治背景を知るための必須の研究書であろう。

（5）Charles, Boxer. *The Christian Century in Japan: 1549-1650.* Berkeley: University of California Press, 1951.

（6）*Historia de Japam/Luís Fróis*; edição anotada por José Wicki. Lisboa: Biblioteca Nacional de Lisboa, 1976–1984.

（7）松田毅一、川崎桃太訳『フロイス 日本史』（中央公論社、一九七七―一九八〇年）。

（8）『フロイス日本史』6、二六七頁。

（9）『フロイス日本史』6、二六七―二六八頁。

（10）Jonathan Z. Smith, *To Take Place*. Chicago: The University of Chicago Press, 1987, 104.

（11）この点に関する優れた論考として川村信三『キリシタン信徒組織の誕生と変容――「コンフラリヤ」から「こんふらりや」へ』キリシタン研究第四十輯（教文館、二〇〇三年）、がある。

（12）拙著、「比較宗教論の現代的展開」『天理大学学報』第六四巻第二号（二〇一三年）、一一一―一三〇頁。

（13）比較の重要性について付言するならば、事情は送り手側も同様であった。宣教師は、適応主義を推進する中で、カトリック信仰と日本の宗教との比較によって日本の土壌にふさわしい宣教のあり方を考えた。また、宣教の初期からイエズス会士が浄土宗とプロテスタントとの類似性を見たことは、比較による解釈以外には考えられない。

（14）歴史研究におけるこのようなアプローチは決して新しいものではなく、一九七〇年代より、nouvelle histoire と呼ばれる新しい歴史研究の方法が世界中の歴史学で注目された。この「新しい歴史学」は、人間活動の全体を対象に歴史を記述しようとし、そのため多くの新しい研究分野と方法を提起し、伝統的歴史記述のパラダイムに挑戦している。例えば、歴史を本質的に事件の物語だと考える伝統的パラダイムに対し、「新しい歴史学」は、構造の分析により多くの関心を注いでいる。また、歴史は文書資料にもとづくべきだとする伝統的視点に対し、多くの「新しい歴史学」者が視覚、口述、統計資料などの多様な資料を検討している（Peter Burke, ed. *New Perspectives on Historical Writing*. University Park, PA: Pennsylvania State University Press, 1991, 3-6.）。「新しい歴史学」は、人間の活動全体に関心を寄せることによって、歴史記述への他の研究視点の導入に拍車をかけた。今日、歴史家は、人類学、心理学、文学批判など多様の分野の分析手法を学んでいる。とりわけ文化史においては、人類学の貢献が著しい（Lynn Hunt, ed. *The New Cultural History*. Berkeley: University of California Press, 1989, 6–11.）。さらに、「新しい歴史学」は、普通の人々の立場と社会変動をめぐる彼らの経験に関心をもっている。その結果、下からの歴史、女性の歴史、ミクロストーリアなど、多くの研究領域を生み出してきた。とくに、偉人に焦点を当てる伝統的パラダイムに対して、民衆の社会生活や文化の日常的な経験を描こうとしてきた。このような「下からの歴史」は、「下」の定義の難しさや、直接資料の少なさなどの資料的問題が残るが、これまで伝統的な歴史記述があまり語ることのなかった人々の経験を描きだすことに貢献してきた。

第一章

(15) Georg Schurhammer, S. I., *Franz Xaver. Sein Leben und Seine Zeit*, Zweiter Band Asien (1541-1552) Dritter Teilband Japan und China 1599-1552 (Freiburg: Herder, 1973), 56.

(16) ジョアンとアントニオについては、岸野久『ザビエルと日本――キリシタン開教期の研究』(吉川弘文館、一九九八年)、一七四頁を参照。

(17) Georg Schurhammer, S. I., *Franz Xaver* 2 (3), 56.

(18) W・バンガード著、上智大学中世思想研究所監修『イエズス会の歴史』(原書房、二〇〇四年)、二二頁。

(19) 石崎貴比古は「世界図に見る『天竺』認識に関する一考察――16世紀末~18世紀初頭の日本を中心として」(東京外国語大学海外事情研究所『Qudrante』№16、二〇一四年三月、九五―一一五頁)において、中世から近世初期の日本人の世界観は本朝(日本)、震旦(中国)、天竺の三国から成り立つ「三国世界観」であったことを説明している。彼によれば、この「三国世界観」の中で「天竺という概念は、誕生以来、『仏教と釈迦の祖国』という意味合いで繰り返し使用されるようになり、さらには三国世界観の中で本朝、震旦以外の世界全てを包括するような広大で茫漠としたものとして変化し続けてきた。三国世界観における震旦が天竺とは異なり、物理的な交渉のある実体としての他国であったのに対して、天竺は非現実的な情報をも含んだ『異国そのもの』であったと言っても過言ではない」(九五頁)。

(20) 「一五五二年一月二十九日書簡」東京大学資料編纂所編纂『日本関係海外史料イエズス会日本書翰集』訳文編之一〔上〕(東京大学史料編纂所、一九九一年)、一二六―一二七頁。『聖フランシスコ・ザビエル全書簡3』、二一八―二一九頁。

(21) 岸野久『ザビエルと日本──キリシタン開教期の研究』、一八八─一八九頁。

(22) Joao Rodrigues, S.J., *Historia da Igreja do Japão*（土井忠生他訳『日本教会史』〔岩波書店、一九六七年〕. Cited in Schurhammer, Franz Xaver 2 (3), 113, n. 9; Luis Frois, letter, 3/6/1565, and Gaspal Vilela, letter, 10/6/1571には、ザビエルの教理書にもとづき一五五五年に編まれたガーゴの二十五箇条の概要が含まれている（五野井隆史『日本キリスト教史』〔吉川弘文館、一九九〇年〕、一〇五─一〇六頁）。George Elison, *Deus Destroyed: The Image of Christianity in Early Modern Japan*, 36）に部分的英訳が掲載されている。See also Schurhammer, Franz Xaver 2 (3), 114-115.

鹿児島で編まれた日本語のカテキズム（教理書）は、ザビエルとアンジローがインドのゴアで一五四八年に翻訳したものを拡大したものであることが知られている。この最初の日本語訳教理書の元になったオリジナル版は一五三九年にリスボンで出版されたジョアン・デ・バロス（João de Barros）の教理書に基づきザビエルが一五四六年に記した教理書で現存している。したがって、フーベルト・チースリク（Hubert Cieslik）が指摘したように、一五四六年のザビエルの教理書は日本で実際に使用された教理書を知るうえで重要な資料となる。日本語カテキズムの成立過程については、以下を参照。Hubert Cieslik, S.J.,「ザヴィエルの教理説明──初代キリシタンの宣教に関する一考察とその資料」キリシタン文化研究会編『キリシタン研究』第十五輯（一九七四年）、一一三─一四一頁。

(23)『フロイス日本史』6、五五─五六頁。

(24) "*prazera a Deos nosso Senhor dar-nos lingoa, para lhes poder falar de cousas de Deos*"; "*Agora somos antre ells como humas estatuas*".「一九四九年十一月五日付書翰」。東京大学資料編纂所編纂『日本関係海外史料イエズス会日本書翰集』原文編之一（東京大学史料編纂所、一九九〇年）、一二七─一二八頁。同、譯文編之一〔上〕、二〇八頁。『聖フランシスコ・ザビエル全書簡3』、一一八頁。

ザビエルの日本語力については、一五六二年、ルイス・デ・アルメイダ（Luis de Almeida, 1525-1583）が、ザビエルが鹿児島に滞在していた一五四九年にザビエルと宗論を交わしたと報告された（『イエズス会日本書翰集』譯文編之一〔上〕、一九二頁）鹿児島の禅僧忍室の言葉を引用している。「拙僧は、メストレ・フランシスコ師が当地に滞在なされた折、説教される（内容）を切に理解しようと熱望いたしたが、通事がいなかったために全然おっしゃることが判らなんだ」（アルメイダ、一五六二年十月二十五日書簡）（『フロイス日本史』6、二七五頁）。

(25)『イエズス会日本書翰集』譯文編之一（上）、一九三頁。『聖フランシスコ・ザビエル全書簡3』、一〇二頁。

(26)『フロイス日本史』6、五六頁。

(27) 岸野久『ザビエルと日本』、一九七頁。フェルナンデスの日本語能力は、日本宣教開始当時のイエズス会全体のコミュニケーション力を測るうえで重要である。彼は、一行が山口に戻って以降、ザビエルやトルレスらの通訳を務めたという（岸野、前掲書）。しかし、これをもって来日後数年の宣教師が日本人と深い思想的な事柄まで自由に意見交換ができたとみなすことには、慎重であるべきであろう。彼らの日本語力を最終的に正しく評価できたのは、彼より日本語において劣ったであろうヨーロッパ人宣教師ではなく、彼らと言葉を交えた日本人であったはずである。よって宣教師の日本語能力の上達については、日本人による資料以外のものについては慎重な判断を要する。

(28) 岸野久『ザビエルと日本』、一二〇頁。

(29)「一五四八年十一月二十八日付書簡」（『イエズス会日本書翰集』譯文編之一（上）、六八―七六頁、岸野久『ザビエルと日本』、一四―一九頁）。海外へ出ようとしたアンジローの動機の背景として、九州の大名や商人がすでに行っていた海外との貿易があったことに着目したい。十五世紀初期より九州の有力者は、中国並びに他の東アジア、東南アジア地域と活発な貿易をし、利益を上げていた。一五四三年に種子島に到着してこのアジア貿易に参入してきたポルトガル人は、一五四六年までに九州の少なくとも十五の港に来ていたという（和辻哲郎『鎖国――日本の悲劇』上（岩波書店、一九八二年）、二六七―三〇八頁参照）。アンジローをザビエルに紹介したジョルジェ・アルヴァレスは初期に日本に来航したポルトガル商人のひとりであった。当時、九州の港町に暮らす商人にとって、南国へ行くことは今日我々が想像するするほど驚くことではなかったであろう。

(30) 一五四六年に薩摩地方に来航したポルトガル船はヴァス、フェルナンド、アルヴァレスらに率いられた三隻であったという（岸野、二八頁以降参照）。

(31)「一五四八年一月二十日付書簡」『イエズス会日本書翰集』譯文編之一（上）、二六頁。『聖フランシスコ・ザビエル全書簡2』、一〇六頁。

(32)"*Paulo en ocho meses aprendió a ler y escrivir y ablar portugués*"「一五四九年一月十二日付書簡」『イエズス会日本書翰集』原文編之一、五九頁、同、譯文編之一〔上〕、九二頁。『聖フランシスコ・ザビエル全書簡2』、二一九頁。

(33)"*el quale non sapeva ancora parlare bene, ma è ello tanto discreto che me dava intendere tutto per circonloqui*"「一五四八年十二月二六日書簡」『イエズス会日本書翰集』原文編之一、五二頁。同、譯文編之一〔上〕、八三頁。

(34)「一五四九年一月二十五日書簡」『イエズス会日本書翰集』譯文編之一〔上〕、一二五頁。

(35)「一五四九年一月二十日付書簡」『イエズス会日本書翰集』譯文編之一〔上〕、一〇七頁。『聖フランシスコ・ザビエル全書簡2』、二三二頁。ザビエルは、他の書簡でもしばしば、日本の宗教事情が入手できない理由としてアンジローの無教養を指摘している。

(36)「一五五五年九月二十三日付書簡」土井忠生「十六・七世紀における日本イエズス会布教上の教会用語の問題」『キリシタン研究』第十五輯(吉川弘文館、一九七四年)、五一頁。

(37)土井忠生「十六・七世紀における日本イエズス会布教上の教会用語の問題」参照。

(38)海老沢有道『日本キリシタン史』(塙書房、一九六六年)、一七九頁。

(39)この出来事に関して、歴史家は、フロイスによる記録に基づき、ザビエルが大日をスコラ哲学の第一資料マテリア・プリマ(materia prima)であると理解し、それゆえデウスの訳語としてはふさわしくないと判断したとの説明をしてきた(Schurhammer, *Franz Xaver* 2 [3], 239, n. 52)。これに対して岸野は、オリジナル典拠資料であるフロイスの「日本史」の再検討によって、マテリア・プリマと理解したのはザビエルなのか、あるいはそれを記したフロイス自身なのか曖昧であることを指摘している。そして岸野は、別の資料(イエズス会士カミッロ・コンスタンツオの一六一八年の書簡)からイエズス会が大日の使用をやめた理由を推定し、ザビエルが「大日」の使用を止めたきっかけは日本人から「大日」のもつ卑猥な意味を教えられたからであり、デウスと大日の神学的な区別ではなかったとしている(岸野久『ザビエルと日本』、二一五—二二〇頁)。

(40)例えば、このテーマに関し最も詳細かつ包括的な研究を発表している岸野は、ヴァリニャーノによるアンジローの否定的な評価を無批判的に参照しつつ、「学問のないアンジローの翻訳であったので、ヴァリニャーノが指摘する通り、知識人のもの笑いの種となるような、不適切な表現があったことは間違いない」と述べている（岸野『ザビエルと日本』、一八八頁）。

（41）「一五四八年夏　日本報告」『イエズス会日本書翰集』訳文編之一（上）、四二―四三頁。岸野久「来日前、ザビエルに提供された日本情報」『キリシタン研究』第二十一輯（一九八一年）、二一九―二二〇頁。

（42）Schurhammer, *Francis Xavier* 3, 571. シュールハンマーが指摘したように、この点におけるランチロットの思い込みは彼が日本について書いた別の資料にさらに強く表れる。そこにおいて彼はしばしば日本の宗教とキリスト教の類似性を語っている（Schurhammer, *Francis Xavier* 3, 572-573）。

（43）岸野久「フランシスコ・ザビエルの『大日』採用・使用について」『キリシタン研究』第二十六輯（一九八六年）、一九三頁。

（44）「一五四九年一月十二日付書簡」（『イエズス会日本書翰集』訳文編之一（上）、九〇―九五頁）、「一五四九年一月一四日付書簡」（前掲書、九六―一〇一頁）参照。

（45）清水紘一編注『キリシタン関係法制資料集』『キリシタン研究』第十七輯（一九七七年）、二六三頁。この裁許状は多くの研究書に引用されている。シュールハンマーは、ここでの「仏法」とは今日私たちが使用する「宗教」を意味し、特別に仏教伝統を指すものではないという（Schurhammer, ibid.）。しかし、今日使用する「宗教」の概念は当時の日本には存在しなかったこと、また「仏法」が仏教伝統を指示さない場合、そもそも「仏法」とは何かということになり、主張として成立しにくい。

（46）五野井隆史『日本キリスト教史』、八九頁。

（47）ヴァリニャーノ「一五九五年十一月二十三日付書簡」、井手勝美『キリシタン思想史研究序説』、九四―九六頁。『日本巡察記』、三〇三―三〇五頁。

（48）五野井隆史『日本キリスト教史』、一一三頁。

（49）Katsumata Shizuo with Martin Collcutt, "The Development of Sengoku Law," in *Japan Before Tokugawa: Political Consolidation and Economic Growth, 1500 to 1650*, eds. John Hall, Nagahara Keiji, and Kozo Yamamura. Princeton: Princeton University Press, 1981, 112-119. 勝俣鎮夫「戦国法の展開」永原慶二、ジョン＝W＝ホール、

コーゾー=ヤマムラ編『戦国時代――一五五〇年から一六五〇年の社会転換』（吉川弘文館、一九七八年）、四五一―四六七頁。

(50) カブラルよりイエズス会総長フランシスコ・ボルハ Francis Borgia 宛「一五七一年九月五日書簡」。J. F. Moran, *The Japanese and the Jesuits*. London: Rouledge, 1993, 102. 一部日本語訳が五野井隆史『日本キリスト教史』、九二―九三頁に記載。

(51) 数字は五野井隆史『日本キリスト教史』、九二―九三頁、外山幹夫『大村純忠』（静山社、一九八一年）、一七八頁。フロイスは大村領内の改宗について「短期間に、四万人以上がキリシタンとなった」としている（『フロイス日本史』10、一四頁）。

(52) 久田松和則「大村純忠」五野井隆史監修『キリシタン大名――布教・政策・信仰の実相』（宮帯出版社、二〇一七年）、一七二頁。

(53) George Elison, *Deus Destroyed*, 92.

(54)「カブラル一五七五年九月十三日書簡」Josef Franz Schütte, *Valignano's Mission Principles for Japan*, Vol. I. Part 1, 225.

(55) 五野井隆史『徳川初期キリシタン史研究　補訂版』、三七二―三七三頁。

(56) 以下の資料を参照。『フロイス日本史』10、五六頁（(注) 10）、「解題Ⅱ」『日本巡察記』、三一六頁。

(57) 松田毅一監訳『十六・七世紀イエズス会日本報告集』第Ⅲ期、第6巻（同朋社出版、一九九一年）、三三頁。

(58)「一五八一年度日本年報」『十六・七世紀イエズス会日本報告集』Ⅲ―6、六四―六五頁。

(59) 神田千里「大友宗麟の改宗――その実態と背景」『東洋大学文学部紀要・史学科篇』40（二〇一四年）、七一―一一〇頁に宗麟のきりしたん改宗動機が詳しい。神田は、宗麟の現世利益的関心が果たした役割を詳述している。

(60)「一五七一年九月五日書簡」（前掲）。

(61) 協議会の「議題第四　極力改宗を弘めるか、あるいは現在作られているキリスト教界をまず教導しようと努力するのか、のいずれが善いか」に対する結論は、「キリスト教界拡大の機会が生ずる場合には何時でも、その機会を逸しないこと」であった。イエズス会第一回協議会は、井手勝美訳「日本イエズス会第一回協議会（一五八〇一八一年）と東インド巡察師ヴァリニアーノの裁決（一五八二年）」（『キリシタン研究』第二十二輯（一九八二年）、二四五—三四三頁）を参照（同協議会の翻訳は、井手勝美『キリシタン思想史研究序説』（ペリカン社、一九九五年）、三六九—四七〇頁に再録）。「議題第四」については、二六一—二六三、三一〇頁。

(62) 「一五七九年十二月二日・五日付書簡」、Schütte, *Valignano's Mission Principles for Japan*, I-1, 296.

(63) 「一五七九年十二月二日・五日付書簡」、Schütte, *Valignano's Mission Principles for Japan*, I-1, 297-298.

(64) Hubert Cieslik S.J.「臼杵の修練院」『キリシタン研究』第十八輯（一九七八年）、一九四—二〇〇頁。他に George Elison, *Deus Destroyed*, 63.

(65) 「一五七九年十二月十日付書簡」、Schütte, *Valignano's Mission Principles for Japan*, I-1, 298.

(66) 『フロイス日本史』10、二一一—二二二頁（注9）。

(67) Alessandro Valignano, *Sumario de las Cosas de Japón* (1583), 73.『日本巡察記』、三二二頁。

(68) Valignano, *Sumario de las Cosas de Japón*, 183.『日本巡察記』、八五頁。しかし注意すべきはヴァリニャーノが必ずしも日本人宣教スタッフを肯定的に称賛している訳ではないことである。むしろ彼は、引用中にあるように、「これは外国人である我等の何びとにも到達できないことで、我等はいかに学んでも、言語に関しては彼等に比べると子供のようであり、書くことを知り、著述はおろか書物を良く理解することにさえ到達できない」と嘆くのである。

(69) 一五七六年末頃書簡、Schütte, *Valignano's Mission Principles for Japan*, I-1, 232.

(70) 「一五八〇年十月二十七日付書簡」、Schütte, *Valignano's Mission Principles for Japan*, I-1, 253.

(71) Schütte, *Valignano's Mission Principles for Japan*, I-1, 233.

(72) Alessandro Valignano, *Sumario*, 200. Cited in J. F. Moran, *The Japanese and the Jesuits*, 179.

(73) ヴァリニャーノ「一五八〇年十月二十七日付書簡」、Schütte, *Valignano's Mission Principles for Japan*, I-1, 253-254.『日本巡察記』、三〇二頁。

(74) 「議題第十　日本人をイエズス会に受け入れるべきか否か」「日本イエズス会第一回協議会」『キリシタン研究』第二十二輯、二八二頁。

(75)「日本イエズス会第一回協議会」『キリシタン研究』第二十二輯、二八三頁。

(76) J. F. Moran, *The Japanese and the Jesuits*, 166.

(77) Valignano, *Sumario*, 73.『日本巡察記』、三三頁。

(78)「看坊」については、五野井隆史『徳川初期キリシタン史研究　補訂版』「第五章　キリシタン時代の看坊について」（同三六二―三九三頁）に豊富な資料の提示と優れた論考が見られる。看坊に関する以下の記述の資料は五野井に負うところが大きい。

(79) 五野井隆史『徳川初期キリシタン史研究　補訂版』、三六六頁。

(80) 五野井隆史『徳川初期キリシタン史研究　補訂版』、三七〇頁。

(81) ジョアン・フェルナンデス「一五六三年四月十七日付書簡」、五野井隆史『徳川初期キリシタン史研究　補訂版』、三六三頁に引用。

(82) 五野井隆史『徳川初期キリシタン史研究　補訂版』、三六二―三六四頁。看坊についての情報が少ないのは、それに言及する現文書が不足しているからであるが、それは、同宿に比べ地域の信徒指導者に対する宣教師側の関心の低さと関連するのかもしれない。

(83) 看坊の出身については、五野井『徳川初期日本キリシタン史研究　補訂版』三七〇―三七五頁を参照。五野井は看坊の出身者として（1）村の有力者、中心的人物、（2）土着化した武士、（3）他領からの追放者及び移住者（武士、元有力農民）、（4）元仏僧などを挙げている。

第二章

(84) J.W. Heisig, "Symbolism," *The Encyclopedia of Religion*. New York: Macmillan, 1987.

(85) E. Thomas Lawson and Robert N. McCauley, *Rethinking Religion: Connecting Cognition and Culture*. Cambridge: Cambridge University Press, 1990, 38.

(86) Clifford Geertz, *The Interpretation of Cultures*. New York: Basic Books, 1973, 91.

(87)『フロイス日本史』9、一四〇頁。同6、一四〇頁、一四三頁他多数。

(88)『十六・七世紀イエズス会日本報告集』I—1、一一一頁。
(89)『フロイス日本史』7、三〇—三一頁。
(90)『フロイス日本史』6、二二二—二二三頁。
(91)『フロイス日本史』6、二二三—二二四頁。
(92)岡田章雄『キリシタン風俗と南蛮文化』岡田章雄著作集II（思文閣出版、一九八三年）、二二一頁。
(93)『フロイス日本史』7、二五頁
(94)『フロイス日本史』9、一三八頁。
(95)『フロイス日本史』1、二六一頁。
(96)『フロイス日本史』9、一三八—一三九頁。
(97)「フロイス一五六六年六月三十日書簡」、岡田章雄『南蛮習俗考』（知人書館、一九四二年）、一三七—一四〇頁。
(98)『フロイス日本史』6、一四三頁。
(99)『フロイス日本史』6、一四〇頁。
(100)『十六・七世紀イエズス会日本報告集』II—1、三四一頁。
(101)「下毛郡伴天連門徒御改帳」古野清人『キリシタニズムの比較研究』古野清人著作集五（三一書房、一九七三年）、七六頁。
(102)Geertz, *The Interpretation of Cultures*, p. 90.
(103)「日本イエズス会第一回協議会」『キリシタン研究』第二十二輯、二八五頁。
(104)Edward Shils, *Tradition*. Chicago: The University of Chicago Press, 1981, 275-279.
(105)大塚光信翻字『コリャード懺悔録』、一二—一三頁。本書は告解を行う神父の日本語学習のために編まれたものであるが、その内容は具体的かつ赤裸々で、創作されたものとは考えにくく、具体的な告白の内容に基づくものと思われる。
(106)海老沢有道『日本キリシタン史』、二二九頁。

（107）『フロイス日本史』3、一七九―一八〇頁。
（108）「龍造寺家文書」第七軸、『佐賀県史料集成』古文書編　第三巻（佐賀県立図書館、一九五八年）、七五頁。
（109）外山幹夫『中世九州社会史の研究』（吉川弘文館、一九八六年）、二七五―二七九頁。
（110）『フロイス日本史』10、一八四―一八五頁。宮崎賢太郎「日本人のキリスト教受容とその理解」『日本人はキリスト教をどのように受容したか』（国際日本文化研究所、一九九八年）、一八六―一八七頁参照。
（111）宮崎賢太郎「日本人のキリスト教受容とその理解」、前掲書、一八一頁。
（112）人々がそれまでの宗教慣習に引き付けてキリスト教を実践することは中国でも見られた。中国のキリスト教信徒は「新たな死者の葬儀や先祖崇拝と結びついた家族儀礼」を遵守し続けた。彼らがイエズス会宣教師からこれらの伝統的儀礼を続けることを許されたのは、宣教師がそれらの儀礼をキリスト教と通じる個人的・社会的道徳性の表現であるとみなしたからである（Andrew C. Ross, *A Vision Betrayed*. Maryknoll, NY: Orbis, 1994, 152）。しかし大切なのは、中国人信徒自身がキリスト教伝道以前の中国の伝統的な家族儀礼を引き続き行うのを希望したことだ。彼らもまた、キリスト教という新しい宗教的要素と従来の伝統のそれを共存させることを望んだ。
（113）William A. Christian, Jr. *Local Religion in Sixteenth-Century Spain*. Princeton: Princeton University Press, 1981, 126–146.
（114）Euan Cameron, *The European Reformation*. New York: Oxford University Press, 1991, 10.
（115）Stephen Turnbull, *The Kakure Kirishitan of Japan: A Study of their Development, Beliefs and Rituals to the Present Day*. Richmond, U.K.: Japan Library, 1998, 85.
（116）Turnbull, *The Kakure Kirishitan of Japan*, 108.
（117）例えば、神道吉田家に残された日記では、一五五一年（天文二十年）九月二十一日の日付で、キリスト教を「魔法」と言及し、山口の藩主大内義隆の没落は彼の領民がその魔法を行ったからであるとしている（岡田章雄『キリシタン・バテレン』（思文堂、一九五五年）、一六〇頁）。
（118）『吉利支丹物語』、一六三九年、『続々群書類従』十二（国書刊行会、一九〇六―一九〇九年）、五三一頁。
（119）『フロイス日本史』3、一一〇頁。修験者や仏僧などの地方の宗教者が宣教師について否定的な噂を流したのは、キリスト教の教理に対する論駁や反論など、必ずしも誠実な宗教的動機からだけではなかったであろう。しばしば指摘されるように、彼らを駆り立てた要因には、自らの檀家や信徒を失うことへの恐れもあったに違いない。日本において新しい宗教運動が既存の宗教伝統から否定的な反応を受けたのはきりしたんだけではないからである。鎌倉時代の新仏教運動が天台勢力から受けた弾圧は良く知られているし、幕末期のいわゆる新宗教運動が仏教や神道の勢力から受けた抑圧もまた一例に挙げられるであろう。

（120）一五五七年十月二日書簡、岡田章雄『キリシタン・バテレン』、一六三頁。

（121）『フロイス日本史』3、四一頁。

（122）宮本袈裟雄『里修験の研究』（吉川弘文館、一九八四年）、一九—二五頁。

（123）宮本袈裟雄『里修験の研究』、一八三—二一〇頁。

（124）Josef Franz Schütte, *Valignano's Mission Principles for Japan*, I-1, 233.

（125）『フロイス日本史』6、二〇五頁。

第三章

（126）「日本イエズス会第一回協議会」『キリシタン研究』第二十二輯、二八二—二八三頁。

（127）Alessandro Valignano, *Sumario de las Cosas de Japón*, 1583, ed. J. L. Alvarez-Taladriz（Monumenta Nipponica Monographs 9, 1954), 71.

（128）Alessandro Valignano, *Adiciones del Sumario de Japón*, 1592, ed. J. L. Alvarez-Taladriz（Osaka, 1954), 562.

（129）使節の発案者ヴァリニャーノによる使節派遣までの経緯については、今日まで歴史家の間で議論が続いている。かつて結城了悟は、「いつ、ヴァリニャーノが使節の派遣を立案したであろうか。いつ、派遣の決定が為されたであろうか。いつ、大名達にその計画を持ち出し、承諾を得たであろうか」と議論の要点をまとめている（結城了悟『天正少年使節——資料と研究』（純心女子短期大学長崎地方文化史研究所、一九九三年）、二〇九頁）。他に四名の少年の出自や、きりしたん大名による派遣の承諾の真偽についても議論がある。これらの議論の多くは、派遣直後よりイエズス会内外の宣教師が記した書簡に基づくが、ヴァリニャーノ自身が自らへの批判に対し弁明した記録もあり、かなり複雑である。ここでは、ヴァリニャーノが使節に何を求めたかを確認するにとどめる。

(130) 井手勝美訳「日本イエズス会第二回総協議会議事録と採決（一五九〇年）」『キリシタン研究』第十六輯（一九七六年）、二二二頁（同協議会の翻訳は、井手勝美『キリシタン思想史研究序説』、四七一―五七三頁に再録）。

(131) 諮問第四「極力改宗を弘めるか、あるいは現在作られているキリスト教界をまず教導しようと努力するか、のいずれが善いか」（「日本イエズス会第一回協議会」『キリシタン研究』第二十二輯、二六一―二六三頁）。

(132) 五野井隆史『日本キリスト教史』、一六〇頁。

(133) 五野井隆史『日本キリスト教史』、一七〇頁。

(134) Nicolas Standaert, S.J. "Jesuit Corporate Culture As Shaped by the Chinese" in John W. O'Malley et al ed. *The Jesuits: Cultures, Sciences, and the Arts 1540-1773*. Toronto: University of Toronto Press, 1999, 354.

(135) Ibid.

(136) 松田毅一他訳『日本巡察記』、二九七頁。

(137) 家入敏光訳編『日本のカテキズモ』（天理図書館参考資料第七、一九六九年）。

(138) "In Qvo Veritas nostrae religionis ostenditur, & sectae Iaponenses confutantur"（オリジナル版表紙参照）。

(139) 『日本のカテキズモ』、五五頁。

(140) 『日本のカテキズモ』、五九頁。

(141) 『日本のカテキズモ』、五九頁。

(142) 『日本のカテキズモ』、七三頁。

(143) 『フロイス日本史』3、一一〇頁。

(144) 「日本イエズス会第一回協議会」『キリシタン研究』第二十二輯、二八四―二八五頁。

(145) 「カブラル一五七六年九月九日書簡」海老沢有道『切支丹の社会活動及南蛮医学』（富山房、一九四四年）、四五頁参照。

(146) Josef Franz Schütte, S.J. *Valignano's Mission Principles for Japan, Vol. 1. From His Appointment as Visitor until His First Departure from Japan*（*1573-1582*）, *Part 2: The Solution*（*1580-1582*）(St. Louis: The Institute of

Jesuit Sources, 1985), 158.

(147) Alessandro Valignano, letter to the superiors in Japan, 4/17/1587; Schütte, *Valignano's Mission Principles for Japan*, I-2, 163.

(148) Aヴァリニャーノ、矢沢利彦、筒井砂訳『日本イエズス会士礼法指針』（キリシタン文化研究会、一九七〇年）、五三頁。

(149) Schütte, *Valignano's Mission Principles for Japan, Vol. 1, Part II*, 161-162.

(150) 雪窗宗崔「対治邪執論」『キリシタン書　排耶書』、四六〇頁。

(151) Andrew C. Ross, *A Vision Betrayed*, 143.

(152) Charles Boxer, *The Christian Century in Japan: 1549-1650*, 227-228.

(153) ロペス・ガイ著、井出勝美訳『キリシタン時代の典礼』キリシタン文化研究シリーズ24（キリシタン文化研究会、一九八三年）、一五頁。

(154) 「日本イエズス会第一回協議会」『キリシタン研究』第二十二輯、二九九頁。

(155) 「日本イエズス会第一回協議会」『キリシタン研究』第二十二輯、三〇〇頁。

第四章

(156) 『十六・七世紀イエズス会日本報告集』Ｉ—１、二〇五頁。

(157) Jesuitas na Asia. Codex. 49-IV-56. f. 1-3. 新井トシ「きりしたん版の出版とその周邊（三）」天理図書館報『ビブリア』第二九号（一九六四年十月）、五〇—五一頁。

(158) 数字の典拠は "Rol das cassas e residencias que tem a comp^{a} na Vice prouincia de Japão neste mez de nouembro do anno de 92. cõ os nomes dos p^{es} e Jrmaos q nellas residem."「日本耶蘇会目録（１）一五九二年の目録」土井忠生『吉利支丹文献考』（三省堂、一九六三年）、三二四—三四一頁を参照。

(159) 「フロイス、イエズス会総長宛一五八四年十二月十三日付書簡」。新井トシ「きりしたん版の出版とその周邊（二）」『ビブリア』二三（一九六二年十月）、五三—五四頁に引用。

（160）*Adiciones del Sumario de Japón* (1592), 635. 新井トシ「きりしたん版の出版とその周辺（二）」『ビブリア』二四（一九六三年三月）、三四―三六頁。

（161）「きりしたん版」の定義（範囲）は研究者の間で必ずしも一致していない。広義には「日本での布教を直接の契機として日本で宣教を行なった修道会（就中イエズス会）の主導によって出版された文献」あるいは「日本でのキリスト教布教を行なった宗教団体が、キリシタン時代に、日本布教に伴って、又それを目的として出版した書物」（豊島正之編『キリシタンと出版』〔八木書店、二〇一三年〕、二一―三頁）、狭義には、日本国内でのイエズス会出版物のみを指す。本稿では狭義の「きりしたん版」を用いる。具体的には、次の定義に依拠する「日本イエズス会が自ら輸入した（また制作した）西洋印刷機を用いて、一五九一年、すなわち、天正十九年の頃から、約二十年ほどの期間に、日本国土、主として九州の地で印行した印刷物」（天理図書館編『きりしたん版の研究』〔天理大学出版部、一九七三年〕）。

（162）きりしたん版の題目の表記においては、天理図書館編『きりしたん版の研究』、海老沢有道編『日本キリスト教史大事典』（教文館、一九八八年）、豊島正之編『キリシタンと出版』他を参照した。

（163）天理図書館に唯一現存する同書のオリジナル版は、表紙と扉紙が失われて原題が不明であり、巻頭の語句から天理図書館によって『ばうちずもの授けやう』と仮の名称が与えられている。ただし、『キリシタン書　排耶書』に翻刻、収録されるにあたって、同書は『病者を扶くる心得』という別の仮題が付されている。

（164）それぞれ影印されたものが、天理図書館編『きりしたん版の研究』に他のきりしたん版とともに掲載されている（同書、図版二三、三〇）。

（165）『[復刻版]キリシタン版精選　金言集　Aphorismi Confessariorum,1603』（雄松堂、二〇一〇年）、折井善果、白井純、豊島正之釈文・解説『ひですの経』（八木書店、二〇一一年）、折井善果編著『ひですの経』キリシタン研究第四十八輯（教文館、二〇一一年）。

（166）http://laures.cc.sophia.ac.jp/laures/html/index.html

（167）ヴァリニャーノの *CATECHISMVS CHRISTIANAE FIDEI* の翻訳は他の言語でも進められている。二〇一七年、ポルトガル語翻訳がラテン語の影印、解題、注釈とともに出版された。*CATECISMO DA FÉ CRISTÃ, no qual se mostra a verdade da nossa santa religião e se refutam as seitas japonesas*, Alexandre Valignano, S.J., Tradução latim de António Guimarães Pinto, Introducao de António Guimarães Pintoe José Miguel Pinto dos Santos, Anotações de José Miguel Pinto dos Santos（Centro Científico e Cultural de Macau, I.P., 2017).

(168) その中で特筆すべきは、折井善果『キリシタン文学における日欧文化比較――ルイス・デ・グラナダと日本』（教文館、二〇一〇年）、川村信三「第四章　西洋キリスト教義の土着――潜伏共同体の存続の支柱『こんちりさんのりやく』」『戦国宗教社会＝思想史――キリシタン事例からの考察』（知泉書館、二〇一一年）、二三六―二九八頁、などであろう。

(169) 詳細な文献学的情報は、天理図書館編『天理図書館蔵　きりしたん版集成　解説』（天理大学出版部、一九七六年）、一一―一七頁を参照。

(170) 「病者を扶くる心得」『キリシタン書　排耶書』日本思想大系25（岩波書店、一九七〇年）、八四頁。以下、『ばうちずもの授けやう』の翻刻はこの「病者を扶くる心得」に依拠する。

(171) 「どちりいな・きりしたん」『キリシタン書　排耶書』、六六頁。

(172) 川村信三『戦国宗教社会＝思想史――キリシタン事例からの考察』、二四八―二四九頁。

(173) 川村信三『戦国宗教社会＝思想史――キリシタン事例からの考察』、二六四―二六五頁。

(174) 川村信三『戦国宗教社会＝思想史――キリシタン事例からの考察』、二五〇頁。

(175) 川村信三『戦国宗教社会＝思想史――キリシタン事例からの考察』、二六八頁。

(176) 「病者を扶くる心得」『キリシタン書　排耶書』、九〇頁。

(177) 「こんちりさんのりやく」『キリシタン書　排耶書』、三七七頁。

(178) 「こんちりさんのりやく」『キリシタン書　排耶書』、三六四頁。

(179) 欠落の理由は明らかではないが、その姿からおそらく印刷時（あるいは一二丁表は修復時か）の技術的なことではないかと思われる。欠損部分が、別の写本資料により補われ得るということは、印刷本と写本双方の元となるものが存在したはずだが、現在その元本の解明はなされていない。補填部分については、林重雄編『ばうちずもの授けやう　おらしよの飜譯――本文及び総索引』（笠間書院、一九八一年）、一四三―一四四頁、尾原悟編『きりしたんのおらしよ』キリシタン研究　第四十二輯（教文館、二〇〇五年）、六九―七一頁を参照。

(180) この点に関して、日本語に翻訳される前のザビエルのカテキズムのうち信仰箇条に関する部分は韻をふみ、暗唱され、歌って教えられるように書かれていたことは興味深い。和文への翻訳では散文体になっていたという(Schurhammer, *Franz Xaver* 2 (3), 114)。

(181) 天理大学おやさと研究所編『宗教の概念とそのリアリティ』（天理大学おやさと研究書、二〇〇四年）、二五―三五頁。このテーマに関するグラハムの著作は、William A. Graham, *Beyond the Written Word: Oral Aspects of Scripture in the History of Religion* (Cambridge University Press, 1988).

(182) 天理大学おやさと研究所編『宗教の概念とそのリアリティ』、二五―三五頁。

(183) 「どちりいな・きりしたん」『キリシタン書　排耶書』、二七頁。

(184) 尾原悟編『きりしたんのおらしよ』、二六二―二六三頁。

(185) 松田毅一監訳『十六・七世紀イエズス会日本報告集』、I―2、一六九―一七〇頁。

(186) 「どちりいな・きりしたん」『キリシタン書　排耶書』、六八頁。

(187) 欠損文字が多いため、読み易さを考慮して、補項部分を示す〔　〕記号を省略した。補項部分については、林重雄編『ばうちずもの授けやう　おらしよの飜譯』、一五六頁、尾原悟編『きりしたんのおらしよ』、七九―八〇頁を参照。

(188) 九州史料刊行会編『九州史料叢書　天草古切支丹資料（三）』（九州史料刊行会、一九六一年）、七五―九二頁。

(189) 「大江村宗門心得違之者御吟味日記」九州史料刊行会編『九州史料叢書　天草古切支丹資料（一）』（九州史料刊行会、一九五九年）、九二頁。

(190) 昭和二十七年生月島資料「舊キリスタン御言葉集」、四頁。

(191) 生月町博物館島の館（編）「ガラッサ　みちみち」『山田のオラショ一座――生月島のオラショ』（生月町博物館・島の館、二〇〇〇年）。

(192) 宮崎賢太郎『カクレキリシタンの信仰世界』（東京大学出版会、一九九六年）、九〇頁。

(193) 宮崎賢太郎『カクレキリシタンの信仰世界』、八五頁。

第五章

(194)ヴァティカン図書館のバルベリーニ文庫に唯一現存する『どちりいな・きりしたん』は扉紙を欠くので正確な書名、刊行地、刊行年は不詳であるが、一五九二年のイエズス会管区会議の記録、一九九二年の同書のローマ字本の出版等の周辺情報に基づき、一五九一年の刊行と推定されている。書名については、「すりへった外題より漢字で書かれた『どちりいな』の文字がたどられ、またもう一つは『きりしたん』であろうと推察される」(天理図書館編『きりしたん版の研究』〔天理大学出版部、一九七三年〕、一三一頁)。

(195)新井トシ「きりしたん版の出版とその周邊(三)」『ビブリア』二九(一九六四年)、四九頁。

(196)John W. O'Malley, *The First Jesuits* (Cambridge, Mass: Harvard University Press, 1993), 117-118.

(197)「どちりいな・きりしたん」『キリシタン書　排耶書』、一四頁。

(198)『日本のカテキズモ』付録、「日本第一回管区総会議議事録　一五九二年」、三一四頁。『どちりいな』がきりしたん教理書の決定版であったことは、他に、一六〇〇年の改訂版の表紙の中央に『どちりなきりしたん』と書かれ、その右と左に「これきりしたんの」(右)「をしへといふぎ也」(左)と記されていることからも推察される。

(199)「日本第一回管区総会議議事録　一五九二年」、三一四頁。

(200)亀井孝、H・チースリク、小島幸枝『キリシタン要理——その翻案および翻訳の実態』(岩波書店、一九八三年)。

(201)新井トシ「きりしたん版の出版とその周邊(七)」『ビブリア』三九(一九六八年)、四二頁。

(202)亀井孝他『キリシタン要理——その翻案および翻訳の実態』、二五—二六頁。

(203)亀井孝他『キリシタン要理——その翻案および翻訳の実態』、四七頁。

(204)なお、比較の対象となるジョルジェ本については、亀井他による『キリシタン要理』では一六〇二年版(大英図書館蔵)が使用されていたが、近年、初版の一五六六年版が発見されてその内容が確認でき、一六〇二年版との異同の研究も発表されている。吉田新、水谷俊信「バイエルン州立図書館蔵、マルコス・ジョルジェ『Doctrina Christã』(一五六六年リスボン刊)の発見」『キリシタン文化研究会会報』一三九号(二〇一二年五月)、二九—四一頁。本論文については、日沖直子氏により著者に紹介されたことを記しておく。以下においては、それら異同も考慮しつつ考察を進める。

(205) 「どちりいな・きりしたん」『キリシタン書　排耶書』、三八―四〇頁。『どちりいな』の同じ底本（バチカン図書館バルベリーニ文庫蔵）からの全文翻刻としては、他に亀井他『キリシタン要理――その翻案および翻訳の実態』に「翻刻　（一五九一年刊）どちりいなきりしたん（ヴァチカン図書館蔵）」（二一一―二七三頁）が掲載されている。前者の翻刻が句読点を追加し底本の平仮名に漢字をあてているのに対して、後者にはほぼ底本のままの表記で翻刻されている。本書では、他の章できりしたん版の内容を検討する際、前者（『キリシタン書　排耶書』）の翻刻を引用するので、本書内での統一を図るため「どちりいな・きりしたん」も前者の翻刻を引用する。

(206) 『神学大全』第一部第四五問第二項、第六項、第七項。THOMAE AQUINATIS, *SUMMA THEOLOGICA* PRIMA PARS, "Quaestio XLV: De modo emanationis rerum a primo principio." Secundo: utrum Deus possit aliquid creare. Sexto: utrum commune sit toti Trinitati, aut proprium alicuius Personae.Septimo: utrum vestigium aliquod Trinitatis sit in rebus creatis.

(207) 「譬ハ、大工家ヲ立ントスル時、前ヨリ差図ヲ吾カイマシナサン［Imaginação］ニ持ツ者也。其時、此造作ハ皆大工ノイマシナサンニアルト云也。此心ハ、目ニカヽル此家ハ大工ノイマシナサンニ有ルト云事ニハアラス、只、差図ハカリアルト云心也。其如ク、作ノ物ハ外ニ見ユル如ク、デウスニハアラス、只、右に云シ如ク、其善徳ト其差図モ弥勝レテデウスニアル也。」「第十九　デウスト御作ノ物の差別ノ事　三番目ノ説ニ付テノ事」（尾原悟編『イエズス会日本コレジヨの講義要綱Ⅱ』キリシタン研究三十五輯〔教文館、一九九八年〕、二一八頁）。

(208) John W. O'Malley, *The First Jesuits*. Cambridge, MA: Harvard University Press, 1993, 247ff. 以下に、会憲の具体的部分を引用する。「第14章　講義において解説すべき書物　464　1．学院についてすでに述べたように、一般的には、各科目において、内容が堅実で安全な書物を解説しなければならない。書物そのものあるいはその著者に疑わしい点があるならば、その書物を解説してはならない。……ただし、各大学においてこうした書物を指定しなければならない。スコラ哲学については旧約・新約聖書と聖トマスの学説を解説し……。」（イエズス会日本管区編訳『イエズス会会憲　付会憲補足規定』〔南窓社、二〇一一年〕、一六九頁）。

(209) 「どちりいな・きりしたん」『キリシタン書　排耶書』、二一一頁。

(210) 「どちりいな・きりしたん」『キリシタン書　排耶書』、二〇頁。他に、尾原悟編『イエズス会日本コレオジヨの講義要綱Ⅱ』、三〇五頁。

(211) 『神学大全』第三部第四六問第一項、第二項。THOMAE AQUINATIS, *SUMMA THEOLOGICA* TERTIA PARS, "Quaestio XLVI." Primo, utrum necesse fuerit Christum pati pro liberatione hominum. Secundo, utrum fuerit alius modus possibilis liberationis humanae.

(212) 「是ニ付テ、サン　トマスノ自門《ママ》自答アリ。其レト云ハ、クルスニカヽリ玉ハスシテ、御主ゼズ　キリシト人間ヲ扶ケ玉フ事叶イ玉フヘキヤ。（中略）吾等ヲ扶ケ玉ハン為ニ、御ハシヨンヨリモ相当シタル道ナカリシト宣フナリ。」（尾原悟編『イエズス会日本コレジヨの講義要綱Ⅱ』、二九二頁）。

(213) 「どちりいな・きりしたん」『キリシタン書　排耶書』、四二—四三頁。

(214) 「どちりいな・きりしたん」『キリシタン書　排耶書』、六九頁。

(215) 以下にその該当部分を引用する。「ホスチアが割かれないままである場合においても、パンの形態のあらゆる部分のもとにキリスト全体が存在することはあきらかであって、ある論者が鏡面に現れる像を例にして述べているように、ただパンが割き分けられる場合のみではないのである。すなわち、割られていない鏡面には一つの像が現れるが、鏡が割られると、その一つ一つの部分に一つずつの像が現れる、というのである。実際のところ、この例は全面的に妥当なものとはいえない。なぜなら、割られた鏡面における像のこうした多数化は、（割られた）鏡の異なった諸部分への様々な繁栄のゆえにおこるのであるが、この（秘跡）の場合においてはただ一度の聖別があるのみで、その聖別のゆえにキリストのからだが秘跡のうちに存在するのである」（稲垣良典訳『トマス・アクイナス神学大全』四三〔創文社、二〇〇五年〕、九八頁）。稲垣良典によれば、「トマスの時代にこの説を支持したのはGuilelmus Altissiodorensis, Summa Aurea, IV,4,1 であるが、それ以前にAlanus ab Insulis, De Fide Catholica contra Haeret. I, 58 (PL 210, 362) をはじめ、この説の支持者は多かったといわれる」（前掲書、訳者註、二二〇頁）。

(216) 「どちりいな・きりしたん」『キリシタン書　排耶書』、六九—七〇頁。

(217) 他に言葉の入れ替えとして、「でうすにて御座ます御主ぜず-きりしとと直に示し玉ふ上は」の部分は、ジョルジェ本では「教会がわれらに教えて下さることを」となっている（亀井他『キリシタン要理——その翻案および翻訳の実態』、六三頁)。

(218)「どちりいな・きりしたん」『キリシタン書　排耶書』、三八頁。

(219) *NIHON NO COTOBA NI YO CONFESION* (Rome, 1632), 8. 大塚光信翻字『コリャード懺悔録』(風間書房、一九五七年)、三―四頁。

(220) Marcos Iorge, *DOCTRINA CHRISTA. Ordenada a maneira de Dialogo, pera ensinar os mininos. . .* (Lisboa, 1602). 亀井他『キリシタン要理――その翻案および翻訳の実態』、五〇―六九頁。

(221)「どちりいな・きりしたん」『キリシタン書　排耶書』、三七頁。

(222) 尾原悟は、ジョルジェ本が十四箇条であったのに対して『どちりいな・きりしたん』が十二箇条になったのは、「日本が新しい宣教の地であることを考え、使徒伝来を強調して、カテキスモをキリストとその弟子たちから伝わったものとして伝えようとした」ザビエル以降の教理書の構成の伝統に従ったからである、としている(尾原悟「解題・解説」尾原悟編著『イエズス会日本コレジヨの講義要綱Ⅱ』、四三九頁)。

(223)「どちりいな・きりしたん」『キリシタン書　排耶書』、二九―三〇頁。

(224) 中村元『仏教語大辞典』(東京書籍、一九七五年)。

(225) 真宗海外資料研究会『キリシタンが見た真宗』(真宗海外資料研究会、一九九八年)、一八三頁。

(226) 雪窗宗崔「対治邪執論」『キリシタン書　排耶書』、四六二頁。

(227) 雪窗宗崔「対治邪執論」『キリシタン書　排耶書』、四六二頁。

(228) 海老沢有道『キリシタン南蛮文学入門』(教文館、一九九一年)、六九頁。

(229)「えすぺらんさ」、「ひいですʼ」、「かりだあで」に続くカッコ内の「説明」は、『どちりいな・きりしたん』の「どちりいなの序」で使用されているものである(「どちりいな・きりしたん」『キリシタン書　排耶書』、一四頁)。

(230) 一六〇〇年の後期本では「儀はでうすの高き理をあらはす者也」とある。「どちりいな・きりしたん」の国字本(一五九一年)とローマ字本(一五九二年)では、用字の違い以外、その内容はほぼ同じであるが、一六〇〇年刊の国字本・ローマ字本と比較すると内容に多くの異同がある。詳細は『キリシタン書　排耶書』の「参考」(四七七頁―四八九頁)を参照。

(231)「どちりいな・きりしたん」『キリシタン書　排耶書』、一四―一五頁。

(232) この章題は国字本（一五九一年）にはなく、ローマ字本（一五九二年）にのみ記載されている。

(233) 一六〇〇年国字本では「きりしと」に訂正されている。

(234)「どちりいな・きりしたん」『キリシタン書　排耶書』、一六―一九頁。

(235)「どちりいな・きりしたん」『キリシタン書　排耶書』、二一―二五頁。

(236)「どちりいな・きりしたん」『キリシタン書　排耶書』、二七頁。

(237)「どちりいな・きりしたん」『キリシタン書　排耶書』、三〇頁。

(238)「六十三反のおらしよは、御母びるぜんの御年の数に対し奉りて申上る也。又百五十反のおらしよは、十五のみすてりよとて、五ヶ条は御喜び、五ヶ条は御悲しび、今五ヶ条はぐらうりやの御理に対して、申上奉る也」（「どちりいな・きりしたん」『キリシタン書　排耶書』、三二頁）。

(239)「どちりいな・きりしたん」『キリシタン書　排耶書』、三六頁。

(240)『どちりいな』の本文では、ジョルジェ本の第六、第七章を第六章にまとめているため、ジョルジェ本の第八章が『どちりいな』の第七章になっている。このずれを修正するため、『どちりいな』は第七章の次に、第八章ではなく、「第九章　御母さんた‐ゑけれじやの御掟の事」を置いて、ジョルジェ本と再び章を合わせている。ただし、これでは第八章が『どちりいな』のどこにも存在しないことになるので、『どちりいな』の最後の「目録」には「第八九章　御母さんた‐ゑけれじやの御掟の事」と、第八章、第九章合わせて表記している。

(241)「どちりいな・きりしたん」『キリシタン書　排耶書』、四九頁。

(242)「どちりいな・きりしたん」『キリシタン書　排耶書』、五一頁。

(243)「どちりいな・きりしたん」『キリシタン書　排耶書』、五五頁。

(244)「どちりいな・きりしたん」『キリシタン書　排耶書』、五六頁。

(245)「どちりいな・きりしたん」『キリシタン書　排耶書』、六二―六三頁。

(246)『十六・七世紀イエズス会日本報告集』I―1、二〇三頁他。

(247) 松田毅一「元和三年イエズス会士コーロス徴収文書」『近世初期日本関係南蛮史料の研究』（風間書房、一九六七年)、一〇二二―一一四五頁。

(248) 例えば、結城了悟によれば、一五九一年、山口の日本人信徒たちはマニラのフランシスコ会士ゴンザロ・ガルシアにフランシスコ会宣教師を日本に送るよう要請する書簡を送ったが、それは、実は一人の日本人と二人のフランシスコ会士が創作したものであったという(結城了悟「一五九一年に日本の信徒は聖ゴンザロ・ガルシアに手紙を送ったであろうか」『キリシタン研究』第二十八輯〔一九八九年〕、二〇九―二二六頁)。

(249) *NIHON NO COTOBA NI YO CONFESION: MODVS CONFITENDI ET EXAMINANDI Pœnitentem Iaponenfem, formula fuamet lingua Iaponica* (Rome, 1632). 日埜博司編著『コリャード懺悔録――キリシタン時代日本人信徒の肉声』(八木書店、二〇一六年)。天理大学附属天理図書館所蔵の原著の原色影印を含む。

第六章

(250) *They Came to Japan: An Anthology of European Reports on Japan, 1543-1640*, compiled and annotated by Michael Cooper (Berkeley, Los Angeles, London: University of California Press, 1965), 297-354.

(251) 「どちりいな・きりしたん」『キリシタン書 排耶書』、一四頁。

(252) 「どちりいな・きりしたん」『キリシタン書 排耶書』、一四頁。

(253) 「どちりいな・きりしたん」『キリシタン書 排耶書』、一六頁。

(254) 「どちりいな・きりしたん」『キリシタン書 排耶書』、六三頁、太字強調筆者。

(255) *Jorge, Marcos: Doctrina christaa, Lixboa,* 1566. 下線強調筆者。(http://daten.digitale-sammlungen.de/~db/bsb00007222/images/150/bsb00007222_00090.jpg)
対応部分の翻訳は、亀井孝他『キリシタン要理――その翻案および翻訳の実態』、九九頁を参照。

(256) 「サカラメンタ提要付録」『キリシタン書 排耶書』、一八二頁、太字強調筆者。

(257) もっとも、今日、研究者の主な関心は、ハビアンがキリスト教を護教するために行った仏教をはじめとする日本の他宗教批判の部分にあるようだ。それは、批判そのものへの関心ではなく、批判の対象となった他宗教についてのハビアンの説明や描写が優れているからで、当時の知識人によって書かれた日本の諸宗教論への関心である。

以下の近年の作品の副題にもそのことが良く表れている。末木文美士編『妙貞問答を読む――ハビアンの仏教批判』（法藏館、二〇一四年）。

(258) *Myōtei Dialogues: A Japanese Christian Critique of Native Traditions*, eds. James Baskind and Richard Bowring (E.J. Brill. 2015).

(259) 「妙貞問答」『キリシタン書　排耶書』、一五六頁、他、出典多数。

(260) 「妙貞問答」『キリシタン書　排耶書』、一五六頁。

(261) 「破提宇子」『キリシタン書　排耶書』、四三〇頁。

(262) 「破提宇子」『キリシタン書　排耶書』、四三一頁。

(263) 大谷暢順編『蓮如上人全集』第二巻（中央公論社、一九八八年）、五七頁。

(264) 三橋健「イエズス会宣教師のみた補陀落渡海」速水侑編『観音信仰』民間宗教史叢書第七巻（雄山閣、一九八二年）、二五一―二五四頁。

(265) 大塚光信翻字『コリャード懺悔録』、九頁。

(266) 『岩波仏教辞典　第二版』（岩波書店、二〇〇二年）。

(267) 根井浄『修験道とキリシタン』（東京堂出版、一九八八年）、三〇四頁参照。

(268) 稲葉昌丸編『蓮如上人遺文』（法藏館、一九三七年）、一七八頁。

(269) 「どちりいな・きりしたん」『キリシタン書　排耶書』、一六頁。

(270) 「こんちりさんのりやく」『キリシタン書　排耶書』、三七五頁。

(271) 「妙貞問答」『キリシタン書　排耶書』、一五〇―一五一頁。

(272) 「どちりいな・きりしたん」『キリシタン書　排耶書』、十六頁。

(273) 「妙貞問答」『キリシタン書　排耶書』、一六九頁。

(274) 遠藤周作『切支丹時代――殉教と棄教の歴史』（小学館、一九九二年）、一六七―一七三頁。

(275) 雪窗宗崔「対治邪執論」『キリシタン書　排耶書』、四六八頁。

(276) 雪窗宗崔「対治邪執論」『キリシタン書　排耶書』、四七〇頁。

(277) 雪窗宗崔「対治邪執論」『キリシタン書　排耶書』、四六二頁。同様の理解は他にも鈴木正三（一五七九―一六五五）による「破吉利支丹」（『キリシタン書　排耶書』所収、四五〇―四五七頁）にも見られる。
(278) 「どちりいな・きりしたん」『キリシタン書　排耶書』、三八頁。
(279) 「妙貞問答」『キリシタン書　排耶書』、一五三頁。
(280) 小堀圭一郎「天道攷1」『比較文化研究』(25) 一九八六年、一―三五頁。
(281) 『聖フランシスコ・ザビエル全書簡3』東洋文庫581（平凡社、一九九四年）、一八四頁。
(282) 海老沢有道『日本キリシタン史』、一一九頁。
(283) 小堀圭一郎「天道攷1」、七頁。
(284) 『日本のカテキズモ』、第四講（五五―七二頁）、とくに五九―六〇頁。
(285) 真宗史料刊行会『大系真宗史料　文書記録編6　蓮如御文』（法蔵館、二〇〇八年）、二七七頁。
(286) 真宗史料刊行会『大系真宗史料　文書記録編6　蓮如御文』、三三四頁。
(287) 蓮如の御文では、神仏との共存のみならず、法や守護・地頭に逆らわないことが書かれている。これは、各地の宗教・世俗の権威との間で摩擦軋轢があったことと無関係ではないであろう。それらに対し表だって敵意を露わにするのではなく、最終的な極楽往生は、阿弥陀仏への信心で得られるのであるから、心の内で阿弥陀仏に願うことを説いていると理解される。しかし、であるならば、蓮如にとって、本当の意味での阿弥陀仏とそれ以外の神仏との関係はどのようなものだったのであろうか。今日の「諸宗教の神学（教学）」の表現を使うならば、蓮如のとく「包括主義的」他宗教観は、実践的側面と教理的側面で分けて考えるべきであろうか。
(288) 真宗史料刊行会『大系真宗史料　文書記録編6　蓮如御文』、二九二頁。
(289) 真宗史料刊行会『大系真宗史料　文書記録編6　蓮如御文』、二九三頁。
(290) George Elison, *Deus Destroyed: The Image of Christianity in Early Modern Japan*, 9.
(291) イエズス会日本管区編訳『イエズス会会憲　付会憲補足規定』（南窓社、二〇一一年）、二三頁。
(292) 『フロイス日本史』6、一八九―一九〇頁。
(293) 『フロイス日本史』10、二二七―二三〇頁。

(294)『フロイス日本史』10、二二一頁。注（6）。
(295)『フロイス日本史』1、二二七―二二九頁。
(296) George B. Sansom, *The Western World and Japan* (Alfred A. Knopf, 1950), 122.
(297) *Adiciones del Sumario de Japón*, 472-473：『日本巡察記』、一九〇―一九一頁。
(298) *Adiciones del Sumario de Japón*, 472-473：『日本巡察記』、一九〇―一九一頁。
(299) 大塚光信翻字『コリャード懺悔録』、二一―三頁。翻字文中の欧文句読点は、引用文では和文の句読点に変更した。
(300)「どちりいな・きりしたん」『キリシタン書　排耶書』、一六―一七頁。
(301)「どちりいな・きりしたん」『キリシタン書　排耶書』、一九―二〇頁。
(302)「吉利支丹心得書」海老沢有道他編著『キリシタン教理書』キリシタン研究第三十輯、一八八頁。
(303)「こんちりさんのりやく」『キリシタン書　排耶書』、三六九―三七〇頁。
(304)「こんちりさんのりやく」『キリシタン書　排耶書』、三七〇頁。
(305)「こんちりさんのりやく」『キリシタン書　排耶書』、三七一頁。
(306)「こんちりさんのりやく」『キリシタン書　排耶書』、三七四―三七五頁。（6）については、第五章で述べたイエスの十字架の死に対する恩の教えと共通する。
(307)「こんちりさんのりやく」『キリシタン書　排耶書』、三七五頁。
(308)「こんちりさんのりやく」『キリシタン書　排耶書』、三七四頁。
(309) 真宗史料刊行会『大系真宗史料　文書記録編6　蓮如御文』、三〇八頁。
(310) 真宗史料刊行会『大系真宗史料　文書記録編6　蓮如御文』、三〇九頁。
(311) 真宗史料刊行会『大系真宗史料　文書記録編6　蓮如御文』、三〇九頁。
(312) 真宗史料刊行会『大系真宗史料　文書記録編6　蓮如御文』、二九九頁。
(313) 真宗史料刊行会『大系真宗史料　文書記録編6　蓮如御文』、三一〇頁。
(314) 前注の参考文献（真宗史料刊行会『大系真宗史料　文書記録編6　蓮如御文』）には記載がないため以下の文献

により補う。名塩本4—11、遺文64、帖内5—11、大谷暢順編『蓮如上人全集　第二巻　御文全篇』（中央公論社、一九九八年）、一三一—一三二頁（5—12）。

(315) 海老沢有道訳注「一六〇九年キリシタン殉教記」『聖心女子大学カトリック文化研究所紀要』1（一九五九年）他、参照。

第七章

(316) *The Encyclopedia of Religion* (New York: Macmillan, 1987), s.v. "Ritual Studies," by Ronald L. Grimes (vol. 12: 422-425).

(317) 松田毅一「解題」『日本巡察記』、二九七頁。

(318) Gnecchi-Soldo Organtino, letter to general, 3/10/1589; Josef Franz Schütte, *Valignano's Mission Principles for Japan*, I-2, 106.

(319) 『十六・七世紀イエズス会日本報告集』I—2（同朋舎、一九八七年）、一七七—一八二頁。

(320) 「どちりいな・きりしたん」『キリシタン書　排耶書』、六三—六四頁。

(321) 『ばうちずもの授けやう』／「病者を扶くる心得」『キリシタン書　排耶書』、八四頁。

(322) 『おらしよの飜譯』(Nagasaki, 1600)。二二オ—二二ウ。翻刻、尾原悟編『きりしたんのおらしよ』、八三頁。

(323) 「どちりいな・きりしたん」『キリシタン書　排耶書』、六五頁。

(324) 『ばうちずもの授けやう』／「病者を扶くる心得」『キリシタン書　排耶書』、八四—八五頁。

(325) 『ばうちずもの授けやう』／「病者を扶くる心得」『キリシタン書　排耶書』、八五頁。

(326) 「どちりいな・きりしたん」、六五頁、『ばうちずもの授けやう』／「病者を扶くる心得」、八五頁、「吉利支丹心得書」『キリシタン教理書』、一九九頁など参照。

(327) 『ばうちずもの授けやう』（二ウ—三オ）、「病者を扶くる心得」『キリシタン書　排耶書』、八五—八六頁。同様の記述は、「どちりいな・きりしたん」にもあり、そこでは「是を授かる人の頭か、せめて其人の身の上に水を掛くる」とある（『キリシタン書　排耶書』、六五頁）。

(328)「どちりいな・きりしたん」『キリシタン書　排耶書』、六六頁。
(329)『ばうちずもの授けやう』／「病者を扶くる心得」『キリシタン書　排耶書』、八五頁。
(330)「先づバウチズモを授かるべき者、天狗の手をのがれ、御主ゼズ-キリシトの真の御被官にならざるうちは、御主の御館に入る功力なき身なるが故、エケレジヤの外に置かるるなり。その人の名を帳に付けらるること、すなはち御主キリシトの御軍兵となり奉りしことを、思ひ出させらるべきためなり。さて御主ゼズ-キリシトの御定めの如く、是非を弁ふるほどの者には、カテキズモとて面々信じ奉るべき肝要なる教への条々を分別のため、説き聞かせらるるなり。もしまた年少ならば、傍よりアニマの親その代りとし答ふるなり。次にはエソルシスモ〔Exorcismo＝祓魔式〕とて、今までアニマを進退せし天狗を責め出ださるべきための尊き言葉と、デウスへの祈念なり。また塩を口に嘗めさせらるること、科に口腐らず、デウスの尊き御事を味はひ知らんがためなり。また唾にて指を湿し、耳と鼻に塗らるることは、昔年御主ゼズ-キリシト、ある盲目の眼を開き給ふに、御唾にて土を粘し、彼が眼に塗らせられ、「シロエの池に行きて洗ふべし」と宣ふことを表するなり。これすなはち、今のバウチズモのヒグウラ〔Figura＝象徴〕なり。オレヨ〔Oleo＝聖油〕とキリズマ〔Chrisma＝聖香油〕を塗らるること、天狗に敵対ふ武士なるキリシタンになりたることを思い出さんがためなり。またキリシトの御名をかたどり、付き奉るをもつて、その御行跡を慕ひ、学び奉らんがためなり。また白衣を頭にかけ、燭を手に持たせらるること、白衣は汚れなく、清き進退ならんことを現はし、燭は善の光を輝かさんとの儀なり」（「サカラメンタ提要付録」『キリシタン書　排耶書』、一八三―一八四頁）。
(331)「対治邪執論」『キリシタン書　排耶書』、四七〇頁。
(332)大塚光信翻字『コリャード懺悔録』、一頁。
(333)「対治邪執論」『キリシタン書　排耶書』、四六二頁。
(334)「どちりいな・きりしたん」『キリシタン書　排耶書』、六五頁。
(335)中村元『日本人の思惟方法』東洋人の思惟方法3（春秋社、一九八九年）、四一五―四一六頁。
(336)「どちりいな・きりしたん」『キリシタン書　排耶書』、七一―七二頁。「ぺにてんしや」（ゆるしの秘跡）についてのカトリック教会の教義的意味については、第四章で川村の著作を参考に述べている。

（337）『ばうちずもの授けやう』／「病者を扶くる心得」『キリシタン書　排耶書』、九十頁。

（338）「おらしよの飜譯」『キリシタン書　排耶書』、一六三—一六四頁。

（339）John W. O'Malley, *The First Jesuits* (Cambridge, Mass: Harvard University Press, 1993), 136.

（340）John W. O'Malley, *The First Jesuits*, 136-139.

（341）『フロイス日本史』7、二六頁。

（342）「一五八九年度・日本年報」『十六・七世紀イエズス会日本報告集』Ⅰ—1、一一八頁。

（343）「一五八九年度・日本年報」『十六・七世紀イエズス会日本報告集』Ⅰ—1、一二五頁。

（344）"Primera Congregacion de Japón (1592)," *Adiciones del Sumario de Japón*, 721：「日本第一回管区総会議議事録　一五九二年」『日本のカテキズモ』、三〇五頁。

（345）「日本第一回管区総会議議事録　一五九二年」『日本のカテキズモ』、三〇六頁。

（346）「日本第一回管区総会議議事録　一五九二年」『日本のカテキズモ』、三〇六頁。

（347）「日本第一回管区総会議議事録　一五九二年」『日本のカテキズモ』、三〇六頁。

（348）「日本第一回管区総会議議事録　一五九二年」『日本のカテキズモ』、三〇六頁。

（349）「ばうちずもの授けやう」／「病者を扶くる心得」『キリシタン書　排耶書』、九〇頁。

（350）「こんちりさんのりやく」『キリシタン書　排耶書』、三六三—三六八頁。

（351）「こんちりさんのりやく」『キリシタン書　排耶書』、三六九頁。

（352）「どちりいな・きりしたん」『キリシタン書　排耶書』、五七頁。

（353）『コリャード懺悔録』、一八頁。引用文の表記については註（299）と同様。

（354）『十六・七世紀イエズス会日本報告集』Ⅰ—2、一一八頁。

（355）「対治邪執論」『キリシタン書　排耶書』、四七〇頁。

（356）「世須丶乃御組のれいから須」松田毅一『近世初期日本関係南蛮史料の研究』（風間書房、一九六七年）、一一四七—一一五一頁。

（357）長崎県史編纂委員会編『長崎県史　対外交渉編』（吉川弘文館、一九八六年）、一一二六頁。

(358) 松田毅一『近世初期日本関係南蛮史料の研究』、一一五一頁。
(359) 『十六・七世紀イエズス会日本報告集』Ⅰ―3、一九三頁。
(360) 『十六・七世紀イエズス会日本報告集』Ⅰ―3、一九三頁。
(361) ロペス・ガイ『キリシタン時代の典礼』、一六六、一六九頁。
(362) 「日本イエズス会第一回協議会」『キリシタン研究』第二十二輯、二八〇頁。
(363) 日本準管区長パシオによる『服務規程』、第十九章一（ガイ、前掲書、二〇〇頁）。
(364) 『日本巡察記』、二九七頁。
(365) 曹洞宗総合研究センター編『葬祭――現代的意義と課題』（曹洞宗総合研究センター、二〇〇三年）、五九頁。
(366) 勝田至『死者たちの中世』（吉川弘文館、二〇〇三年）。
(367) 『フロイス日本史』4、三二四頁。
(368) 曹洞宗総合研究センター編『葬祭――現代的意義と課題』、一六頁。
(369) 『耶蘇会士日本通信』〔京畿篇〕上（雄松堂書店、一九六六年）、一九三―一九九頁。
(370) ロペス・ガイ『キリシタン時代の典礼』、一七三頁。
(371) ロペス・ガイ『キリシタン時代の典礼』、一八四頁。
(372) ロペス・ガイ『キリシタン時代の典礼』、一八五頁、川村信三『キリシタン信徒組織の誕生と変容』、一三二頁。
(373) 『フロイス日本史』3、三三二頁。
(374) ロペス・ガイ『キリシタン時代の典礼』、一九三―一九五頁。
(375) 「日本第一回管区総会議議事録一五九二年」『日本のカテキズモ』、三〇三頁。
(376) ロペス・ガイ『キリシタン時代の典礼』、一七五―一七七頁。
(377) ロペス・ガイ『キリシタン時代の典礼』、一七四―一八三頁。
(378) 川村信三『キリシタン信徒組織の誕生と変容』、一三二頁に引用。
(379) 『フロイス日本史』4、三二四頁。
(380) 川村信三『キリシタン信徒組織の誕生と変容』、一六三頁。

(381) 「ころわ」の祈り。「たつときびるぜんまりやのころ〔は〕と申て、六十三の御よはひにた〔い〕し、ぱあ〔て〕るなうす〔て〕る六くはん、あべまりや六十三ぐはん申しあぐる〔事〕も〔あり。しか〕れば、ぱあてるなうすてる一く〔は〕ん、あべまりや〔十く〕はんごとにくはんねんをなしたくは、〔みぎ〕ろさいろ十五ケ条のうちよりいづれのケ条をなり〔と〕もあてがふてくはんずべし」（尾原悟編『きりしたんのおらしよ』、七九頁）。
(382) 川村信三『キリシタン信徒組織の誕生と変容』、三七一頁。
(383) 川村信三『キリシタン信徒組織の誕生と変容』、二四四頁。
(384) ロペス・ガイ『キリシタン時代の典礼』、一九三頁。
(385) ロペス・ガイ『キリシタン時代の典礼』、一九五―一九六頁。

第八章

(386) 『フロイス日本史』1、二〇二―二三〇頁参照。
(387) 「伴天連門徒之儀ハ一向宗よりも外ニ申合候由被聞召候、一向宗其国郡ニ寺内ヲ立給人へ年貢を不成、并加賀国一国門徒ニ成候て国主之富樫を追出一向宗之坊主もとへ令知行、其上越前迄取候て天下之さはりニ成候儀無其隠候事」。
(388) 清水紘一『織豊政権とキリシタン――日欧交渉の起源と展開』（岩田書院、二〇〇一年）、二四六―二四八頁。
(389) 清水紘一『キリシタン禁制史』（教育社歴史新書　日本史109　教育社、一九八一年）、七八―八四頁。
(390) 川村信三『キリシタン信徒組織の誕生と変容――「コンフラリヤ」から「こんふらりや」へ』キリシタン研究第四十輯（教文館、二〇〇三年）、一一三頁。
(391) Herman Ooms, *Tokugawa Ideology*. NJ: Princeton University Press, 1985, 61.
(392) Herman Ooms, *Tokugawa Ideology*, 48.
(393) Bitō Masahide, "Thought and Religion, 1550-1700," in *The Cambridge History of Japan, Volume 4: Early Modern Japan*. Cambridge: Cambridge University Press, 1991, 404-406.
(394) 清水紘一「キリシタン関係法制資料集」『キリシタン研究』第十七輯、二七三頁。

(395) 清水紘一『キリシタン禁制史』、八四―八五頁。
(396) 五野井隆史『日本キリスト教史』、一六〇―一六一頁。
(397) 「日本イエズス会第二回総協議会議事録と裁決（一五九〇）」『キリシタン研究』第十六輯（吉川弘文館、一九七六年）、二〇一―三〇〇頁など参照。
(398) 『十六・七世紀イエズス会日本報告集』I―1、五―六、一一七―一一八頁。
(399) 『十六・七世紀イエズス会日本報告集』I―1、一四四頁。
(400) 十七世紀初頭のきりしたん人口の増加についてJoão Paulo Oliveira e Costaは同時期のマカオとの比較を通して興味深い指摘を行っている。João Paulo Oliveira e Costa, "The Brotherhoods (Confrarias) and Lay Support for the Early Christian Church in Japan," *Japanese Journal of Religious Studies* 34/1 (2007): 67-84.
(401) 五野井隆史『日本キリスト教史』、一七〇頁。
(402) 例えば以下を参照のこと。"Segunda Consulta de Japón (1590)," *Adiciones del Sumario de Japón*, 591-674 ;「日本イエズス会第二回総協議会議事録と裁決（一五九〇年）」『キリシタン研究』第十六輯、二〇一―三〇〇頁、"Primera Congregación de Japón (1592)," *Adiciones del Sumario de Japón*, 675-734 ;「日本第一回管区総会議議事録　一五九二年」『日本のカテキズモ』、二四五―三三〇頁。
(403) Charles Boxer, *The Christian Century in Japan*, 162. イエズス会とフランシスコ会の間の宣教方針の不一致の背景として、日本宣教の主導権をめぐる互いの修道会の対立がしばしば指摘されている。この修道会の対立は、さらに、イエズス会を支援するポルトガルと、フランシスコ会を支援するスペインとの間のナショナリズムにも絡み、複雑な様相を呈した。例えば、イエズス会の中にあっても、副管区長ゴメスや他のスペイン人イエズス会士はスペイン人フランシスコ会士を支持したという。
(404) 片岡弥吉『日本キリシタン殉教史』（時事通信社、一九七九年）、一〇七―一〇八頁。
(405) Charles Boxer, *The Christian Century in Japan: 1549-1650*, 308.
(406) 五野井隆史『日本キリスト教史』、一九五―一九七頁。
(407) 五野井隆史『徳川初期キリシタン史研究　補訂版』、一三〇、一五〇頁。

(408)「ノサ・セニョール・ダ・グラサ(Nossa Senphora da Graça)事件」とも呼ばれる。

(409)清水紘一『キリシタン禁制史』、九九―一〇〇頁。

(410)五野井隆史『徳川初期キリシタン史研究　補訂版』、一二三頁。

(411)清水紘一「キリシタン関係法制資料集」『キリシタン研究』第十七輯、二八三頁。

(412)「解説　排吉利支丹文」『キリシタン書　排耶書』、六三六頁。

(413)「排吉利支丹文」『キリシタン書　排耶書』四九一、四二〇頁。

(414)「排吉利支丹文」『キリシタン書　排耶書』四九二、四二一頁。

(415)清水紘一「キリシタン関係法制資料集」、二八九―二九〇頁。

(416)京都(一六一九年)、長崎(一六二二年)、江戸(一六二三年)で起こったきりしたん大殉教は、日本からきりしたん信仰を排斥する幕府の政策が最も過酷な形で現れたものだったが、同時にその後のきりしたん迫害の始まりにすぎなかった。京都では五十二名のきりしたんが鴨川の六条河原において処刑された。その大半が「だいうす」(デウス)と名付けられていたきりしたんの町の住民で占められていたという。このときの殉教者のすべてが一般信徒であり、子供も六名含まれていた(片岡弥吉『日本キリシタン殉教史』、三二六―三三六頁)。長崎では、合計五十五名の宣教師と一般信徒が西坂で処刑された。そのうち、二十四名が火刑に処せられたが、その中にはイエズス会司祭二名、イルマン八名、フランシスコ会司祭二名、ドミニコ会司祭五名、イルマン二名、そしてロザリオの組の二名の一般信徒と三名の俗人伝道士がいた。長崎で処刑された残りの三十一名は斬首された一般信徒であった(前掲書、二六五―二七一頁)。江戸の殉教には二名の司祭(イエズス会とフランシスコ会)と四十八名の一般信徒の指導者が含まれていたという。彼らは全員、札の辻で火刑に処せされた(Hubert Cieslik, S.J. "The Great Martyrdom in Edo 1623." *Monumenta Nipponica* 10 [1954]: 1-44)。

(417)五野井隆史『日本キリスト教史』、二〇三頁、および、五野井隆史『徳川初期キリシタン史研究　補訂版』、一五七頁。彼らとともに、同宿や高山右近を含む信徒指導者も追放された。

(418)イエズス会士二十六名(司祭十八名、イルマン八名)、フランシスコ会士六名、ドミニコ会士七名、アウグスチヌス会士一名、及び日本人教区司祭五名である。五野井は、これら潜伏した宣教師の名簿を紹介している(五野井隆史『徳川初期キリシタン史研究　補訂版』、一五八頁）。五野井が提示するイエズス会による年度別改宗者数に基づくと、イエズス会士が授けた洗礼の数は、一六〇二年―一六一三年の平均五四一六人から、一六一五年―一六二六年の平均一五八〇人に減少している（五野井、前掲書、一三〇、二〇四頁）。

(419) 「元和八年正月十三日付、長崎ロザリオ組中連判書付」松田毅一『近世初期日本関係南蛮史料の研究』、一一七二―一一七三頁。

(420) Charles Boxer, *The Christian Century in Japan*, 358-359.

(421) 五野井隆史『徳川初期キリシタン史研究　補訂版』、一八四―一九二頁。

(422) 片岡弥吉『日本キリシタン殉教史』、四七〇頁。

(423) 清水紘一編注「キリシタン関係法制史料」、二九三頁。

(424) 片岡弥吉『日本キリシタン殉教史』、五〇〇頁。

(425) 「元和八年正月十三日付、長崎ロザリオ組中連判書付」松田毅一『近世初期日本関係南蛮史料の研究』、一一七二―一一七三頁。

(426) 片岡弥吉『日本キリシタン殉教史』、五〇〇―五〇四頁。

(427) 姉崎正治『切支丹宗門の迫害と潜伏』（同文館、一九二五年）、八六頁。

(428) 「松井家文書」、今村義孝「近世初期宗門人別改めの展開について」『キリシタン研究』第十七輯、五五―五六頁。

(429) 山口宅助編『大村藩古切支丹研究資料』（カトリック中央書院、一九三七年）、六五頁。傍線筆者。

(430) 一六四五年の南蛮誓詞の裏書の中で、棄教したパードレは、宣教師の立場から、誓詞や聖像を踏む行為によってキリスト教信仰の棄教を表明することは他では決して行われたことはないこと、またそのような状況において棄教を再び覆すことはないであろうこと、さらに、棄教を覆すことは神父の仲介なくては不可能であることを主張している（Charles Boxer, *The Christian Century in Japan 1549-1650*, Appendix VIII, 441-442）。

(431) 片岡弥吉『日本キリシタン殉教史』、五〇七頁。

(432) 五野井隆史『日本キリスト教史』、二三二頁。

(433) 片岡弥吉『日本キリシタン殉教史』、五〇八頁。
(434) 長崎県史編纂委員会編『長崎県史　対外交渉編』（吉川弘文館、一九八六年）、三四六―三四八頁。
(435) 姉崎正治『切支丹宗門の迫害と潜伏』（同文館、一九二五年）、四五頁。
(436) 「『契利斯督記』十一、筑後守、伴天連へ不審を掛け、申詰め、ころばせ申候論議」姉崎正治『切支丹宗門の迫害と潜伏』、九二―九六頁参照。
(437) 「マルチリヨの勧め」姉崎正治『切支丹宗門の迫害と潜伏』、一七五―一八二頁。
(438) 「マルチリヨの勧め」姉崎正治『切支丹宗門の迫害と潜伏』、一八四頁。
(439) 「マルチリヨの勧め」姉崎正治『切支丹宗門の迫害と潜伏』、一九〇頁。
(440) 「マルチリヨの勧め」姉崎正治『切支丹宗門の迫害と潜伏』、一七八―二二八頁。
(441) 「マルチリヨの勧め」姉崎正治『切支丹宗門の迫害と潜伏』、二〇〇頁。
(442) 「マルチリヨの勧め」姉崎正治『切支丹宗門の迫害と潜伏』、二〇二頁。
(443) 「マルチリヨの勧め」姉崎正治『切支丹宗門の迫害と潜伏』、二〇六頁。
(444) 「マルチリヨの心得」姉崎正治『切支丹宗門の迫害と潜伏』、二三〇頁。
(445) 「マルチリヨの心得」姉崎正治『切支丹宗門の迫害と潜伏』、二三一―二三二頁。
(446) 「マルチリヨの心得」姉崎正治『切支丹宗門の迫害と潜伏』、八六頁。
(447) 「マルチリヨの心得」姉崎正治『切支丹宗門の迫害と潜伏』、八六頁。
(448) 「マルチリヨの心得」姉崎正治『切支丹宗門の迫害と潜伏』、二三四頁。
(449) 「マルチリヨの心得」姉崎正治『切支丹宗門の迫害と潜伏』、二三四―二三九頁。
(450) 片岡弥吉『日本キリシタン殉教史』、四五五頁他参照。
(451) Masaharu Anesaki, *History of Japanese Religion: With Special Reference to the Social and Moral Life of the Nation*. London: K. Paul, Trench, Trubner, 1930, Reprint, 1963, 251.
(452) 「吉利支丹心得書」『キリシタン教理書』、一九〇頁。
(453) 「吉利支丹心得書」『キリシタン教理書』、一九四頁。

(454) Kōzō Yamamura, "Returns of Unification: Economic Growth in Japan, 1550–1650," in *Japan Before Tokugawa: Political and Economic Growth, 1550-1650*, ed. John W. Hall, Keiji Nagahara, and Kōzō Yamamura. Princeton: Princeton University Press, 1981, 327–339.

(455) Keiji Nagahara, "Village Communities and Daimyo Power," in *Japan in the Muromachi Age*, ed. John W. Hall and Takeshi Toyoda（Berkeley: University of California Press, 1979）, 107–123. 他にWakita Haruko and Susan B. Hanley, "Dimensions of Development: Cities in Fifteenth- and Sixteenth-Century Japan," in *Japan Before Tokugawa*, 295–326; and Mary Elizabeth Berry, *Hideyoshi*. Cambridge: Harvard University Press, 1982, 23–26.

(456) 田代脩「農民結合と仏教」中尾堯編『論集日本仏教史6　戦国時代』（雄山閣、一九八八年）、八一頁。

(457) 笠原一男「一向一揆論」中尾堯編『論集日本仏教史6　戦国時代』、三三頁。

(458) Neil McMullin, *Buddhism and the State in Sixteenth Century Japan*. Princeton: Princeton University Press, 1985, 40.

(459) 姉崎正治『吉利支丹宗門の迫害と潜伏』、八九頁。

(460) 山口宅助『大村藩古切支丹研究資料』、三一―三三頁。

(461) 矢島浩編『キリシタン類族帳研究叢書』5、参照。

(462) 松田毅一『近世初期日本関係南蛮史料の研究』、一〇七九―一〇八五頁。

(463) 山口宅助編『大村藩古切支丹研究資料』、四二―四三頁。

(464) 海老沢有道『キリシタンの弾圧と抵抗』（雄山閣、一九八一年）、一三五頁など参照。

(465) 高木慶子『高木仙右衛門　覚書の研究』（中央出版社、一九九三年）、一二二頁。

おわりに

(466) Byron Earhart, *Gedatsu-kai and Religion in Contemporary Japan: Returning to the Center*（Bloomington, Ind.: Indiana University Press, 1989）, 10–11. 参照。

参考文献

姉崎正治『切支丹宗門の迫害と潜伏』同文館、一九二五年。

新井トシ「きりしたん版の出版とその周邊（一）」『ビブリア』二三（一九六二年十月）、四五―五九頁。

新井トシ「きりしたん版の出版とその周辺《ママ》（二）」『ビブリア』二四（一九六三年三月）、三四―四一頁。

新井トシ「きりしたん版の出版とその周邊（三）」『ビブリア』二九（一九六四年十月）、四六―五三頁。

新井トシ「きりしたん版の出版とその周邊（七）」『ビブリア』三九（一九六八年七月）、四一―五八。

石崎貴比古「世界図に見る『天竺』認識に関する一考察――16世紀末～18世紀初頭の日本を中心として」東京外国語大学海外事情研究所『Qudrante』No. 16（二〇一四年三月）、九五―一一五頁。

家入敏光（訳編）『日本のカテキズモ』天理図書館参考資料第七（天理図書館、一九六九年）。

イエズス会日本管区（編訳）『イエズス会会憲　付会憲補足規定』（南窓社、二〇一一年）。

生月町博物館島の館（編）「ガラッサ　みちみち」『山田のオラショ一座――生月島のオラショ』（生月町博物館・島の館、二〇〇〇年）。

井手勝美『キリシタン思想史研究序説』（ぺりかん社、一九九五年）。

井手勝美（訳）「日本イエズス会第二回総協議会議事録と採決」『キリシタン研究』第十六輯（一九七六年）。

井手勝美（訳）「日本イエズス会第一回協議会（一五八〇―八一年）と東インド巡察師ヴァリニャーノの裁決（一五八二年）」『キリシタン研究』第二十二輯（一九八二年）。

井手勝美（訳）「日本イエズス会第二回総協議会議事録と裁決（一五九〇年）」『キリシタン研究』第十六輯（一九七六年）。

稲葉昌丸（編）『蓮如上人遺文』（法蔵館、一九三七年）。

今村義孝「近世初期宗門人別改めの展開について」『キリシタン研究』第十七輯（一九七七年）、五三―一〇八頁。

A・ヴァリニャーノ（著）松田毅一他（訳）『日本巡察記』東洋文庫229（平凡社、一九七三年）。

A・ヴァリニャーノ（著）矢沢利彦、筒井砂（訳）『日本イエズス会士礼法指針』キリシタン文化研究シリーズ5（キリシタン文化研究会、一九七〇年）。

A・ヴァリニャーノ（著）家入敏光（訳編）『日本のカテキズモ』天理図書館参考資料第七（天理図書館、一九六九年）。

海老沢有道『切支丹の社会活動及南蛮医学』（富山房、一九四四年）。

海老沢有道（訳注）「一六〇九年キリシタン殉教記」『聖心女子大学カトリック文化研究所紀要』1（一九五九年）。

海老沢有道『日本キリシタン史』（塙書房、一九六六年）。

海老沢有道『キリシタンの弾圧と抵抗』（雄山閣、一九八一年）。

海老沢有道他（編）『キリシタン教理書』キリシタン研究第三十輯（教文館、一九九三年）。

海老沢有道（編）『日本キリスト教史大事典』（教文館、一九八八年）。

海老沢有道他（編）『キリシタン書　排耶書』日本思想体系25（岩波書店、一九七〇年）。

海老沢有道『キリシタン南蛮文学入門』（教文館、一九九一年）。

遠藤周作『切支丹時代――殉教と棄教の歴史』（小学館、一九九二年）。

大谷暢順（編）『蓮如上人全集』第二巻、御文全篇（中央公論社、一九九八年）。

大塚光信（翻字）『コリャード懺悔録』（風間書房、一九五七年）。

大橋幸泰『キリシタン民衆史の研究』（東京堂出版、二〇〇一年）。

岡田章雄『南蛮習俗考』（知人書館、一九四二年）。

岡田章雄『キリシタン・バテレン』（思文堂、一九五五年）。

岡田章雄『キリシタン風俗と南蛮文化』岡田章雄著作集Ⅱ（思文閣出版、一九八三年）。

尾原悟（編）『きりしたんのおらしよ』キリシタン研究第四十二輯（教文館、二〇〇五年）。

尾原悟（編）『イエズス会日本コレジヨの講義要綱Ⅱ』キリシタン研究三十五輯（教文館、一九九八年）。

折井善果『キリシタン文学における日欧文化比較――ルイス・デ・グラナダと日欧文化比較』（教文館、二〇一〇年）。

折井善果、白井純、豊島正之『ひですの経』（八木書店、二〇一一年）。

折井善果『ひですの経』キリシタン研究第四十八輯（教文館、二〇一一年）。

笠原一男「一向一揆論」中尾堯（編）『論集日本仏教史6　戦国時代』（雄山閣、一九八八年）三三頁。

片岡弥吉『日本キリシタン殉教史』（時事通信社、一九七九年）。

勝田至『死者たちの中世』（吉川弘文館、二〇〇三年）。

亀井孝、H・チースリク、小島幸枝『キリシタン要理――その翻案および翻訳の実態』（岩波書店、一九八三年）。

川村信三『キリシタン信徒組織の誕生と変容――「コンフラリヤ」から「こんふらりや」へ』キリシタン研究第四十輯（教文館、二〇〇三年）。

川村信三『戦国宗教社会＝思想史――キリシタン事例からの考察』（知泉書館、二〇一一年）。

神田千里「大友宗麟の改宗――その実態と背景」『東洋大学文学部紀要・史学科篇』（40）（二〇一四年）七一―一一〇頁。

C・ギアーツ（著）吉田禎吾他（訳）『文化の解釈学』（岩波書店、一九八七年）。

岸野久「来日前、ザビエルに提供された日本情報――一五四八年アンジェロ述ランチロット編第一・第二日本情報」『キリシタン研究』第二十一輯（一九八一年）。

岸野久「フランシスコ・ザビエルの『大日』採用・使用について」『キリシタン研究』第二十六輯（一九八六年）。

岸野久『ザビエルと日本――キリシタン開教期の研究』（吉川弘文館、一九九八年）。

九州史料刊行会（編）『九州史料叢書　天草古切支丹資料（一）』（九州史料刊行会、一九五九年）。

九州史料刊行会（編）『九州史料叢書　天草古切支丹資料（三）』（九州史料刊行会、一九六一年）。

『キリシタン版　日葡辞書――カラー影印版』（勉誠出版、二〇一三年）。

『〔復刻版〕キリシタン版精選　金言集　Aphorismi Confessariorum, 1603』（雄松堂、二〇一〇年）。

久田松和則「大村純忠」五野井隆史（監修）『キリシタン大名――布教・政策・信仰の実相』（宮帯出版社、二〇一七年）。

河野純徳（訳）『聖フランシスコ・ザビエル全書簡』1～4、東洋文庫579‐582（平凡社、一九九四年）。

五野井隆史『日本キリスト教史』（吉川弘文館、一九九〇年）。

五野井隆史『徳川初期キリシタン史研究　補訂版』（吉川弘文館、一九九二年）。

五野井隆史『日本キリシタン史の研究』（吉川弘文館、二〇〇二年）。

五野井隆史（監修）『キリシタン大名――布教・政策・信仰の実相』（宮帯出版社、二〇一七年）。

五来重『日本の庶民仏教』（角川書店、一九八五年）。

小堀圭一郎「天道攷1」『比較文化研究』25（一九八六年）一―三五頁。

佐賀県立図書館（編）『佐賀県史料集成』古文書編　第三巻（佐賀県立図書館、一九五八年）。

清水紘一「キリシタン関係法制資料集」『キリシタン研究』第十七輯（一九七七年）。

清水紘一『キリシタン禁制史』教育社歴史新書　日本史109（教育社、一九八一年）。

清水紘一『織豊政権とキリシタン――日欧交渉の起源と展開』（岩田書院、二〇〇一年）。

トマス・アクィナス『神学大全』第一部第四五問第二項、第六項、第七項。

トマス・アクィナス『神学大全』第三部第四六問第一項、第二項。

真宗海外資料研究会『キリシタンが見た真宗』（真宗海外資料研究会、一九九八年）。

真宗史料刊行会『大系真宗史料　文書記録編6　蓮如御文』（法蔵館、二〇〇八年）。

曹洞宗総合研究センター（編）『葬祭――現代的意義と課題』（曹洞宗総合研究センター、二〇〇三年）。

『続々群書類従』十二（国書刊行会、一九〇六―一九〇九年）。

高木慶子『高木仙右衛門　覚書の研究』（中央出版社、一九九三年）。

田北耕也『昭和時代の潜伏キリシタン』（日本学術振興会、一九五四年）。

田代脩「農民結合と仏教」中尾堯編『論集日本仏教史6　戦国時代』（雄山閣、一九八八年）。

Cieslik, Hubert, S.J.「ザヴィエルの教理説明――初代キリシタンの宣教に関する一考察とその資料」キリシタン文化研究会（編）『キリシタン研究』第十五輯（一九七四年）。

Cieslik, Hubert, S.J.「臼杵の修練院」『キリシタン研究』第十八輯（一九七八年）。

天理図書館（編）『きりしたん版の研究』（天理大学出版部、一九七三年）。

天理図書館（編）『天理図書館蔵　きりしたん版集成　解説』（天理大学出版部、一九七六年）。

天理大学おやさと研究所（編）『宗教の概念とそのリアリティ』（天理大学おやさと研究書、二〇〇四年）。

土井忠生『吉利支丹文献考』（三省堂、一九六三年）。

土井忠生「十六・七世紀における日本イエズス会布教上の教会用語の問題」『キリシタン研究』第十五輯（一九七四年）。

土井忠生他（編訳）『邦訳 日葡辞書』（岩波書店、一九八〇年）。

東京大学資料編纂所（編纂）『日本関係海外史料イエズス会日本書翰集』原文編之一（東京大学史料編纂所、一九九〇年）。

東京大学資料編纂所（編纂）『日本関係海外史料　イエズス会日本書翰集』譯文編之一〔上〕（東京大学、一九九一年）。

外山幹夫『大村純忠』（静山社、一九八一年）。

外山幹夫『中世九州社会史の研究』（吉川弘文館、一九八六年）。

豊島正之（編）『キリシタンと出版』（八木書店、二〇一三年）。

長崎県史編纂委員会（編）『長崎県史　対外交渉編』（吉川弘文館、一九八六年）。

中園茂生「キリシタン信仰習俗に関する考察」『生月町博物館　島の館便り』4（二〇〇三年）。

中村元『仏教語大辞典』（東京書籍、一九七五年）。

中村元『日本人の思惟方法』　東洋人の思惟方法3（春秋社、一九八九年）。

根井浄『修験道とキリシタン』（東京堂出版、一九八八年）。

林重雄（編）『ばうちずもの授けやう　おらしよの飜譯――本文及び総索引』（笠間書院、一九八一年）。

速水侑（編）『観音信仰』民間宗教史叢書第七巻（雄山閣、一九八二年）。

W・バンガード（著）上智大学中世思想研究所（監修）『イエズス会の歴史』（原書房、二〇〇四年）。

東馬場郁生『きりしたん史再考――信仰受容の宗教学』（グローカル新書、二〇〇六年）。

東馬場郁生「比較宗教論の現代的展開」『天理大学学報』第六四巻第二号、一一一―一三〇頁。

日埜博司（編著）『コリャード懺悔録――キリシタン時代日本人信徒の肉声』（八木書店、二〇一六年）。

古野清人『隠れキリシタン』(至文堂、一九五九年)。

古野清人『キリシタニズムの比較研究』古野清人著作集五(三一書房、一九七三年)。

松田毅一、川崎桃太(訳)『フロイス日本史』十二巻(中央公論社、一九七七―一九八〇年)。

松田毅一(監訳)『十六・七世紀イエズス会日本報告集』Ⅰ―1、2(同朋舎、一九八七年)。

松田毅一(監訳)『十六・七世紀イエズス会日本報告集』Ⅲ―5(同朋舎出版、一九九二年)。

松田毅一(監訳)『十六・七世紀イエズス会日本報告集』(同朋社、一九八七―一九九八年)。

松田毅一他(訳)『日本巡察記』東洋文庫229(平凡社、一九七三年)。

松田毅一『近世初期日本関係南蛮史料の研究』(風間書房、一九六七年)。

三橋健「イエズス会宣教師のみた補陀落渡海」速水侑(編)『観音信仰』民衆宗教史叢書七(有山閣、一九八二年)。

宮崎賢太郎「生活宗教としてのキリシタン信仰」、『宗教研究』337(二〇〇三年)。

宮崎賢太郎「日本人のキリスト教受容とその理解」山折哲雄、長田俊樹(編)『日本人はキリスト教をどのように受容したか』(国際日本文化研究センター叢書17、一九九八年)。

宮本袈裟雄『里修験の研究』(吉川弘文館、一九八四年)。

村井早苗『キリシタン禁制と民衆の宗教』(山中図書出版、二〇〇二年)。

村上直次郎(訳注)『耶蘇会士日本通信　京畿篇　上』(駿南社、一九二八年)。

村上直次郎(訳注)『耶蘇会士日本通信　京畿篇』全二巻(一九一三年)。

村上直次郎(訳注)『耶蘇会士日本通信　豊後篇』全二巻(一九三六年)。

村上直次郎(訳注)『耶蘇会年報』(一九二六年)。

矢島浩(編)『キリシタン類族帳研究叢書』(武蔵野書房、一九六九年)。

『耶蘇会士日本通信』(京畿篇)上(雄松堂書店、一九六六年)。

山口宅助(編)『大村藩古切支丹研究資料』(カトリック中央書院、一九三七年)。

結城了悟『天正少年使節――資料と研究』(純心女子短期大学長崎地方文化史研究所、一九九三年)。

吉田新、水谷俊信「バイエルン州立図書館蔵、マルコス・ジョルジェ『Doctrina Christã』（一五六六年リスボン刊）の発見」『キリシタン文化研究会会報』一三九号（二〇一二年五月）、二九―四一頁。

レオン・パジェス『日本切支丹宗門史』上、中、下　クリセル神父（校閲）吉田小五郎（訳）岩波文庫（一九九一年）。

ロペス・ガイ『キリシタン時代の典礼』キリシタン文化研究シリーズ24（キリシタン文化研究会、一九八三年）。

Anesaki, Masaharu. *History of Japanese Religion: With Special Reference to the Social and Moral Life of the Nation*. London: K. Paul, Trench, Trubner, 1930, Reprint, 1963.
Berry, Mary Elizabeth. *Hideyoshi*. Cambridge: Harvard University Press, 1982.
Bitō, Masahide. "Thought and Religion, 1550–1700," in *The Cambridge History of Japan, Volume 4: Early Modern Japan*. Cambridge: Cambridge University, 1991, 373–424.
Boxer, Charles. *The Christian Century in Japan: 1549–1650*. Berkeley: University of California Press, 1951.
Burke, Peter, ed. *New Perspectives on Historical Writing*. University Park, PA: Pennsylvania State University Press, 1991.
Cameron, Euan. *The European Reformation*. New York: Oxford University Press, 1991.
Christian, William A. Jr. *Local Religion in Sixteenth-Century Spain*. Princeton: Princeton University Press, 1981.
Elison, George. *Deus Destroyed: The Image of Christianity in Early Modern Japan*. Harvard University Press, 1973.
Cieslik, Hubert, S.J. "The Great Martyrdom in Edo 1623." *Monumenta Nipponica* 10 (1954): 1–44.
Costa, João Paulo Oliveira e. "The Brotherhoods (Confrarias) and Lay Support for the Early Christian Church in Japan." *Japanese Journal of Religious Studies* 34/1 (2007): 67–84.
Geertz, Clifford. *The Interpretation of Culture*. New York: Basic Books, 1973.
Heisig, J. W. "Symbolism," *The Encyclopedia of Religion*. New York: Macmillan, 1987.
Higashibaba, Ikuo. *Christianity in Early Modern Japan: Kirishitan Belief and Practice*. E.J. Brill, 2001.
Hioki, Naoko Frances. *"The Shape of Conversation: The Aesthetics of Jesuit Folding Screens in Momoyama and Early Tokugawa Japan (1549–1639)."* (Unpublished Ph.D. dissertation, 2009).
Historia de Japam/Luís Fróis; edição anotada por José Wicki. Lisboa: Biblioteca Nacional de Lisboa, 1976–1984.
Hunt, Lynn, ed. *The New Cultural History*. Berkeley: University of California Press, 1989.

Jesuit Letters Concerning Japan. Vol. 1, November, 1547–December 15, 1552. Ed. The Historical Institute, the University of Tokyo. 1990.

Katsumata Shizuo with Martin Collcutt. "The Development of Sengoku Law," in *Japan Before Tokugawa: Political Consolidation and Economic Growth, 1500 to 1650,* eds. John Hall, Nagahara Keiji, and Kozo Yamamura. Princeton: Princeton University Press, 1981, 112–119.

Lawson, E. Thomas and Robert N. McCauley, *Rethinking Religion: Connecting Cognition and Culture.* Cambridge: Cambridge University Press, 1990.

Marcos, Jorge. *Doctrina christaã,* Lixboa, 1566.

(http://daten.digitalesammlungen.de/~db/bsb00007222/images/150/bsb00007222_00090.jpg)

McMullin, Neil. *Buddhism and the State in Sixteenth Century Japan.* Princeton: Princeton University Press, 1985.

Moran, J. F. *The Japanese and the Jesuits: Alessandro Valignano in Sixteenth-century Japan.* London and New York: Routledge, 1993.

Myōtei Dialogues: A Japanese Christian Critique of Native Traditions. Edited by James Baskind and Richard Bowring. E.J. Brill, 2015.

Nagahara, Keiji. "Village Communities and Daimyo Power," in *Japan in the Muromachi Age,* ed. John W. Hall and Takeshi Toyoda. Berkeley: University of California Press, 1979, 107–123.

Nawata, Ward Haruko. *Women Religious Leaders in Japan's Christian Century, 1549–1650.* Ashgate, 2009.

O'Malley, John W. *The First Jesuits.* Cambridge, Mass: Harvard University Press, 1993.

O'Malley, John W. et al ed., *The Jesuits: Cultures, Sciences, and the Arts 1540–1773.* Toronto: University of Toronto Press, 1999.

Ooms, Herman. *Tokugawa Ideology.* NJ: Princeton University Press, 1985.

Paramore, Kiri. *Ideology and Christianity in Japan.* London: Routledge, 2009.

Ross, Andrew C. *A Vision Betrayed.* Maryknoll, NY: Orbis, 1994.

Sansom, G. B. *The Western World and Japan.* Alfred A. Knopf, 1950.

Schurhammer, Georg, S.I. *Franz Xaver: Sein Leben und Seine Zeit.* Zweiter Band Asien (1541–1552) Dritter Teilband Japan und China 1599–1552. Freiburg: Herder, 1973.

Schurhammer, Gerog, S.J. *Francis Xavier: His Life, His Times.* Vol. 4. Trans. Joseph Costelloe, S.J. Rome: The Jesuit Historical Institute, 1982.

Shils, Edward. *Tradition.* Chicago: The University of Chicago Press, 1981.

Schütte, Josef Franz, S.J. *Valignanos Missionsgrundsätze für Japan 1-2.* Rome: Storia e Letteratura, 1951-1958.

Schütte, Josef Franz. Valignano's *Mission Principles for Japan,* Vol. I. Part 1, Part 2. Trans. John J. Coyne, S.J. St. Louis: The Institute of Jesuit Sources, 1980, 1985.

Smith, Jonathan Z. *To Take Place.* Chicago: The University of Chicago Press, 1987.

Standaert, Nicolas S.J. "Jesuit Corporate Culture As Shaped by the Chinese" in John W. O'Malley et al ed., *The Jesuits: Cultures, Sciences, and the Arts 1540-1773.* Toronto: University of Toronto Press, 1999.

The Encyclopedia of Religion. New York: Macmillan, 1987.

They Came to Japan: An Anthology of European Reports on Japan, 1543-1640, compiled and annotated by Michael Cooper. Berkeley, Los Angeles, London: University of California Press, 1965.

THOMAE AQUINATIS, *SUMMA THEOLOGICA* PRIMA PARS, "Quaestio XLV: De modo emanationis rerum a primo principio." Secundo: utrum Deus possit aliquid creare. Sexto: utrum commune sit toti Trinitati, aut proprium alicuius Personae.Septimo: utrum vestigium aliquod Trinitatis sit in rebus creatis.

THOMAE AQUINATIS, *SUMMA THEOLOGICA* TERTIA PARS, "Quaestio XLVI: ." Primo, utrum necesse fuerit Christum pati pro liberatione hominum. Secundo, utrum fuerit alius modus possibilis liberationis humanae.

Turnbull, Stephen. *The Kakure Kirishitan of Japan: A Study of their Development, Beliefs and Rituals to the Present Day.* Richmond, U.K.: Japan Library, 1998.

Valignano, Alessandro. *Sumario de las Cosas de Japón.* 1583. Ed. J. L. Alvarez-Taladriz. Monumenta Nipponica Monographs 9, 1954.

Valignano, Alessandro. *Adiciones del Sumario de Japón.* 1592. Ed. J. L. Alvarez-Taladriz. Osaka, 1954.

The Myōtei Dialogues: A Japanese Christian Critique of Native Traditions. Edited by James Baskind and Richard Bowring. E.J. Brill, 2015.

VOCABVLARIO DA LINGOA DE IAPAM com adeclaração em Portugues, feito por ALGVNS PADRES, E IRMAOS DA COMPANHIA DE IESV COM LICENÇA DO ORDINARIO, & Superiores em Nangasaqui no Collegio de

IaPAM DA COMPANHIA DE IESVS. ANNO M.D.CIII. . . . Nagasaki: Nagasaki no Collegio, 1604.

Wakita, Haruko and Susan B. Hanley. "Dimensions of Development: Cities in Fifteenth- and Sixteenth-Century Japan," in *Japan Before Tokugawa: Political and Economic Growth, 1550–1650,* ed. John W. Hall, Keiji Nagahara, and Kōzō Yamamura. Princeton: Princeton University Press, 1981, 295–326.

Yamamura, Kōzō. "Returns of Unification: Economic Growth in Japan, 1550–1650," in *Japan Before Tokugawa: Political and Economic Growth, 1550-1650,* 327–339.

あとがき

きりしたん研究に取り組んだのは、一九九〇年代の半ば、米国のバークレー神学連合大学院（ＧＴＵ）で博士論文のテーマに取り上げてからである。それまで、シカゴ大学とＧＴＵで宗教学を学んでいた。当時の北米宗教学界は、世界の宗教学に圧倒的な影響を与えていたミルチャ・エリアーデが一九八六年に亡くなって以降、次の宗教研究のパラダイム模索しているような時代であったと思う。私自身、エリアーデの著作に感銘を受けて宗教学を始め、やがて後のエリアーデ批判にも影響を受けていた。博士論文はいわばポストエリアーデ的立ち位置から書いたものだった。

それは、従来、日欧交渉史やカトリック伝道史の枠内で行われていた研究分野に、宗教学の視点を意識的に持ち込み、伝道の意味を文化論的に理解する試みであった。論文の指導教官ジョン・ヒラリー・マーチン教授は、ドミニコ会の司祭であって宗教学理論に精通した方であった。彼と、カリフォルニア大学バークレー校の日本史家デルマー・ブラウン名誉教授、そしてＧＴＵ・ＩＢＳでディーンを務め、日本の宗教史とくに仏教史を専門とするリチャード・ペイン教授からなる論文審査委員会によって、博士論文が審査された。彼らは、そのとき私自身が感じていた以上に、この論文の可能性を見出してくださった。この博士論文は、幸運にも卒業の数年後にオランダ、ライデンのＥＪブリル社から出版された（*Christianity in Early Modern Japan: Kirishitan Belief and Practice*, 2001）。

きりしたん史には、ただ研究者としてだけではなく、人としても学ぶことが多くある。例えば、生命の危険を冒してまで伝道に赴く宣教師の姿であったり、過酷な社会条件の下に信仰を極限まで昇華した殉教者の姿がある。名も無き人々の信仰の姿に共感することも少なくない。そして同時に、教訓として学ぶこともある。研究を進めるうちに、これらの学びのすべてが私自身についての理解につながると思うようになった。私はこのことから、研究とは〝対話的〟であると感じるようになった。つまり、他者である相手を深く知ることによって、自己をより深く知るようになると。

他者を知り、それによって自己をより深く理解する――これを〝対話的〟と呼ぶことは、「宗教間対話」の意味について考える中で、京都のＮＣＣ宗教研究所のマーティン・レップ博士から学んだことだ。対話によって相手の信仰を知るとともに深い敬意をもって学ぶことで、自己の信仰も徹底されることを私は彼から教えられた。レップ博士は、国内において私の研究を最初に評価してくださった方で、彼が当時編集していた英文雑誌*Japanese Religions*に掲載された拙論〝Historiographical Issues in the Studies of the 'Christian Century' in Japan〟は、その後いくつかの英文アンソロジー（論文集）に再掲されて、私の代表的論文となった。

英文での著作出版が早期に実現したのに比べ、日本語での研究成果の発表はあまり進まなかった。もともと宗教研究の方法論に強い関心をもっていたことから、ポストエリアーデ期の宗教理論の研究を優先したことも一因である。その中で、天理大学おやさと研究所から『きりしたん史再考――信仰受容の宗教学』（二〇〇六年）という新書版の著書を出していただいた。同研究所が毎月発行している『グローカル天理』誌に二年間連載したものをまとめたものである。本著の基礎的な構想はすでに英文著書とこの新書版に現れており、これら先行出版の成果と批判を踏まえながら、その前後に出版した論文や講演録なども併せて織り込み、この度、あらためてこれまでの研究成果を世に問うことになった。

本書の執筆にあたっては、以下の初出の著書、論文、講演録等に部分的に依拠している。

Christianity in Early Modern Japan: Kirishitan Belief and Practice. E.J: Brill, 2001.

『きりしたん史再考——信仰受容の宗教学』グローカル新書6（天理大学おやさと研究所、二〇〇六年）。

「『キリシタン時代』研究の方法論的問題——キリシタン信徒の信仰と実践」『天理大学おやさと研究所年報』4（一九九八年三月）。

「日本におけるキリスト教葬儀のはじまり——キリシタン伝道と葬儀」『出会い』56（ＮＣＣ日本キリスト教協議会宗教研究所、二〇〇五年九月）。

「きりしたん伝道における適応の論理」住原則也編『グローバル化のなかの宗教——文化的影響・ネットワーク・ナラロジー』（世界思想社、二〇〇七年）。

「天理ときりしたん資料　雄松堂フォーラム２００９」Net Pinus 77号（二〇一〇年一月）。

「きりしたん版と天理図書館——保存、善用、研究」『ビブリア』一四二号（天理図書館、二〇一四年十月）。

"Studies of the Jesuit Mission Press in Early Modern Japan." *Tenri Journal of Religion*, No. 42 (January, 2014). (Based on the Lecture "Jesuit Mission Press in Early Modern Japan" delivered at the University of London, SOAS, on 23 May, 2013).

Lecture "Practicing Christianity in Early Modern Japan: Symbol, Prayer, and Mirror" delivered at the University of London, SOAS, on 6 October, 2011.

本書の出版にあたり、これまでお世話になった方々に改めて感謝の意を表したい。すでにお名前を挙げた方々の他に、とりわけ故清水國雄先生と寺田好和先生にはこれまでの私の学究生活に大きな導きと援助をいただいた。また、私のきりしたん研究にとって天理図書館の存在は何よりも大きく、そのきわめて充実した資料のおかげで本書も成立したと申しても過言ではない。天理図書館資料へのアクセスを博士論文執筆中よりお許しくださっただけでなく、他館への紹介状など様々にご援助を賜った元天理大学附属天理図書館館長の飯田照明先生をはじめ、その後もお世話になりつづけている同館の歴代館長ならびに館員の方々にも深く感謝したい。天理図書館からは本書の出版にあたっても、多くの貴重な資料の画像をお貸しいただいた。

天理大学では、現在、国際学部外国語学科英米語専攻、大学院宗教文化研究科での教員の立場の他に、副学長の職責を与えられている。学内行政に携わる中、教育者のみならず研究者としての活動ができることは、永尾教昭学長をはじめ岡田龍樹副学長、山中秀夫事務局長ら執行部の方々のご理解の賜物であり、また、日々仕事をともにする学長室のスタッフの皆さんにも感謝したい。加えて、これまで教員の同僚としてさまざまな示唆を与えて下さっている英米語専攻と宗教学科の先生方にもこの機会に御礼を申し上げたい。

本書の出版は、二〇一八年度天理大学学術図書出版助成を受けている。

この度、「キリシタン研究」第五十輯として出版されることは、第一輯以来この研究シリーズに掲載されてきた論文や資料から学んできた者として大きな喜びである。この度の出版に際して、キリシタン文化研究会会長の高祖敏明先生には原稿をお読みいただき貴重な助言を多く賜った。同研究会の窓口としてご対応くださった上智大学文学部史学科の川村信三先生には、これまで長年にわたり何かとご指導いただいている。また、教文館の出版部、奈良部朋子さんには細部にわたり大変お世話になった。衷心より感謝したい。

この度の出版を誰よりも喜んでくれている妻に本書を捧げたい。結婚三十周年の慶びとともに。

平成三十年七月　天理

東馬場　郁生

〈著者紹介〉

東馬場郁生（ひがしばば・いくお）
天理大学外国語学部英米学科卒業。シカゴ大学大学院神学部宗教学科、バークレー神学校連合大学院宗教学科修了。Ph.D.（宗教学）。現在は天理大学国際学部外国語学科教授、同大学院宗教文化研究科教授（兼務）、副学長。
著書　*Christianity in Early Modern Japan: Kirishitan Belief and Practice*. E. J. Brill (Leiden), 2001,『きりしたん史再考——信仰受容の宗教学』（グローカル新書６、天理大学おやさと研究所、二〇〇六年）。論文多数。

きりしたん受容史
——教えと信仰と実践の諸相　　　**キリシタン研究第50輯**

2018年11月25日　初版発行

著　者　東馬場郁生
発行者　渡部　満
発行所　株式会社　教文館
東京都中央区銀座 4-5-1　電話 03(3561)5549　FAX 03(5250)5107
URL http://www.kyobunkwan.co.jp/publishing/
印刷所　株式会社真興社

配給元　日キ販　東京都新宿区新小川町 9-1
電話 03(3260)5670　FAX 03(3260)5637　ISBN978-4-7642-2461-2

人名索引

あ行

アクィナス，トマス　122, 124, 126
アダムス，ウィリアム　214
姉崎正治　227, 233
アルヴァレス，ジョルジェ　31
アルメイダ，ルイス・デ　10-11
有馬晴信　8, 38, 74-75, 82, 206, 208, 215
有馬義貞　41
アンジロー（パウロ・デ・サンタフェ）　8, 20, 25-27, 30-35, 116, 245
板倉勝重　226
伊藤マンショ　74-75
井上筑後守（政重）　222, 227
ヴァリニャーノ，アレッサンドロ　7, 38-39, 41-43, 45-46, 58, 73-75, 77, 79-82, 84-85, 92, 117, 160, 165-166, 193, 206, 212, 242
ヴィレラ，ガスパル　38, 69-70, 200
海老沢有道　34, 132, 160
遠藤周作　157-158
大内義隆　14, 27, 37, 40
大友宗麟（大友義鎮）　8, 27, 38, 41, 75, 82, 206, 209
大村純忠　8, 14, 38, 41, 64, 74-75, 82, 164, 206, 208-209, 237
岡本大八　215
織田信長　8, 206, 210
オルガンティーノ，ニェッキ・ソルディ　68-69, 78, 85, 177, 186, 195, 201

か行

ガーゴ，バルタザル　34, 199
片岡弥吉　225
カニシアス，ピーター　116
カブラル，フランシスコ　38-39, 41-42, 45-46, 71, 75, 81, 84, 206, 242
亀井孝　118-119
ギアツ，クリフォード　13, 51, 57
グラハム，ウイリアム・A.　105, 106
クリスチャン，ウィリアム　66
グレゴリウス十三世　75
河野純徳　7
コエリョ，ガスパル　44, 75, 164, 208
小西マンショ　221
小西行長　211-212
五野井隆史　48, 216
小堀圭一郎　159-160
ゴメス，ペドロ　117, 122
コリャード，ディエゴ　143, 166-167
コーロス，マテウス・デ　142, 191
金地院崇伝　216

さ行

ザビエル，フランシスコ（メストレ・フランシスコ）　7-8, 10-11, 14, 20, 25-38, 40, 50, 80-81, 116, 119, 159, 190, 199, 203, 242, 245, 250
シクスツス五世　75
島津貴久　26
清水紘一　8
シュールハンマー，ゲオルク　7, 25
ジョルジェ，マルコス　118
シルズ，エドワード　59
親鸞　145-146, 173
スタンデルト，ニコラス　77-78
スミス，ウィルフレッド・カントウェル　176
スミス，ジョナサン・Z　13-15
雪窗宗崔　83, 131-132, 157-158
セルケイラ，ルイス・デ　148, 193, 214

た行

ターンブル，ステファン　66-67
高瀬弘一郎　8

高山右近　8, 41, 164, 202, 206, 211
千々石ミゲル　74-75
徳川家光　219
徳川家康　8, 24, 213-216, 219
徳川秀忠　24, 216, 219
豊臣秀吉　8, 24, 76, 80, 206-216, 219
トルレス，コスメ・デ　25, 27, 32, 37-38, 48, 72, 80-81

な行

中浦ジュリアン　74-75
日蓮　161

は行

バウチスタ，ペドロ　212
パジェス，レオン　232
パシオ，フランシスコ　202, 214
原マルチノ　75
フェリーペ二世　75
フェルナンデス，ジョアン　25, 28-29, 199, 202
不干斎ハビアン　8, 117, 143, 148, 150-151, 154, 156-158
フロイス，ルイス　10, 28, 46, 52, 54, 87-88, 164, 197-198, 200, 202
ペッソア，アンドレ　215
ボクサー，チャールズ　8, 84, 213
細川ガラシャ　201
細川忠興　56, 223

ま行

松田毅一　7, 164
宮崎賢太郎　65, 112
モラレス，フランシスコ・デ　214

や行

ヤマムラ，コウゾウ　236

ら行

ランチロット，ニコロ　32, 36
リッチ，マテオ　84
ルセナ，アルフォンソ・デ　44
蓮如　131, 145-146, 151-152, 155-156, 161-163, 172-175
ロドリゲス，ジョアン・ツヅ（通辞ロドリゲス）　214
ロヨラのイグナチオ　25, 31, 77, 122
ロレンソ　8, 27, 41

事項索引

あ行

アウグスチヌス会　214
明石　164
安土　47, 74, 206
あにま（アニマ〔魂〕）　97, 105, 127, 135, 138, 140, 150-151, 168, 171, 184, 189, 228-230
あべまりや　97, 102, 104, 108-112, 136-137, 191-192
天草　88, 93, 110, 148, 194, 211
阿弥陀　62, 66, 131, 150-151, 161-163, 172-173, 175
阿弥陀如来　66, 131, 151, 161-163, 173-175
有馬　47, 74-75, 164, 178, 208, 211, 215
安心決定　131, 134, 161
イエズス会　7-8, 10, 20, 25-29, 31, 33-50, 52, 55-56, 58-59, 64, 69-70, 73-88, 93, 96, 115-118, 122, 130, 134, 141-146, 148-149, 152, 160, 163-164, 177-178, 185, 187, 190-192, 194-195, 201-202, 206, 208-209, 211-214, 216, 220, 245, 247-248
イエズス会会憲　77, 85, 122
イエズス会年報　41, 56, 74, 87, 178, 190, 193, 211
偉人伝的歴史観　248
偉大なる宣教師の歴史　9

一向宗　145-146, 152, 208, 223-224
一神教　16, 18-19, 52, 58-59, 79, 160-162, 165, 167, 245-246
いであ　121
祈り　22-23, 60, 62, 89, 97-102, 104-105, 107-111, 113, 123, 129-130, 133, 136-138, 148, 156, 178, 181, 187-188, 191-194, 198, 203, 228-229, 232, 243
遺物（聖遺物）　55-57, 66, 72, 231
イルマン　8, 38, 43-44, 46-47, 76, 81-83, 87-88, 148-149, 178, 199, 201, 204, 211, 221-222
いんへるの（いぬへるの，陰ヘルノ〔地獄〕）　96, 132, 150, 180, 188, 228-230, 233
上からの歴史　9, 248
受け手　9, 28, 35, 71, 146, 241, 248
臼杵　47, 74, 211
浦上四番崩れ　240
ゑ（え）うかりすちや〔聖体の秘跡〕　104, 125, 139
ゑ（え）けれじや〔教会〕　95, 102-103, 129, 138-140, 147, 178-179, 184
→　さんた-ゑけれじや（えけれじや）
エートス　100-101, 132-133, 183, 186, 189, 243
絵踏み　222, 225, 244
大坂　55, 164, 190, 201, 208, 211, 215, 220-221
大村領　41, 64, 178, 238
送り手　9, 28-29, 35, 57, 77-78, 153, 241, 248-249
乙名　48, 204, 238
御文（御文章）　145, 151-152, 161-162, 172, 174
お水〔洗礼〕　153, 182
おらしよ〔祈り〕　22-23, 90, 98-113, 129-130, 136-137, 140-141, 191, 194, 243, 247
『おらしよの飜譯』　22, 89-90, 101-102, 105, 107-109, 113, 130, 178, 185, 191
おりじなる科〔原罪〕　21, 169, 178, 180

か行

加賀　145, 208
鏡　125-127, 134
かくれきりしたん　24, 57, 101, 111-112, 247-248, 250
鹿児島　10, 25-27, 29-31
加持祈禱　58, 70
加津佐　88, 178, 212
カテキズム　105, 115-118, 130, 189, 245
カテキズム運動　115-116
カテケーシス　115
カトリック　9, 11-12, 15, 18, 24-25, 39, 51-52, 66-67, 77, 91-92, 98-99, 112, 115-116, 129, 146, 165-166, 177, 193, 224-225, 245-247, 249
「カトリックのための小カテキズム」　116
神観　16, 19, 36, 107, 159, 196, 241
がらさ〔恩寵〕　94, 110, 124, 129, 135, 169, 178, 228
かりだあで〔愛〕　133-134, 139-140, 228
灌頂　132, 182-183
観音　152, 154
観音浄土　152, 154
看坊　41, 44, 47-49, 131, 141, 187, 204
棄教　8, 20, 24, 56, 75, 149, 206, 211, 219-226, 229-235, 239-240, 244
起請文　64, 223, 225
畿内　39, 76, 164, 206, 211, 215, 220
救済　12, 16, 19, 21-23, 25-26, 28, 34, 48, 62, 81, 86, 93-96, 98-101, 105, 117, 132-134, 136-137, 142, 146-148, 150-156, 162-164, 168, 171-175, 178, 186, 197, 202, 205, 219, 237, 241-243
救済観　16, 19, 155, 172, 241
教育機関　20, 73-74
→　セミナリオ（神学校）
→　ノビシアド（修練院）
→　コレジオ（学林）
京都　38, 68, 78, 88, 206, 211-213, 216, 220-221, 226
教理書　15-16, 21-23, 26-28, 30, 32-34, 48, 89, 98, 101, 105-106, 114-117, 119, 125, 128, 130, 132, 138, 141-142, 145, 148, 157, 163, 180-183, 188-189, 212, 232-233, 242-244

教理のおらしよ化　105, 191
きりしたん禁止令　207, 219
きりしたん禁制　8, 19, 24, 212, 215-216, 219-220
→ 殲滅
→ 弾圧
→ 迫害
『吉利支丹心得書』　233
きりしたんの世紀　8
きりしたん受容史　9, 12, 18-19, 21, 24, 241, 247, 250
きりしたん通史　247, 250
きりしたん版　16-17, 22, 87-89, 91-94, 114, 148, 178
『キリシタン文庫』　92
『吉利支丹物語』　68-69
きりしと（ゼズ-キリシト，喜利志徒）　21, 94, 97, 102, 105, 123-128, 133, 135, 137, 140, 146, 157-158, 168-169, 179, 181, 185
キリスト教教会史　9
儀礼　12-13, 19-20, 23, 49-50, 52, 57-58, 63, 65-66, 70-71, 78-79, 85-86, 90, 94, 100-101, 107, 110, 140-141, 152, 169, 174, 176-186, 188-198, 201, 204, 231, 236, 241-245, 247, 250
儀礼研究　176-177, 241
苦行の鞭　54
組親　203, 238
功力　54, 97, 107, 123, 191, 193, 228, 231
くるす（クルス）　34, 97, 102, 104, 123-124, 134-136, 168-169, 171
けがれ　189
結婚　79, 165, 178
快楽　96, 156, 170-171, 180, 233
けれど〔使徒信条〕　21, 108, 129, 137-138, 159
現世　11-12, 16, 42, 54, 56-57, 65, 117, 135, 150-151, 154-156, 219, 228, 235, 237, 239, 247
現世安穏，後生善所（処）　16, 57, 150, 154-156, 219
現世利益　11, 42, 54, 56, 65, 247
ゴア　8, 25, 27, 30, 32, 75, 142
御一体　125, 127-128, 134, 139, 156, 159-160, 167, 169
講　236
『講義要綱』（ゴメス）　117, 122, 124
告白　60, 87, 96, 98-101, 105, 114, 139, 153, 165, 169, 184-187, 189, 192, 228, 231, 243
小倉　223
「五帖御文」　145
後生　16, 23, 57, 95, 99, 131, 133-134, 146-148, 150-156, 158, 162-163, 168, 171-175, 178-179, 219, 224, 230, 232, 237, 239
後生の扶かり　99, 133, 146-147, 150, 153-156, 178, 230
後世　108-109, 135, 150, 155-156, 158, 182, 218
告解　21, 44, 48, 62, 87-88, 90, 99, 128, 143-144, 166-167, 178, 186, 220
五人組　221, 239
護符　54, 57, 70
『コリャード懺悔録』　60-61, 143, 153, 189
御霊会　71
コレジオ（学林）　21, 32, 36, 47, 74, 93, 117, 122, 148, 190, 211, 242
「コーロス徴収文書」　203, 238
転び証文　223, 225, 237
婚姻　163, 165, 178
こんしゑんしや〔良心〕　96
こんちりさん〔痛悔〕　95-101, 156, 169-171, 184-185, 187-191, 193, 243
『こんちりさんのりやく』　98-100, 156, 170-171, 187-188, 193
こんひさん〔告白〕　16, 96-100, 132, 139, 169, 179, 184-187, 189-190, 220, 243, 246

さ行

堺　38, 177, 211, 220
サカラメンタ提要　89, 148, 180
サカラメンタ提要付録　180
さからめんと〔秘跡〕　94, 103, 125-126, 139-140, 147, 169, 178-179, 185, 243
さしちはさん〔償い〕　184-185
薩摩　31, 38
さばど〔土曜日〕　139

『サルバトール・ムンヂ』　62, 90, 114
サルベ・レジナ（さるべ-れじいな）　102, 136-137
さんた-ゑけれじや（えけれじや）　102-103, 129, 138-140, 147, 178, 184
サン・フェリペ号事件　213
司祭館　47, 190, 211
四旬節　55
時代区分　247, 250
下からの歴史　142, 248
十戒　21, 28-29, 105, 108, 116, 133, 139, 160, 169, 188
じひ（慈悲）　62, 103, 123, 141, 159, 170-173, 175, 189-199
下　74, 83, 186, 211-212
邪淫　140
朱印状　208, 214
宗教学　12-13, 19, 176, 241
→ 宗教現象学
→ 比較宗教学
宗教現象学　12
十字（十字架）　21, 26, 34, 53-55, 65, 97, 102, 105, 123-124, 135, 138, 158, 163, 191, 199-200, 202, 215, 229, 242, 247
集団改宗　41-44, 64, 73, 203, 212, 225, 245
宗門改め　223
修験者　65, 70
修験道　70
呪術　67, 70-71, 202
呪文　70, 109, 112
受容史　9-10, 12, 18-19, 21, 24, 241, 247, 250
受容者　9, 11, 16, 19, 28, 44, 58-59, 63, 93, 100-101, 118, 146, 153, 194, 241, 247-250
→ 受け手
準管区　75-76, 88, 164, 202, 208, 214
殉教　18, 20, 23-24, 56, 66-67, 72, 175, 206, 211, 213, 221, 223, 227-235, 237-240, 243-244
殉教者　56, 66-67, 72, 211, 221, 228-229, 231-234, 237-238
巡察師（イエズス会巡察師）　38, 41-42, 73, 80-81, 206, 212
浄化　23, 101, 181, 183, 189, 193, 196, 243
小カテキズム　116
象徴　12-13, 19-21, 50-52, 54-60, 63-68, 70-72, 79, 81, 113, 141-142, 154, 163-164, 181, 183-186, 188, 209, 214, 222-223, 231, 241-246, 250
→ 象徴の体系
→ 象徴物
→ モノ
象徴の体系　13, 50, 57
象徴物　20-21, 181, 243, 246
浄土真宗　15, 23, 131, 145-146, 153
浄土真宗本願寺派　15, 23, 145
庄屋　204, 223, 238-239
所司代　226
ジョルジェ本（カテキズモ）　15, 118-121, 124, 126, 128-129, 133, 138, 141
瞋恚　140
『神学大全』　122, 124, 126
信仰のみ　146
神国　207-210, 216-217
信心　89, 135, 141, 152, 172-175, 236
神道　9, 21, 58, 63, 67, 70, 150, 164, 176, 189, 209, 218, 245
信徒組織　191, 199, 202-204
すぴりつ-さんと（スピリトサント〔聖霊〕）　103, 127, 129, 136, 180, 228
聖なるもの　13-14, 51
世界観　17, 19, 26, 39, 59, 66, 85, 132-133, 141, 145, 225, 246-247, 250
→ 神観
→ 救済観
→ 人間観
せすた　139
セミナリオ（神学校）　21, 47, 74-75, 206, 211, 242
宣教師　7-11, 13-14, 17-22, 24-30, 32-33, 35, 37-40, 42-47, 50-52, 54-56, 58-59, 63-65, 67-73, 76-88, 90-91, 99-100, 107-109, 114, 119, 132, 142-143, 145, 148, 152, 161, 163-166, 177-178, 185-186, 193-195, 198-199, 201-204, 206-222, 226, 228, 231-232, 234, 239, 241, 243-250

戦国時代　40, 217
戦国領主　70, 236
潜伏　20, 24, 57, 67, 76, 100-101, 108, 110-113, 142, 182, 190, 194, 206, 211, 220-221, 225, 227, 232, 234, 239-240, 242-244, 247-250
潜伏きりしたん　24, 108, 110, 182, 225, 239, 244
潜伏時代　24, 57, 101, 112, 190, 239, 242, 247-250
潜伏信仰　24, 211, 234, 239, 243, 248-249
殲滅　89, 142, 149, 216, 219, 227
洗礼　8-9, 20, 22-23, 25, 27, 30, 41-42, 44, 48, 50, 55-56, 60, 62-65, 93-96, 105, 116, 119, 134-135, 148, 153, 165, 178, 180-181, 183, 186-187, 190, 193, 204, 220, 228, 243
惣　236
葬儀　23, 58, 110, 194-205, 226
→　埋葬式

た行

『対治邪執論』　83, 131, 157, 181-183, 190
大日　28, 31, 34-37, 216
たすかり　146, 171
扶かり　60, 96, 99, 133, 146-148, 150, 153-157, 178, 230
他力　172-175
弾圧　12, 18, 23, 59, 101, 149, 207, 214, 216-217, 227, 232, 234-235, 238-240, 243-244
檀家　224, 226
ちりんだあで〔三位一体〕　127-128
罪　23, 28, 54, 62, 94, 96, 98, 100, 105, 120, 123-124, 133, 156, 158, 168-173, 175, 178-185, 187-189, 191, 213, 217, 223, 228, 230-232, 239
罪科　94, 96-98, 137, 168, 170, 172-173, 175, 178-180, 187-189, 243
でうす（デウス）　18, 21, 23, 32, 34-37, 53-54, 60, 62, 64, 66, 79, 94, 96-97, 102, 104-105, 107, 112, 120-122, 124-125, 127-128, 133-140, 142, 150-151, 156-160, 163, 165-167, 169-172, 175, 177, 178-181, 183-184, 188-189, 209, 222, 224, 227-228, 230
適応　18, 21, 39-40, 48, 58-59, 73, 77-78, 80-82, 84-85, 100, 119-120, 126, 153, 163, 165-166, 177, 194, 207, 217, 245
適応主義　38-39, 77-78, 83-84, 166, 177, 193, 195
寺請制度　226
天　107, 129, 135, 137, 150, 159, 209-210, 218, 233
天下　208-210, 218
天狗　69, 97, 124, 136, 169, 171, 181
天竺　26, 33, 68
天竺人　68
天主　84, 158-159
『天主実録』　84
天正遣欧少年使節　75-76, 88
天尊　159
天帝　159
天道　64, 159, 209-210
道教　9, 21, 58, 67, 70, 245
同宿　44, 46-47, 49, 73, 119, 141, 201, 213, 222
科　96, 99, 103, 124, 129, 135, 140, 168-169, 170-171, 179-181, 184-185, 188-189, 216, 231, 233
→　おりじなる科〔原罪〕
→　べにある科〔小罪〕
→　もるたる科〔大罪〕
科送り　185
徳川時代　24, 89, 101, 149
→　徳川家光
→　徳川家康
→　徳川秀忠
徳川幕府　23, 88, 142, 149, 197, 207, 211-212, 216, 219-220, 227, 232, 237, 243
『どちりいな・きりしたん』　15, 22-23, 90, 107, 114, 120, 129, 132, 134, 139, 141, 145, 147, 159, 168, 178-179, 184, 189, 193, 243, 245
ドミニコ会　77, 143, 214
どみんご〔安息日〕　139, 194
貪欲　140, 222

な行

長崎　75, 88, 101, 114, 186, 190, 194, 208-209, 211-216, 220-222, 224, 226-227
七つの善　140
南蛮　8, 209, 215
南蛮誓詞　224-225, 237
南蛮寺　211
日欧交渉史　8-9, 91
日蓮宗　227
『日葡辞書』　47, 89, 91, 159, 242
「日本イエズス会士礼法指針」　82, 85
日本イエズス会第一回協議会　42, 47, 74-75, 80, 85, 194
日本イエズス会第二回総協議会　149
日本語　10, 15, 17-18, 20, 22-23, 27-30, 33-35, 38, 44-49, 71, 73, 87-93, 105, 108-109, 111, 114-115, 118-109, 122, 124-125, 131-133, 136, 139-140, 142-145, 147-148, 153, 157, 163, 173, 180, 186, 188, 232, 242-243, 249
『日本史』　10, 28, 197, 200, 202
　→『フロイス日本史』
日本宗教　9-10, 18, 33, 35-36, 57, 63, 67, 116, 246
『日本巡察記』　7
「日本諸事要録」　45
日本第一回管区総会議　117, 186
日本第一回管区総会議録　117
日本年報　41, 87, 178
『日本のカテキズモ』　58, 79, 92, 117, 160, 166
人間観　19, 178, 241
念仏　58, 155, 173-175, 197, 201
ノビシアド（修練院）　74

は行

ぱあてる・なうすてる（ぱあてる・のうすてる〔主の祈り〕）　97, 102, 104, 108, 129, 136-137, 191-192
パードレ〔司祭〕　47-49, 82-83, 88, 149, 186, 201, 221-222
排他　16, 58, 70, 80, 147, 159-166, 169
排他主義　16, 28, 161, 165, 246
ばうちずも〔洗礼〕　16, 22-23, 93-95, 135, 169, 178-184, 189, 204, 212
『ばうちずもの授けやう』　22, 89-90, 93-96, 98-102, 179, 185, 187, 193, 243
迫害　56, 130, 143, 191, 203, 206-207, 211-214, 220, 227-230, 232, 234-235, 239
ぱすくわ〔復活祭〕　139
『破提宇子』　8, 149, 151
伴天連（ばてれん，バテレン，頗姪連）　69, 83, 181-182, 207-208, 211, 216-219, 221, 231
「伴天連宗門御制禁奉書」　219
「伴天連追放之文」　24, 213, 216-218, 243
「伴天連追放令」　24, 76, 80, 99, 206-212, 218-219
ぱらいぞ（ぱらいそ，ばらいそ〔天国〕）　156, 171, 180, 223, 233
ひいです〔信仰〕　96-97, 127, 133, 135, 137-138, 147, 178
比較研究　14, 146
比較宗教学　12-13, 19, 241
聖　197, 204
肥前　76, 215, 238
平戸　27, 30, 38, 48, 54-55, 70, 79, 164
びるぜんまりや（びるぜん）　104, 137, 224
布教区　74, 83, 186
不受不施　161
補陀落渡海　152, 154
仏教　9, 14, 21, 23, 26, 34-35, 37, 46-48, 58, 63-65, 67, 70, 78-79, 85-86, 107, 110, 130-132, 149, 151-155, 158, 161-162, 164, 172, 176, 182, 189, 195-198, 200-201, 218, 223, 226, 235, 243, 245, 247
祓魔〔悪霊払い〕　123, 135, 181
府内　47, 74, 81, 117, 186, 211
踏絵　222-223
フランシスコ会　37, 77, 212-214, 216, 220
『フロイス日本史』　10, 28, 52, 197, 200, 202
豊後　27, 38, 41, 47, 55-56, 74, 76, 81, 83, 186, 190, 211
べあと〔聖人〕　135, 137, 139
べにある科〔小罪〕　140, 169
ぺにてんしや〔ゆるしの秘跡〕　22-23, 93-

97, 169, 173, 178-179, 184-185, 188-189, 204, 243
ぺるしなる〔印づける〕　135
ペルソナ（ぺるそうな〔位格〕）　128, 160, 167
変容論　67, 247-249
包括主義　16, 39, 162, 166
仏　16, 34, 62, 65, 79, 97, 117, 154, 160-162, 164, 196, 216-218, 223-225, 231
ぽろしも〔隣人〕　129, 139
本語　23, 34, 121, 128, 130-131, 135, 139-140, 243, 246
本地垂迹論　162-163
翻訳　7, 10, 16, 18, 20, 22-23, 27-28, 30-35, 45, 49, 62, 92-93, 105, 115, 117-120, 130, 139, 142-143, 147-148, 151, 191

ま行

埋葬式　194, 199
マカオ　8, 142, 212, 215, 220
魔術師　70, 79
マタイ（福音書）　129, 229
マードレ・デ・デウス号事件　214-215
マラッカ　31-33
まんだめんと（十のまんだめんと〔十戒〕）　21, 108, 138-139, 160, 169, 188
マルコ（福音書）　148
丸血留（マルチル〔殉教者〕）　228, 232
『マルチリヨの心得』　227, 230-231, 234
『マルチリヨの勧め』　227-230
見越入道　69
みすてりよ〔玄義〕　126-128, 137
禊　53, 183
水方　190
峰入り　70
都　26-27, 38, 40, 68-69, 74, 78, 83, 88, 177, 190, 198, 202, 206-207, 211-213, 216, 220-221, 226
『妙貞問答』　8, 117, 143, 148-149, 154, 156-157, 219
民衆宗教　66, 145
鞭打ち　55, 191, 228
モノ　50-51, 67, 70, 186
もるたる科〔大罪〕　139-140, 169, 180, 184, 188, 192, 228, 230-231
門徒　80, 145, 151, 162, 207-208, 210, 216, 218-219, 221, 223, 236-237

や行

宿主　221
山口　14, 27-28, 30, 35, 37-38, 40, 53, 201
山伏　60, 69-70, 79
ゆるし（赦し）　22-23, 93-94, 96, 98-101, 105, 137, 140, 156, 168-169, 173, 178-179, 183-185, 187-188, 191-193, 243
ゆるしの秘跡　22-23, 93-94, 96, 98, 100-101, 169, 173, 178, 184-185, 188, 191, 193, 243
妖術師　68-69, 71-72, 79

ら行

『羅葡日対訳辞典』　91, 159
臨済禅　83
類型　12, 59, 66, 241, 244
類族改め　238
霊魂　25-26, 62, 86, 105, 133, 150, 168, 171, 195-196, 202, 204-205, 230
霊操　77
歴史観　7-10, 19, 39, 166, 241, 247-248
→ 偉人伝的歴史観
→ 偉大なる宣教師の歴史
→ 上からの歴史
→ キリスト教教会史
→ 時代区分
→ 下からの歴史
→ 日欧交渉史
「六月十八日付覚朱印状」　208

わ行

をすちや〔パン〕　125-127